생각을 요리하는 글쓰기

생각을 요리하는 글쓰기

저자 소개 ▪▪▪

장미영

전북대학교 국어국문학과 및 동대학원 졸업(문학박사)
한국어문화원 운영위원, 문화원형콘텐츠연구회 대표이사, 신금문화연합회 기획이사
현재 전주대학교 교양학부 교수
저서 『한국의 다문화 코드』, 『한국의 노인 담론』, 『글쓰기 나침반 ─ 탈경계시대의 컨버전스 경쟁력』, 『스토리텔링과
　　　　문화산업』 외 논저 다수

주경미

단국대학교 국어국문학과 및 동대학원 졸업(문학박사)
현재 전주대학교 교양학부 교수
저서 『속해독서법』, 『스토리텔링의 이해』 외 논저 다수

편영수

서울대학교 독어독문학과 및 동대학원 졸업(문학박사)
LG 연암문화재단 해외연구교수, 독일 루트비히스부르크 대학교에서 수학
프레시안에서 '카프카', '독일문학' 키워드 가이드로 활동 중
현재 전주대학교 교양학부 교수
저서 『프란츠 카프카』, 역서로는 『카프카의 엽서』, 『카프카를 읽다』(전2권), 『카프카와의 대화』, 『실종자』 외 다수

생각을 요리하는 글쓰기

초판 인쇄 2010년 9월 1일 | **초판 발행** 2010년 9월 10일
지은이 장미영 주경미 편영수
펴낸이 최종숙 | **책임편집** 임애정
편집 이태곤 추다영 | **디자인** 안혜진 | **영업** 문택주 | **관리** 이희만
펴낸곳 글누림출판사 | **등록** 제303-2005-000038호(등록일 2005년 10월 5일)
주소 서울 서초구 반포4동 577-25 문창빌딩 2층
전화 02-3409-2055 | FAX 02-3409-2059
홈페이지 http://www.geulnurim.co.kr | **이메일** nurim3888@hanmail.net
ISBN 978-89-6327-083-8 93710

정가 19,000원

* 잘못된 책은 교환해 드립니다.

생각을 요리하는

글쓰기

장미영 · 주경미 · 편영수

글누림

　이 책은 예시 → 설명 → 활용(창작)의 3단계의 구조를 갖추고 있으며, 총 3부로 구성되어 있다. 1부는 글을 쓸 때 기본적으로 갖추어야 할 조건 및 글의 기본적인 형식에 대해 익히도록 구성되어 있다. 좋은 글의 요건을 '올바른 단어 쓰기', '올바른 문장 쓰기', '올바른 단락으로 구성하기'라는 전제하에 각각의 조건을 제대로 갖추기 위해 고려해야 할 것들을 익히도록 하였다. 또한 통일성 있고 짜임새 있는 글을 쓰기 위한 과정 및 글을 구성하고 조직화 하는 훈련을 한다. 제1장은 삶의 흔적으로서 글쓰기가 갖는 의미에 대해 생각해 본 것이다. 글은 한 사람의 삶의 흔적이기도 한데, 그런 글이 갖는 의미와 글을 잘 쓰기 위한 전제 조건들을 살펴보았다. 제2장은 본격적인 글쓰기로 들어가기 전의 워밍업 단계이다. 처음부터 완성된 한 편의 글을 쓴다는 것은 어렵고 부담스러운 일이다. 글쓰기에 대해서 갖고 있는 이런 힘들다는 선입견에서 벗어나 쉽고 재미있게 글을 쓸 수 있게 '놀이'를 해보도록 하였다. 제3장에서 제5장은 글을 제대로 쓰기 위한 조건 및 글을 완성해 가는 과정을 익히도록 구성되어 있다. 제3장은 올바른 단어를 쓰기 위한 훈련이다. 단어는 한 편의 글을 구성하는 가장 기본적인 단위이다. 따라서 단어를 올바로 쓰는 것은 좋은 글을 쓰기 위한 가장 기본적인 조건이므로 단어를 한글 맞춤법에 맞게, 표준어로 쓰는 훈련을 한다. 또한 단어가 모여 문장을 이룰 때 바른 문장을 쓰기 위해서도 고려해야 할 것들이 있다. 문법에 맞게, 그리고 수용 가능한 내용이 되도록 써야 한다. 그래서 바른 문장을 쓰는 훈련을 해야 한다. 제4장에서는 단락을 쓰는 방법을 익힌다. 단락은 여러 개의 문장으로 조직되어 단편적인 생각을 풀어간 것이다. 단락은 단어, 문장과 함께 글을 이루는 하나의 단위가 된다. 따라서 문장을 조직하여 단락을 구성하는 방법을 익히는 일은 좋은 글을 쓰는 데 기본적으로 훈련해야 하는 과정이다. 제5장에서는 본격적으로 한 편의 글을 완성해가는 방법을 익힌다. 이 장에서는 주제를 정하고 글감을 준비한 후 이를 토대로 구조를 짜는 훈련을 하게 되는데, 이런 과정은 모든 글쓰기에서 적용되는 과정이다. 제5장까지의 과정을 제대로 익히게 되면 글이 갖추어야 할 기본적인 조건을 제대로 갖춘 글을 쓸 수 있게 될 것이다.

2부의 실용 글쓰기는 성공적인 사회생활을 위한 글쓰기다. 정보·통신기술이 발달하면서 현대인들은 음성 정보보다 문자 정보를 더 많이 사용한다. 휴대폰도 음성보다 글로 쓰는 문자 메시지의 사용 빈도가 압도적이다. 특히 인터넷이라는 사이버 공간이 만들어지면서 '글'은 누구나 써야하는 사회생활의 필수적인 수단이 되었다. IT기기를 통해 시공간의 제한 없이 자신의 뜻을 무한히 펼칠 수 있는 세상이 되면서, 이 시대를 살아가는 사람들은 '글쓰기'가 삶의 일부가 될 정도로 '글'과 친숙한 생활을 영위한다. 이렇게 '글'이 큰 비중을 차지하면서 현대인들에게는 글을 잘 써야 한다는 부담감이 생겼다. 이에 좀 더 정확하고 설득력 있고 호감을 주는 글쓰기에 대해 깊이 생각할 시간이 필요하다. 구체적으로 이메일, 이력서, 자기소개서, 학업계획서, 리포트 등을 쓰게 한다.

3부의 예술 글쓰기에서는 소설, 시, 희곡, 수필, 평론 등의 글을 다룬다. 여기에서는 글쓰기의 여러 가능성들을 재발견하게 될 것이다. 그 가능성들이란 긴장을 일으키는, 형식적이며 규칙들에 지배받는 활동으로서의 글쓰기가 아닌, 자연스러운 표현형식으로서의 글쓰기를 말한다. 학생들은 단숨에 걸작을 만들어 낼 필요는 없다. 단지 현재 글로써 자신을 표현할 수 있는 능력이 어느 정도인지를 분명히 알아야 한다. 강의를 다 받고 난 후 자신들이 얼마나 발전했는지를 뒤돌아보고 평가할 수 있어야 한다. 강의를 시작했을 때 수행했던 작업과 동일한 작업을 강의를 마칠 때도 반복한다. 그렇게 함으로써 묘사의 깊이와 독창성 그리고 표현 능력을 학생들 스스로 비교하게 한다. 여기에서는 강력한 감정적 효과를 불러일으키는 짧지만 완결된 텍스트를 작성하게 함으로써 학생들의 자연스러운 글쓰기 능력을 향상시킨다. 그리고 여기에서 제시한 본문만으로는 글의 의미를 정확히 파악하기 어려울 경우 가급적 원전을 구해 읽어야 한다. 끝으로 이 책의 1부는 주경미, 2부는 장미영, 3부는 편영수가 담당했음을 밝혀둔다.

2010년 8월

장미영, 주경미, 편영수

차례

제 2 부 실용 글쓰기

제 1 부
기본 글쓰기

글이 넘쳐나는 세상이다.
혹자는 예전보다 사람들이 글을 쓰지 않고 글을 쓰려고도 하지 않으며
글을 쓸 줄도 모른다고 하지만 정작 현실은 글의 홍수 시대이다.
각종 블로그, 개인 홈페이지, 동호회, 게시판 등등, 그리고 별의별 책으로 넘쳐나는 서점.
너도나도 여기저기서 써대는 글에 아주 작은 흔적이라도 남기고 싶지 않은가?
자기표현의 욕망 채우기, 그 길의 하나가 글쓰기이다.
그런데 글은 기본적인 형식과 체재를 갖추어야 하고, 또한 그에 걸맞은 내용도 담고 있어야 한단다.
이런 생각을 하면 갑자기 머리가 아파지면서 글쓰기가 너무 어렵고 골치 아픈 것이 되고 만다.
기본 글쓰기는 이런 어려움을 느끼는 사람들의 편안한 안내자 역할을 하기 위한 것이다.
글을 쓸 때 고려해야 할 것들을 차근차근 하나씩 점검해 가면서
삶의 흔적을 남기는 작은 발걸음을 떼어볼 일이다.

1 글쓰기, 삶의 흔적 남기기

옛말에 "호랑이는 죽어서 가죽을 남기고 사람은 죽어서 이름을 남긴다."는 말이 있다. 이 세상을 살다간 모든 존재들은 왔다간 흔적을 남기기도 하고 흔적 없이 사라지기도 한다. 흔적 없이 사라져 가는 것을 무의미한 것으로 여겼던 것인지 우리 조상들은 죽어서 이름을 남길 정도의 가치 있는 삶을 살도록 독려했던 것이다. 그러나 보통 사람들에게 '이름을 남길' 정도의 훌륭하고 뜻 있는 일은 한낱 다른 사람의 일로 여겨지기도 한다. 그래서 때로는 흔적 없이 살다 가는 것도 미덕이 될 수 있음을 역설하기도 한다.

그러나 정말 우리는 흔적 없이 살다 가기를 원할까? 아니 흔적 없이 살다 갈 수 있을까? 그 흔적의 크기, 영향력, 가치는 다르겠지만 사람은 어떤 형식으로든 살아온 흔적을 남긴다. 또한 그 흔적은 자신이 살아온 발자취를 보여주는 거울이다. 그래서 때로는 능동적으로 그 흔적을 남기려 한다.

글을 쓴다는 것은 자신의 삶의 흔적을 남기는 일이다. 그것이 삶의 흔적을 충실히 남기는 일기에서만 그런 것이 아니라, 누군가에게 쓴 편지, 간단한 메모글, 리포트, 보고서, 시험 때 제출했던 시험 답안까지 모두 자신이 살아온 날들의 흔적이다. 그 흔적이 자신에게 남아 있든 그렇지 않든 간에.

글에는 한 사람의 인격이 묻어난다고 한다. 글 쓰는 사람의 마음이나 생각, 태도, 가치관 등이 글에 반영되기 때문이다. 글은 한 사람의 세상을 보는 안목의 깊이와 넓이를 보여주기에 삶의 흔적으로서 글은 곧 자신을 보여주는 것이기도 하다. 좀 더 멋진 자신의 모습을 남기기 위한 작업, 그것이 글쓰기를 익혀야 하는 이유이다.

1. 글쓰기의 의의

(1) 스쳐가는 생각 붙잡기

우리는 생활하면서 많은 생각을 한다. 어제 본 드라마가 재미있었다는 생각, 친구의 사랑 이야기를 들으면서 기억 속의 내 연인에 대한 생각, 우연히 길에서 마주친 사람이 불현듯 과거로 나를 이끌면서 하게 되는 생각 등 참으로 많은 생각을 한다.

그러나 이런 생각들은 자취도 없이 사라져 버리기 쉽다. 사회에서 인정을 받는 시인이나 소설가, 또는 사업가들은 이렇게 떠오르는 생각들을 붙잡기 위해 많은 노력을 한다. 수첩을 준비해 두었다가 생각이 떠오르는 즉시 메모하고, 전에 메모해 두었던 것을 정리한다. 이렇게 적어 놓은 생각들이 나중에 사람들을 감동시키는 시로 만들어지기도 하며, 한 편의 소설로 탄생하기도 하고, 사업을 발전시키는 밑거름이 되기도 한다.

글을 쓴다는 것은 그저 말만 길게 늘어놓는 것이 아니라, 생각을 엮어 가며 어떤 상황이나 사건들이 지니고 있는 의미를 발견하는 작업이다. 하루가 다르게 전해지는 각종 소식들과 사건들을 그저 지나쳐 버린다면 그것들은 나와 관련이 없이 그저 지나가는 일일 뿐이다. 그러나 그것들에 자신의 생각을 덧붙여 보고 의미를 발견해 낸다면 세상을 보는 안목이 달라질 것이다. 그렇기 때문에 생활 속에서 글을 즐겨 쓰게 되면 생각할 수 있는 힘과 사물을 보는 안목을 기를 수 있다.

그러므로 생활 속에서 스쳐가는 생각들을 항상 메모해 두거나, 일기를 쓰거나, 책을 읽고 갖게 된 생각, 영화를 보고 받은 감동을 적어 두거나, 생활 주변의 이야기를 인터넷에 올리는 등의 방법으로 생활 속에서 글쓰기를 즐긴다면 우리는 좀 더 폭넓은 사고, 세상이나 사물에 대한 깊이 있는 안목을 가지고 이 세상을 살아갈 수 있을 것이다.

(2) 경험 나누기

삶은 경험의 연속이다. 일평생 사람들은 많은 일들을 겪어 내면서 살아간다. 그 경험들 중에는 스스로 자처한 경험도 있지만 뜻하지 않게 경험하는 일들도 부지기수이다. 그런데 이런 경험들이 한 편의 글로 완성되었을 때에는 그 경험은 경험한 사람 개인의 차원을 넘어서는 것이 된다. 글은 서로의 경험을 나누고 확대시키는 효과적인 수단이며 사람들은 글을 통해 경험의 무한 확장이 가능하게 된다.

경험이 글의 형태로 재현되었을 때 글을 쓴 사람과 그 글을 읽는 사람 사이에는 시간과 공간을 뛰어 넘는 소통이 이루어진다. 글쓰기를 통해 인류는 상호 간에 직접적인 만남이 없어도 세상사의 이치를 논하면서 더 많은 지혜를 나눌 수 있게 되었다. 한마디로 글쓰기는 인류의 안목을 넓히고 지식을 심화시키는 지름길이 된 것이다.

글쓰기는 한 개인의 인격적인 성숙에 의해서 발현될 때 빛을 발한다. 인격적인 성숙이란 어떤 경험에 대해 자신의 주체적인 신념과 가치관에 의거해 판단을 내릴 수 있는 정도를 말한다. 성숙의 정도는 어떤 경험에 대해서 표면의 현상만이 아니라 그 이면에 숨겨진 사태나 상황을 살피는 한편 경험의 전후 맥락까지 파악함으로써 경험 자체를 온전히 자기의 것으로 체화할 수 있는 능력의 정도이다. 달리 말하면 세상을 보는 안목인 동시에 세상을 자기화하는 역량이기도 하다.

세계 여행을 해 본 사람과 그렇지 않은 사람은 세상을 보는 안목이 같을 수 없다. 경험의 차이 자체가 사고의 차이를 만들기 때문이다. 마찬가지로 세계 여행을 하면서 글로 남긴 사람과 그렇지 않은 사람은 경험의 질적인 측면과 경험의 파급력에서 큰 차이를 보일 수밖에 없다.

글을 쓰기 위해서는 자신이 겪은 경험을 다시 머릿속에 떠올려야 하고 그것을 표현할 수 있는 적합한 단어나 문장을 다시 한 번 깊이 생각해 보아야 한다. 이때 글을 쓰는 이는 경험에 대한 나름대로의 시각을 확고하게 정립하게 된다. 막상 경험 자체를 글로 쓰려 한다면 글 쓰는 이는 우선 그것을 객관화시켜야 하고 다음으로 그 글을 읽는 사람들의 이해를 돕기 위해 논리적인 사유를 하지 않을 수 없다. 이러한 과정 자체가 경험의 질을 높이게 된다. 이렇게 해서 쓴 글은 그 글을 읽는 다른 사람들에게 새로운 자극인 동시에 세상에 대한 또 다른 발견이자 또 하나의 경험이 된다.

(3) 상상 공유하기

현실 세계와 관련이 있든 없든 간에 인간이 펼치는 상상의 세계는 무한하다. 상상의 세계는 꿈꾸는 모든 것을 이룰 수 있는 세계이며 불가능이 존재하지 않는 세계이다. 무엇이든 가능하기 때문에 무엇이든 꿈꿀 수 있다. 때로는 결핍된 현실을 보상받기 위해서 상상을 하기도 하고 현실에서 결코 일어날 수 없는 일들을 상상하기도 한다. 겪어보지 못한 세계를 상상하여 마음에 그려 보기도 하고 현실 속에서 있을 법한 사건이나 상황들을 상상해 보기도 한다.

그러나 이런 상상이 한 사람의 머릿속에만 자리하고 있을 때 상상의 힘은 발휘되지 못한다. 어떤 형식으로든 상상이 가시적인 형태로 나타나 다른 사람과 공유되었을 때 상상은 그 이상의 힘을 갖게 된다. 상상이 공유되었을 때 상상의 세계는 새로운 세계를 창조하게 되는 것이다.

우리가 주변에서 흔히 접하는 재미있는 이야기들도 대부분은 상상의 산물이다. 물론 이야기에 따라서는 실제 상황을 전제로 한 것들도 있지만 그 실제 상황도 언어라는 매체를 통해서 재현이 되었을 때는 상상의 산물일 수 있다.

글의 형태로 존재하는 이야기들은 한 개인의 상상의 산물이지만 그것은 타인과 공유되는 이야기이다. 그리고 공유된 이야기를 통해 작가와 독자는 소통을 하게 된다. 또한 이야기는 다른 사람에게 재미와 감동을 불러일으키고 마음을 움직이게 하는 힘이 있다. 우리가 살아가면서 수많은 이야기들을 읽는 것도 또 다른 세계에서 또 다른 이들과 소통하기 위함이며 재미와 감동을 얻기 위함이다.

글쓰기는 다른 사람과 상상을 공유하는 가장 효과적인 수단이다. 살아가면서 제 마음껏 상상하는 무한한 세계를 언어화 하는 일, 그것은 다른 사람과 공동의 세상을 함께 열어가는 작업이다.

2. 글을 잘 쓰려면?

삶의 흔적이기에 한 사람의 인격과 가치관, 지식의 깊이를 담아내기도 하는 글, 그렇기에 글은 잘 써야 한다. 많은 사람들이 공감하고 인정해 주는 글을 내 삶의 흔적으로 남기기 위해서는 어떻게 해야 할까?

흔히 글을 잘 쓰는 데는 왕도가 없다고 한다. 어떤 사람은 글 쓰는 재주는 타고 난다고 하기도 한다. 물론 타고나는 사람들도 있겠지만 대부분의 평범한 사람들에게 글쓰기는 여전히 어렵고 고된 작업이다. 현대인에게 있어 글을 쓰지 않고 살아가기는 어려운 일, 어차피 평생을 두고 써야만 하는 글이라면 글을 잘 쓰는 방법을 익혀 두는 것도 삶에 대한 투자라 생각해 볼 일이다.

송나라의 유명한 문장가 구양수(歐陽脩)는 글을 잘 쓰려면 "많이 읽고[多讀], 많이 쓰고[多作], 많이 생각하라[多商量]."고 했다. 이것이 이른바 삼다설(三多說)이다. 이 말은 글쓰기에 관한 고전적 발언으로 글쓰기에서는 하나의 진리처럼 간주되는 말이다. 그렇다면 이 진리를 우리도 진지하게 받아들여야 할 것이다.

(1) 아는 만큼 쓴다

학창시절 부모님이나 선생님으로부터 흔히 들었던 말 중에 하나가 "좋은 친구를 사귀라."는 것이었다. 좋은 친구를 사귀게 되면 친구로부터 많은 것을 보고 배울 수 있어 자신도 좋은 사람이 될 수 있기 때문이라는 것이었다. 글도 마찬가지이다. 좋은 글을 많이 읽게 되면 그 글로부터 많은 것을 얻어 배울 수 있다. 그렇기에 좋은 글을 쓰기 위한 첫 번째 조건이 '다독'인 것에 동의하게 된다.

그렇다면 좋은 글로부터 우리는 무엇을 얻을 수 있을 것인가? 우선 생각해 볼 수 있는 것은 글에서 담아내고 있는 많은 내용들일 것이다. 우리는 글을 통해 각종 정보와 지식 등을 얻는다. 또한 직접 경험하지 못하는 많은 것들을 글을 통해 경험하기도 하고 세상에서 벌어지고 있는 여러 상황이나 사건들에 대한 의미와 가치를 발견하기도 한다. 글을 통해 세상을 보는 안목의 폭과 깊이를 더할 수 있는 것이다. 따라서 좋은 글을 많이 읽을수록 풍부한 내적 경험을 쌓게 되고 이것은 좋은 글을 쓰는 밑거름이 된다.

또한 우리는 글을 읽는 것을 통해 무의식 중에 글의 형식과 방법을 익힐 수도 있다. 글에는 그 글의 장르가 고유하게 지니는 특정한 형식적 요건이 있게 마련이다. 이런 모든 글의 형식은 이전 시대로부터 전수되어 온 것이다. 특정 장르의 글을 쓰는 형식에 대하여 체계적으로 배우기도 전에 그 장르의 글을 우리가 쓸 수 있는 것도 그와 유사한 장르의 글을 읽은 경험이 있기 때문에 가능한 것이었다. 따라서 글 읽기는 앞선 세대들이 이룩해 놓은 각 장르의 형식적 요건을 습득하는 과정으로 볼 수 있다.

글을 잘 쓰는 방법으로 '다독'을 권장했던 것은 바로 이러한 이유들 때문이다. 쓸거리에 대하여 많이 알고, 쓰는 방법에 대하여 많이 알게 된다면 자연히 좋은 글을 쓸 수 있게 될 것이다. 글 읽기는 글을 쓰는 데 필요한 내용뿐만 아니라 글의 형식과 글을 쓰는 방법까지도 가르쳐주는 훌륭한 스승인 것이다.

(2) 쓰는 만큼 는다

수영을 잘 하는 친구가 있다고 하자. 그 친구의 수영 솜씨는 타의 추종을 불허한다. 그래서 친구가 하는 수영을 세심하게 관찰하고 또한 수영하는 방법에 대해서 이론적으로 자세하게 배웠다. 그런 후에 바로 물속에 들어가서 수영을 한다면 어떨까? 아마도 십중팔구는 허우적거리고 물을 먹게 될 것이다.

글쓰기도 이와 똑같다. 좋은 글을 많이 읽고, 그래서 쓸 내용도 풍부하고 글의 형식이나 글쓰기의 방법에 대해서 많은 것을 알고 있다고 하더라도 단번에 좋은 글이 써지는 것은 아니다. 생각한 것만큼 글이 잘 써지지 않는 경험들은 누구나 다 가지고 있을 것이다. 이는 글쓰기 훈련이 되지 않았기 때문이다.

글을 잘 쓰기 위해서는 많이 써 봐야 한다. 글은 쓰는 만큼 는다. 이론적으로 아무리 잘 알고 있다고 하더라도 그것이 내 것이 되기 위해서는 실제 글쓰기라는 과정을 통해서 내 것으로 체득되어야 한다. 어느 누구도 처음부터 좋은 글을 쓸 수 있었던 것은 아니다. 그러니 겁내지 말고 뛰어드는 게 중요하다. 처음부터 훌륭한 글을 쓸 생각을 버리고 그냥 글을 쓴다 생각하고 써 보는 것이 중요하다.

부족하고 마음에 들지 않지만 꾸준히 글을 쓰고, 자신이 쓴 글을 꾸준히 검토하고 보완해 나간다면 어느 순간 훌륭한 글이 내 삶의 흔적으로 한 모퉁이를 차지하고 있을 것이다.

(3) 생각한 만큼 쓴다

많은 것을 알고 있고 많은 것을 경험했다고 해서, 그리고 많이 써 본다고 해서 꼭 글을 잘 쓸 수 있는 것은 아니다. 많은 글을 읽고 실제로 많은 것을 경험한 것들이 글을 쓰는 데 좋은 소잿거리를 줄 수는 있지만 이것들에 대한 자기화 과정이 없다면 그것은 한낱 단편적인 지식, 단편적인 경험에 지나지 않을 뿐이다. 경험이 인간을 성숙시키는 것은 분명하지만 '어떻게' 생각하느냐, 그리고 '무엇을' 생각해야 하느냐 또한 매우 중요하다. 이는 곧 세상을 보는 안목을 드러내기 때문이다.

　동일한 세월을 살고 비슷한 경험을 하며 살아온 사람들 사이에서 세상을 보는 안목의 차이가 생기는 것은 바로 생각의 차이에서 기인한다. 깊이 있는 사고, 참신한 사고, 세심한 관찰력 등은 세상사를 인식하는 안목의 깊이를 더한다.

　그러나 생각을 한다는 것이 그리 쉬운 일은 아니다. 어떤 상황이나 사건에 대해 깊이 있는 생각, 폭넓은 생각을 하기 위해서는 생각의 밑바탕이 되는 배경 지식이 바탕에 깔려 있어야 하기 때문이다. 따라서 배경 지식을 넓히는 일과 생각하는 일은 순서의 문제가 아니라 동시에 이루어져야 한다.

 학습활동 1

■■■■■글을 즐겁게 썼던 적이 있었는가? 있다면 언제, 무슨 이유로? 글쓰기가 정말 괴로웠던 적이 있었는가? 있다면 언제, 무슨 이유로? 구체적인 상황을 자세하게 글로 표현해 보자.

2 놀이로 하는 글쓰기

'댓글 놀이'라는 말이 있다. 네티즌들이 인터넷 게시판이나 기사 중에서 흥미를 끌 만한 기사가 있으면 댓글을 경쟁적으로 다는데, 그 댓글이 짧은 시간에 수백, 수천 개가 올라온다. 이런 현상에 대해 개인의 의견을 말할 수 있는 열린 공간의 확대라는 긍정적 평가를 내리는 사람도 있지만, 눈여겨 볼 가치도 없고 별 볼 일 없는 사이버 공간상의 단순한 배설 행위로 간주하는 사람도 있다. 그러나 여기서 중요한 것은 댓글 내용의 의미나 진정성, 진실성보다는 이것이 하나의 놀이로 간주된다는 사실이다. 그냥 순간순간 떠오르는 단편적인 생각들을 풍자적으로, 해학적으로 풀어내면서 댓글을 다는 것을 놀이로 즐긴다. 심지어는 댓글 놀이를 하는 전용 사이트까지 생겨날 정도이다. '댓글'도 분명 글을 쓰는 일인데, 이렇게 재밌게 '놀이'로 글쓰기를 한다는 것, 이것은 분명 글쓰기에서 네티즌들에게 새로운 경험을 선사했다.

"나는 논다. 고로 존재한다."는 '호모 루덴스(Homo Ludens, 유희하는 인간)'의 선언이 굳이 글쓰기에서만 예외여야 하는가? 일도 놀이처럼 하는 마당에 글쓰기라고 놀이처럼 재밌게 즐기면서 하지 못할 이유는 없다.

우리 주변에 알려진 놀이로 하는 글쓰기는 여러 가지가 있다. 대표적인 것이 삼행시 짓기일 것이다. 끝말 이어가기, 세로로 '가'부터 '하'까지(또는 'A'부터 'Z'까지) 써 놓고 해당 글자로 시작하는 글을 쓰는 '가나다' 놀이(또는 ABC 놀이)도 있다. 여기에서는 아크로스틱, 운자 쓰기, 연상 쓰기 방법으로 글쓰기 놀이를 해 보자.

1. 아크로스틱

Have a happy Father's day

And enjoy your gifts,

Poems and

Polish to make

Your shoes shine.

Flop down onto the bed

And sleep

Till you're no longer tired

Have a great day and

Enjoy yourself 'cause Father's Day comes

Round only once a year

So just relax and have fun!

Dad, Thanks for everything, I really

Appreciate it (especially you BBQ fry ups!)

Yum!!!

오늘 하루, 행복한 아버지날이 되시기를
그리고 작은 선물들과 시 한 편
반짝거리게 닦아놓은 신발도
저희가 드리오니 기쁘게 받으세요.
침대에 벌렁 누우신 채로

맬버른에 사는 초등학교 5학년 로지라는 소년이 '아버지날'에 아빠에게 쓴 편지이다. 아버지의 날을 맞이하여 아침식사와 이 시를 녹음하여 준비한 소년은 아버지가 식사를 하면서 이 시를 들을 수 있도록 하여 아버지를 감동시켰다고 한다. 그런데 이 시의 첫 글자들만 모으면 'HAPPY FATHER'S DAY'가 된다.

이런 형식은 흔히 '삼행시'라 하여 우리 주변에서도 많이 사용되고 있다. 이렇게 각 시행의 첫 번째 글자를 계속 맞춰보면 단어나 어구가 되도록 짜인 짧은 시를 아크로스틱이라고 하는데, 아크로스틱(acrostic)은 그리스어로 '맨 앞'이라는 뜻의 'acros'와 '행(어구)' 또는 '시'라는 뜻의 'stichos'에서 유래된 것이다. 따라서 아크로스틱은 어구의 맨 앞을 따서 새로운 어구를 만드는 놀이라는 뜻이다. 이중(二重)아크로스틱도 가능한데, 이는 시행의 첫 글자뿐만 아니라 중간 글자나 마지막 글자까지 단어를 이루도록 배열한 것이다.

다음의 시는 김대근의 「고백」이라는 시인데, 각 시행의 마지막 글자를 연결하면 '정거장'이라는 단어가 반복된다. 이런 시도 아크로스틱의 하나라고 볼 수 있다.

고백

고둥껍데기 숨어사는 소라게처럼 숨겨온 **정**
내 보이려 마음 다져 하늘에 걸어두는 **거**
푸른 빛 넓은 공간에 새겨지는 한 마**장**

> **정**말 떠나 버릴 줄 진즉에 알았으면
> **거**친 마음 식히고 보듬어 주었을 것을
> **장**다리 여린 꽃잎 위 흔들리던 나비
>
> 많은 날 바람 되어도 까끌하게 남은 옛 **정**
> 진종일 헤아리고 뒤집으니 전부 버릴 **거**
> 되돌이 없는 삶 한 쪽, 마음가 둘러친 담**장**
>
> **정**령 날개처럼 은빛으로 빛나는
> **거**리의 가로수 잎 마음에 찰랑거리고
> **장**작불 화르르 피다 이내 사그라든다.

앞에서 언급했듯이 아크로스틱은 놀이로 하는 글쓰기이다. 글쓰기가 어렵고 형식적이고 엄격하다고만 생각할 것은 아니다. 이처럼 충분히 재미로, 놀이로 글을 쓸 수도 있는 것이다. 재미있는 글쓰기, 놀이로 하는 글쓰기, 우리도 아크로스틱의 세계에 빠져 보자. ☞ 학습활동 2–1(31쪽)

2. 운자 놀이

다양한 단편적 생각들을 놀이 삼아 나열해 가는 운자 쓰기는 생각의 폭을 넓힐 수 있다는 점에서 재미있는 글쓰기의 하나로 볼 수 있다. 운자 쓰기는 처음 글자나 단어, 마지막 글자나 단어를 지정해 놓고 그 글자나 단어가 문장이나 구의 처음에 들어가도록, 또는 마지막에 들어가도록 하는 글 잇기 놀이이다.

혼자서 할 수도 있지만 여러 명이 함께 릴레이로 써 나가면 다양한 생각들을 공유할 수 있는 장점이 있다.

다음의 예는 첫 글자가 '체'로 시작되고 마지막 단어가 '슬픔'으로 끝나는 운자 쓰기 놀이의 예이다.

체념한 슬픔
체질화된 슬픔
체면치레의 슬픔
체체파리에 물린 슬픔
체득한 슬픔
체표 면적에 비례되는 슬픔
체세포들과 줄기세포들이 함께 떨리는 슬픔
체육시간 때마다 나무 그늘에 앉아 친구들의 활동을 바라보아야만 했던 슬픔
체스 못하는 자의 슬픔
체로키인디언의 구슬픈 노래 같은 슬픔
체중계에 올라설 때마다 느끼는 슬픔
체구에 비하여 몹시도 독한 슬픔
체격 값을 하려고 기를 쓰는 슬픔
체조 선수가 평균대에서 비틀거릴 때의 슬픔
체르니 30번에서 레슨을 그만 둔 나의 슬픔
체머리 흔드는 이의 흔들리는 슬픔
체르노빌 원전 사고만한 막대한 슬픔
체형 변한 중년의 슬픔
체제에 억눌려 사는 슬픔
체신머리 없는 어른들을 보는 슬픔
체포된 슬픔
체력의 한계를 느끼는 슬픔
체온계로는 도저히 잴 수 없는 슬픔
체벌 받은 아이의 슬픔
체통을 잃은 슬픔
체감온도 팍 떨어진 장바구니의 슬픔
체코에 한 번 가고 싶기만 한, 그러면서 가지는 못하는 나의 슬픔
체지방이 허리에 머무는 슬픔

체리 없는 체리맛 아이스크림을 먹을 때의 **슬픔**

체급 조절에 실패한 복싱 선수의 **슬픔**

체류하고 싶지 않은 곳에 정착한 자의 **슬픔**

체구로 비교 당하는 **슬픔**

체불 임금을 받지 못하는 노동자의 **슬픔**

'체소'라고 써서 받아쓰기 틀린 정인이의 **슬픔**

체력장 시험에서 매달리기 할 때 3초 만에 떨어진 나의 **슬픔**

체인 빠진 자전거의 **슬픔**

체한 음식 또 먹어야 하는 **슬픔**

체외수정을 꿈꾸는 매트릭스 인간들의 **슬픔**

운자 쓰기 놀이는 특정한 틀 속에서 다양한 생각거리를 끌어낼 수 있다는 점에서 생각 끌어내기의 한 방법으로 사용될 수 있다. ☞학습활동 2-2(32쪽)

3. 연상 쓰기

우리는 어떤 그림이나 사진 등을 보면 자연스럽게 떠오르는 생각들이 있다. 또한 음악을 들으면서도 자연스럽게 느껴지는 느낌이 있다. 이처럼 어떤 단어를 보았을 때 자연스럽게 떠오르는 생각들을 자유롭게 한 문장이나 구로 써보는 글쓰기 놀이가 연상 쓰기이다. 일종의 브레인 스토밍이라고 할 수 있는데, 단어를 통해 연상되는 것을 구나 문장으로 표현하는 것이 일반 브레인 스토밍이나 생각 그물의 연상과는 다르다.

연상 쓰기는 한 단어에 대하여 깊이 있게 생각하는 힘을 길러준다는 점에서 글쓰기에 활용될 수 있는 방법이다. 단순한 단어의 연상에서 벗어나 특정 단어에 대해 좀 더 깊이 있게 생각할 수 있다는 점에서 즐겁게 글을 쓰기 위한 색다른 시도로 활용해 볼 수 있다.

꿈

나를 살아있게 하는 것

행복하게 하는 것

하루도 쉴 수 없게 만드는 것

잘라내야 하는 것

존재하게 하는 것

희망을 주는 것

끝없이 성장하는 것

현실의 고통을 잊게 하는 마약 같은 것

상처를 보듬는 것

게으름을 질책하는 것

사랑하는 것

그리워하는 것

다음은 독일의 작가 안톤 슈나크의 「우리를 슬프게 하는 것들」 중 일부이다.

울음 우는 아이들이 우리를 슬프게 한다. 정원의 한편 구석에서 발견된 작은 새의 시체 위에 초추(初秋)의 양광(陽光)이 떨어질 때, 가을은 우리를 슬프게 한다. 그래서 가을날 비는 처량히 내리고 사랑하는 이의 인적은 끊겨 거의 일주일이나 혼자 있게 될 때. 아무도 살지 않는 옛 궁성, 그래서 벽에서는 흙뭉치가 떨어지고 창문의 삭은 나무 위에서 '아이세여 나는 너를 사랑하노라.'라는 거의 판독하기 어려운 글귀를 볼 때. 오랜 세월이 지난 후에 문득 발견된 돌아가신 아버지의 편지. 그곳에 씌었으되 "나의 사랑하는 아들아, 너의 소행이 내게 얼마나 많은 불면의 밤을 가져오게 하였던가……." 대체 나의 소행이란 무엇이었던가. 혹은 하나의 연애 사건, 혹은 하나의 허언(虛言), 혹은 하나의 치희(稚戲). 이제는 벌써 그 숱한 허물들도 기억 속에서 찾을 수가 없는데, 그때 아버지는 그로 인해 가슴을 태우셨던 것이다.

동물원에 잡힌 범의 불안 초조가 또한 우리를 슬프게 한다: 언제 보아도 철책

「우리를 슬프게 하는 것들」은 살아가면서 느낄 수 있는 작은 슬픔과 삶의 허망함에서 오는 우수를 노래한 수필이다. 사람들이 살아가면서 느낄 수 있는 슬픔의 상황들을 적절하게 찾아내고 그것들을 짧은 구절 속에 함축적으로 표현하는 감각적 문체가 돋보이는 작품이다. 사물이나 상황을 예리한 시선과 감각으로 바라보고 이를 섬세한 언어로 표현해 낸 것이 사람의 공감을 끌어내고 있다.

그런데 이 글이 나오게 된 배경을 찬찬히 상상해 본다면 '슬픔'을 느끼게 되는 상황들을 연상한 후에 이것에 살을 붙였을 가능성을 생각해 볼 수 있다. 따라서 연상하기는 주어진 소재를 활용하여 한 편의 글을 완성하는 기법으로 유용하게 사용해 볼 수 있다. ☞ 학습활동 2-3(33쪽)

■■■■■■ 다음 단어들 중 한두 개를 선택하여 아크로스틱을 작성해 보자.

대학생	글쓰기	아버지	연애

■■■■■■ 자신의 이름으로 아크로스틱을 작성해 보자.

▪▪▪▪▪▪다음 중 어느 하나를 선택하여 운자 쓰기 놀이를 해 보자.

> ❶ 소리로 전해지는 아름다움
>
> ❷ 기억 속의 아픔
>
> ❸ 어린 시절을 되돌아보면 떠오르는 웃음

■■■■■■다음 단어 중 한두 개를 선택하여 연상 쓰기를 해 보자.

가족	아버지	분노	사랑

■■■■■■연상하기 후에 이를 이용하여 한 편의 글을 완성해 보자.

3 생각의 단편

―바른 문장 쓰기

친구와 만나서 사소한 이야기를 주고받는다든가 멀리 떨어진 친구와 편지를 주고받는 일 등을 어려운 일이라 생각하는 사람들이 있을까? 가족들과 이런 저런 이야기를 한다든가 또는 가까운 지인과 글을 통해 마음을 전하는 일 등 일상생활에서 자신의 생각을 말이나 글로 표현하는 데 대부분의 사람들은 크게 어려움을 느끼지 않고 있으며, 다른 사람이 말이나 글로 전하는 내용을 알아차리는 데에도 별 어려움을 느끼지 않는다. 이것은 서로가 인정한 말과 글의 틀이 존재한다는 것을 의미한다. 즉 말과 글을 지배하는 일정한 법칙이 있는데, 이를 어법(Grammar)이라고 한다.

어법은 말을 하고 글을 쓰는 사람들이 지켜야 할 최소한의 약속이다. 따라서 이 약속을 지키지 않고서는 바른 글을 쓸 수가 없다. 이 약속을 지킬 때에라야 비로소 글 쓰는 사람이 전하고자 하는 내용을 정확하게 전달할 수가 있는 것이다.

글을 구성하는 가장 기본적인 요소는 단어이다. 단어가 모여서 하나의 완결된 의미를 갖는 문장이 되고, 문장이 모여서 하나의 의미 덩어리를 만들어내는 단락이 된다. 즉 단어와 문장, 단락은 글을 구성하는 3요소라고 할 수 있다.

　　좋은 글, 바르게 잘 쓴 글은 우선 전체적인 글의 구조가 잘 짜여 있다. 그리고 그 구조를 형성하는 3요소인 단어와 문장과 단락이 바르게 다듬어져 있다. 이러한 관계는 다음과 같은 도식으로 보일 수 있다.

바른 글 = 바른 단어 + 바른 문장 + 바른 단락

　　따라서 바른 글쓰기를 하기 위해서는 바른 단어 쓰기, 바른 문장 쓰기, 바른 단락 쓰기의 3단계를 요구하며, 각각의 단계에 대한 올바른 훈련이 필요하다.

　　이런 단계를 무시하고 내용이 잘못된 부적합한 단어나 맞춤법에 어긋난 단어, 주어가 불분명하고 성분 호응이 잘못된 문장, 되는 대로 줄을 바꾸고 단락 개념을 무시한 글을 쓴다면 그 글은 필히 좋지 않은 글이 될 것이다. 따라서 바른 글·좋은 글을 쓰기 위해 우리는 맞춤법에 맞는 단어, 의미가 정확한 단어를 써야 하고, 문법에 맞는 문장을 쓰는 훈련을 해야 하며, 제대로 단락 구분이 된 글을 쓰는 훈련을 해야 한다.

1. 바른 단어 쓰기

　　모든 글은 단어로 이루어져 있다. 따라서 좋은 글, 바른 글을 쓰기 위해서 가장 먼저, 가장 기본적으로 관심을 두어야 할 것은 단어를 정확하게 쓰는 것이다. 그런데 가끔씩 글을 쓰다보면 특정 단어에 대해 이렇게 써야 맞나, 저렇게 써야 맞나 고민하는 적이 있다. 이때 사전을 찾거나 인터넷 등을 검색하여 올바른 쓰임을 확인하고 쓰는 경우도 있지만 대충 이것이 맞겠거니 생각하고 그냥 쓰거나 아예 의미가 비슷한 다른 단어로 교체해서 쓰기도 한다.

　　정확한 단어를 쓰기 위해서는 평소에 단어의 형태와 의미에 대하여 관심을 가지고 있어야 한다. 요즘에는 쉽게 틀리는 단어들을 모아서 엮어놓은 책들도 많이 출판되어 있고, 인터넷 사이트에서도 틀리게 쓰는 단어들을 모아 소개하는 곳들도 많이 있다. 따라서 형태나 의미를 정확하게 잘 모르거나 헷갈리는 경우에 이런 자료들을 이용하는 것도 좋은 방법이 될 수 있다.

(1) 한글 맞춤법에 맞게 쓰기

한글 맞춤법은 우리말을 어떻게 적어야 하는지 원칙을 정해 놓은 것이다. 한글 맞춤법은 표준어를 소리대로 적지만 어법에 맞도록 하는 것을 원칙으로 하고 있다. 표준어를 소리대로 적는다는 것은 표준어의 발음 형태대로 적는다는 뜻이다. 맞춤법 이란 주로 음소문자에 의한 표기 방식을 이르는데, 한글은 표음문자이며 음소문자이 다. 따라서 자음과 모음의 결합 형식에 의하여 표준어를 소리대로 표기하는 것이 근 본 원칙이다(예 : 나무, 하늘, 구름, 아버지, 어머니, 아들 등). 그런데 표준어를 소리대 로 적는다는 원칙만을 적용하기 어려운 경우도 있다. 예를 들면 "값[價]"이라는 단어 는 모음으로 시작되는 조사와 만나면 [값](값+-이[갑씨], 값+-에[갑쎼])으로, 비음 이외의 자음으로 시작되는 조사와 만나면 [갑](값+-도[갑또], 값+-과[갑꽈])으로, 비음(ㅁ, ㄴ) 앞에서는 [감](값+-만[감만], 값+나가다[감나가다])으로 실현된다. 이것 을 소리대로 적는다면, 얼른 그 뜻이 파악되지 않고, 따라서 독서의 능률이 크게 저 하된다. 그리하여 어법에 맞도록 한다는 또 하나의 원칙이 붙은 것이다.

어법이란 언어 조직의 법칙, 또는 언어 운용의 법칙이라 할 수 있다. 어법에 맞도 록 한다는 것은 결국 뜻을 파악하기 쉽도록 하기 위하여 각 형태소의 본 모양을 밝 히어 적는다는 말이다. 형태소는 단어의 기초 단위가 되는 요소인 실질 형태소와, 접 사나 어미, 조사처럼 실질 형태소에 결합하여 보조적 의미를 덧붙이거나 문법적 관 계를 표시하는 요소인 형식 형태소로 나뉜다. 맞춤법에서는 각 형태소가 지닌 뜻이 분명히 드러나도록 하기 위하여, 그 본 모양을 밝히어 적는 것을 원칙으로 삼은 것이 다. 위의 예에서 보듯이 '값이, 값을'의 경우에 실질 형태소의 본모양이 '값'임을 인정 할 수 있게 되는 것이다. ☞ 학습활동 3-1(43쪽)

(2) 표준어 쓰기

　표준어는 한 나라에서 공용어로 쓰도록 규범적으로 정해 놓은 언어이다. 표준어를 정하는 이유는 한 언어를 사용하는 사람들 사이에 의사소통이 원활하게 이루어지도록 하기 위함이다. 표준어 규정에서 표준어 사정 원칙 제1항은 "표준어는 교양 있는 사람들이 두루 쓰는 현대 서울말로 정함을 원칙으로 한다."고 설명하고 있다.

　이 원칙에는 표준어를 규정함에 있어서 시간적, 공간적, 계층적 기준을 정하고 있는데, 시간적으로는 '현대', 공간적으로는 '서울', 계층적으로는 '교양 있는 사람'을 기준으로 삼고 있다. '교양 있는 사람'이라고 정한 이유는 표준어는 국민 누구나가 공통적으로 쓸 수 있게 마련한 공용어이므로, 공적 활동을 하는 이들이 표준어를 익혀 올바르게 사용하는 것을 당연한 필수적 교양으로 해석했기 때문이다. 그래서 표준어 교육은 학교 교육에서 그 기본을 닦도록 하였다. 이렇게 볼 때 표준어는 교양의 수준을 넘어 국민이 갖추어야 할 의무 요건인 것이다.

　표준어 규정의 취지에 따라 글을 쓸 때는 특별히 지역적 특색을 드러낼 의도가 없다면 원칙적으로 표준어를 써야 한다. 물론 리포트나 자기 소개서, 공지글 등 공식적인 글은 반드시 표준어를 써야 한다. 한글맞춤법에 맞게 쓰기와 마찬가지로 표준어 쓰기도 관심을 갖고 익혀야 할 부분이다. ☞ 학습활동 3-2(49쪽)

(3) 외래어 바르게 쓰기

　외래어는 고유어에 상대되는 말로 다른 언어에서 들어와 국어에 동화되어 국어로 사용하는 어휘를 말한다. '라디오, 텔레비전'처럼 외국어인 것이 우리말로 정착한 것이 있고, 그렇지 않고 일시적으로 쓰이는 것들도 있다. 엄격하게 말해 일시적으로 쓰이는 것은 외래어라고 볼 수 없지만 넓은 의미의 외래어라고 볼 수도 있다. 어문 규정에서는 외래어와 외국어를 구분한다. 외래어는 우리말의 한 범주에 속하기 때문에 표기법의 규정을 지켜야 하며, 외국어는 아직 우리말로 인정되지 않았기 때문에 일치된 표기법이 정해진 것은 아니나 외래어 표기법 규정에 의거하여 표기하고 있다. 하지만 외래어와 외국어의 구분 기준은 사실 명확하지 않으며, 끊임없이 외국어가 유입되는 상황에서 단어의 사용 빈도, 사용 기간 등을 고려하여 외래어 심의 위원회에서 외국어를 외래어로 인정하고 있다.

외래어의 1음운은 원칙적으로 한글 자모의 1기호로 적는다. 그렇게 해야만 기억과 표기가 용이하기 때문이다. 다만 외국어의 1음운이 그 음성 환경에 따라 국어의 여러 소리에 대응되는 불가피한 경우에는 간혹 두 기호로 표기할 수도 있다. 외래어를 표기할 때 받침에는 'ㄱ, ㄴ, ㄹ, ㅁ, ㅂ, ㅅ, ㅇ'만을 쓴다. 이 조항은 외래어라고 할지라도 국어의 끝소리 규칙을 적용한다는 뜻이다. 파열음(k, t, p, b, d, g) 표기에는 된소리를 쓰지 않는 것을 원칙으로 한다. 국어에는 파열음에 무성음과 유성음의 대립이 없고, '예사소리 : 된소리 : 거센소리'의 대립이 있다. 따라서 외국어의 유성 파열음(b, d g)을 표기할 때는 된소리로 적지 않고 예사소리로 적는다.

외래어 쓰기는 외국어의 발음을 우리말로 옮겨 적는 것이기 때문에 외국어의 발음으로부터 자유로울 수 없다. 그러다 보니 때로 여러 가지 형태로 적게 되기도 하고, 일상생활에서 습관적으로 발음하는 형태로 적게 되기도 한다. 그래서 외래어를 바르게 적는 것이 쉽지만은 않다. 따라서 외래어 쓰기에도 나름의 관심을 가져야 한다. ☞ 학습활동 3-3(53쪽)

(4) 적합한 단어 쓰기

우리는 문장을 통하여 우리의 생각이나 감정을 표현한다. 그런데 문장은 단어로 이루어져 있다. 따라서 우리의 생각이나 감정을 적절하게 표현하기 위해서는 상황에 꼭 맞는 단어를 선택해서 써야만 그 효과를 거둘 수 있다. 표현이 적절하고 의미가 정확한 문장을 쓰기 위해서는 문장을 이루고 있는 단어를 적절히 선택하는 것이 무엇보다 중요한 것이다.

우선 단어의 정확한 의미를 알고 써야만 한다. 단어의 정확한 의미를 모르는 상태에서 글을 쓸 경우 문장의 의미가 잘못 전달될 수 있기 때문이다. 단어가 음성적으로 유사하다거나 의미가 유사할 경우 단어의 정확한 의미를 알지 못하면 오류를 범하기가 쉽다.

두 번째로 상황에 맞는 적절한 단어를 선택해 써야 한다. 비슷한 의미를 가진 단어들이지만 분명히 상황에 꼭 맞는 단어는 따로 있다. 따라서 상태를 정확히 묘사하고 그 표현력을 살리려면 그 상황에 맞는 가장 적합한 단어를 선택해서 사용하는 것이 필요하다. 예를 들어 비가 오는 상황을 묘사할 때 "가랑비가 부슬부슬 내린다, 이슬비가 내린다, 소나기가 쏟아진다, 장대비가 쏟아진다, 비가 댓줄기처럼 내린다" 등등 여러 가지 표현이 있다. '만들다'는 의미를 갖는 단어도 대상에 따라 "가마니를 치다, 옷을 짓다, 밥을 짓다, 국을 끓이다, 길을 닦다, 짚신을 삼다, 옷감을 짜다" 등등 달리 표현한다. 따라서 상황에 맞는 적절한 단어를 선택해 씀으로써 표현 효과를 높일 수 있다.

특정한 문맥에 가장 적합한 단어를 적절히 선택해 쓸 수 있기 위해서는 스스로 독서 등을 통하여 어휘력을 증진시키도록 노력해야 할 것이며, 각 단어의 정확한 의미와 용법에 대해서도 세심한 관심을 기울여야 할 것이다. ☞ 학습활동 3-4(57쪽)

2. 바른 문장 쓰기

언어를 의사소통의 수단이라고 정의할 때 의사소통은 대부분 문장이라는 형식을 통해서 이루어진다. 이처럼 문장은 비교적 완전하고 독립된 의사전달의 단위로, 생각을 완결된 형태로 표현하는 가장 기본적인 단위이다. 따라서 올바른 문장 쓰기는 좋은 글을 쓰는 첫걸음이라고 할 수 있다.

아무리 단어를 바르게 썼다고 하더라도 문장의 구성이나 문장성분 간의 연결이 잘못됐다거나 의미적으로 모호하게 표현되어 있으면 글쓰기는 허사가 된다. 따라서 문장 차원에서 나타나는 올바르지 못한 문장의 유형을 살펴보아 비문을 예방할 필요가 있다.

올바른 문장을 쓰기 위해서는 우선 문법에 맞는 문장을 써야 한다. 문법은 글 쓰는 사람이 지켜야 할 최소한의 약속이기 때문에 이 약속을 제대로 지키지 않으면 전달하려고 하는 내용이 정확하게 전달되지 않을 뿐더러 글의 내용에 신뢰감을 주기도 어렵다. 국어의 문장 구조 규칙이란 문장의 주어－서술어가 갖추어져 있어야 한다든가, 주어－서술어가 호응을 이루어야 한다든가, 문장의 구성 성분이 제대로 갖추어져 있어야 한다든가, 수식어는 피수식어 앞에 온다든가 하는 규칙이나, 시제, 높임법 등에 관련된 규칙들을 말한다.

두 번째로, 의미적으로 자연스럽게 수용될 수 있는 문장을 써야 한다. 문장은 하나의 의미적 완결체이기 때문에 문법적으로 맞는 문장이라 하더라도 의미상 수용이 불가능할 경우에는 자연스럽게 받아들일 수 없다. 예를 들어 "소가 바위를 먹는다."는 문장은 문법적으로 틀린 문장이라고 볼 수 없지만 의미상으로 자연스럽게 받아들여지지 않는다. "철수는 학교에 가고, 영희는 모범생이다."라는 문장도 우리에게 자연스럽게 받아들여지지 않는다. 글쓰기에서 흔히 나타나는 '～의'의 중복 사용도 피해야 할 문장 쓰기 중의 하나이다. 또한 문장의 의미가 모호하거나, 중의적인 문장도 쉽게 받아들일 수 없는 문장이다. 따라서 분명하고 정확한 의미를 갖는 문장을 쓰는 훈련을 해야 한다.

문장을 난해하게 쓰는 것도 피해야 할 문장 쓰기 중의 하나이다. 꼭 있어야 할 성분을 생략하면 뜻이 불명확하고 난해한 문장이 되며, 문장 성분의 호응 관계가 깨어져도 문장의 뜻이 제대로 파악되지 않는다. 어순이 부적절하다든가 관련 성분끼리의 거리가 지나치게 멀어져도 난해한 문장이 될 수 있다. 그리고 하나의 문장이 구조적으로 둘 이상의 의미로 해석되는 문장도 의미를 모호하게 할 수 있으므로 피해야 한다.

긴 문장을 쓰는 것도 경계해야 할 항목 중에 하나이다. 길이가 긴 문장일수록 난해해지기 쉽고, 비문법적이거나 비논리적인 문장이 되기 쉽기 때문이다. 그렇지 않다고 하더라도 한 문장이 어느 한도를 넘어 길게 계속되면 그것이 독자에게 매우 부담이 되어 읽기에 힘들다. 즉 독자에게 쉽게 수용되지 않는 문장이 되는 것이다.

바른 문장 쓰기는 좋은 글을 쓰기 위해 기본적으로 요구되는 사항이다. 따라서 글을 쓸 때는 문장 하나하나가 문법적으로 정확한 문장, 논리적으로 명확한 문장이 되도록 해야 한다. ☞학습활동 3-5, 3-6(61쪽, 66쪽)

■■■■■■ 다음 예문에서 한글 맞춤법에 맞게 쓰인 단어를 찾아보자.

1. 무엇보다 주목 받을 일은 지난 회의에 비해 이번 회의에 회원들의 {①참석율 ②참석률}이 높아졌다는 점이다.

2. 안 해도 될 일을 {①구지 ②궂이 ③굳이} 하려고 그래.

3. 엄마가 이번에 보내주신 {①깎두기 ②깍두기 ③깍뚜기}는 정말 맛있었다.

4. 나 메시지 {①안 ②않} 보냈어.

5. 채소 가겟집 부부는 {①늙으막에 ②늘그막에} 얻은 자식이라 그런지 애지중지하며 아들을 키웠다.

6. 부모들은 언제나 자식 {①뒤치다꺼리 ②뒤치닥거리 ③뒷치닥거리}로 정신이 없다.

7. 나 {①어떻게 ②어떡해}. 이 일을 도대체 {③어떻게 ④어떡해} 수습해야 하냐고?

8. 그는 어머니를 생각하며 {①굵다란 ②굵따란 ③굴따란} 눈물을 뚝뚝 흘렸다.

9. 순간 {①넙적하고 ②넓적하고 ③넙쩍하고} 퉁퉁한 손이 내 등짝으로 내리쳐졌다.

10. 어린 시절 더운 여름날 {①하교길에 ②하굣길에} 목이 마르면 마을 회관 앞에 있는 수돗가에서 {③수돗물을 ④수도물을} 틀어 벌컥벌컥 마셨던 일도 기억에 새롭다.

11. 내가 도와 {①줄게 ②줄께}.

12. 늙은 농부가 가지고 있는 것은 고작 {①암돼지 ②암퇘지} 한 마리, {③숫당나귀 ④수탕나귀 ⑤수당나귀} 한 마리뿐이었다.

13. 일이 잘 {①돼야 ②되야} 한다고 걱정을 많이 했는데, 뜻대로 {③되서 ④돼서} 다행이야.

14. {①익숙지도 ②익숙치도} 않은 일을 그 정도로 열심히 해 주었으니 크게 {③섭섭지는 ④섭섭치는} 않을 거야.

15. 새해 복 많이 {①받으십시요 ②받으십시오}.

16. 여기 갈비탕 {①뚝배기 ②뚝빼기} 가득 {③곱배기 ④곱빼기}로 주세요.

17. 밥을 {①먹든지 말든지 ②먹던지 말던지} 네 마음대로 해.

18. 이번에 또 입시제도가 {①바꼈대 ②바뀌었대}.

19. 네 생일이 {①며칠이나 ②몇일이나} 남았니?

20. 오늘은 {①왠지 ②웬지} 손님들이 많이 올 것 같아. 그런데 저기에 {③왠 ④웬} 사람들이 저렇게 모여 있지?

1. 한글 맞춤법 제11항은 첫소리법칙에 대해 규정하고 있는데, 제시된 문제는 이 규정에 대한 예외 조항이다. 즉 첫소리법칙이 적용되지 않는 경우가 있다. '리(里)'나 '리(理)'가 의존 명사로 쓰이는 경우에는 원래의 음을 밝혀 적는다(몇 리냐? 그럴 리가 없다). 그리고 '렬, 률'이 모음이나 'ㄴ' 받침 뒤에 이어질 때에는 '열, 율'로 적는다. 이와 관련된 단어로는 "나열(羅列), 치열(熾熱), 비열(鄙劣), 분열(分裂), 선열(先烈), 비율(比率), 실패율(失敗率), 백분율(百分率), 선율(旋律), 당선율(當選率)" 등이 있다.

2. 'ㄷ, ㅌ' 받침 뒤에 종속적 관계를 가진 '-이(-)'나 '-히-'가 올 적에 그 'ㄷ, ㅌ'이 'ㅈ, ㅊ'으로 소리 나는 구개음화 현상에 대한 표기 규정이다. 이 경우 'ㅈ, ㅊ'로 소리 나더라도 표기에 반영하지 말고 원 형태를 밝혀 'ㄷ, ㅌ'으로 적어야 한다. '굳이'는 '누르는 자국이 나지 아니할 만큼 단단하다. 흔들리거나 바뀌지 아니할 만큼 힘이나 뜻이 강하다'라는 의미를 지닌 형용사 '굳-'에 부사파생접미사 '-이'가 결합되어서 만들어진 단어이다. 따라서 '굳이'로 적어야 한다. '구지'로 잘못 적는 경우가 많이 있는데, 주의해야 한다. 이와 관련된 단어로는 "해돋이, 맏이, 곧이곧대로, 샅샅이, 피붙이" 등이 있다.

3. 한글 맞춤법 제5항에는 "한 단어 안에서 뚜렷한 까닭 없이 나는 된소리는 다음 음절의 첫소리를 된소리로 적는다."고 되어 있다. 이는 뚜렷한 까닭이 있는 경우에는 된소리로 적지 않는다는 것을 의미한다. 받침소리가 'ㄱ, ㄷ, ㅂ'인 경우 다음 음절의 첫소리가 'ㄱ, ㄷ, ㅂ, ㅅ, ㅈ'이면 이들은 된소리로 발음된다. 그런데 이때는 된소리로 적지 않는다. 왜냐하면 받침소리가 'ㄱ, ㄷ, ㅂ'인 경우 한국인은 이 소리를 파열시키지 않는데(이를 '미파'라고 한다), 이때 동반되는 성대의 긴장성이 다음 소리에 영향을 주어 된소리로 소리 나게 한다. 즉 자동으로 된소리로 나는 환경이므로 굳이 된소리로 적을 이유가 없는 것이다. 이와 관련된 단어로는 "깍두기, 싹둑, 법석, 갑자기, 납작하다" 등을 들 수 있다.
   그런데 동일한 환경이라고 하더라도 같은 음절이나 비슷한 음절이 거듭되는 경우에는 첫소리를 같은 글자로 적는다. "똑똑하다, 쓱싹쓱싹, 쌉쌀하다, 짭짤하다" 등.

4. '안'과 '않다'는 의미가 비슷하지만 쓰임이 서로 다르다. '안'은 동사나 형용사 앞에 위치하여 뒤의 말을 부정하는 의미를 갖는 부사이다. 따라서 "안 먹었다. 아직 편지를 안 썼다."처럼 단독으로 쓰인다. '않다'는 '아니하다'의 준말로 '않고, 않으니, 않으면, 않아서, 않았다' 등 뒤에 어미가 결합하여 쓰인다. "먹지 않았어. 집에 가지 않고 놀러 갔다. 그 옷을 입지 않으며……" 등.

5. 한글 맞춤법 제19항은 "어간에 '-이'나 '-음 / -ㅁ'이 붙어서 명사로 된 것은 그 어간의 원형을 밝히어 적는다."고 규정하고 있으며, "어간에 '-이'나 '-음' 이외의 모음으로 시작된 접미사가 붙어서 다른 품사로 바뀐 것은 그 어간의 원형을 밝히어 적지 아니한다."고 규정하고 있다. '늘그막'은 '늙-'에 '-으막'이라는 접미사가 결합된 형태인데, '-이'나 '-음'이 결합한 경우가 아니기 때문에 소리 나는 대로 적어야 한다. 이와 관련된 단어로는 '주검(←죽-+-엄), 귀머거리(←귀먹-+-어리)' 등을 들 수 있다.

6. '뒤치다꺼리'는 '뒤에서 일을 보살펴서 도와주는 일'을 의미한다. 5번과 마찬가지로 특별히 어원을 밝혀 적어야 할 이유가 없기 때문에 그냥 소리 나는 대로 적는다. 이와 관련된 단어로는 '등쌀, 부리나케, 우습다, 설거지' 등을 들 수 있다.

7. '어떻게'가 줄어들면 '어떡'이 된다. 따라서 '어떻게 해'가 줄어들면 '어떡해', '어떻게 하지'가 줄어들면 '어떡하지'가 된다.

8·9. 겹받침(ㄲ, ㄺ, ㄼ, ㄾ, ㅀ)을 가진 용언의 어간 뒤에 자음으로 시작되는 접미사가 결합할 때, 겹받침의 끝소리가 드러날 때는 원 형태를 밝혀 적고(굵다 : 굵다랗다 / 넓다 : 넓적하다 / 늙다 : 늙수그레하다 등), 겹받침의 첫소리로 발음될 때는 소리 나는 대로 적는다(핥다 : 할짝거리다 / 넓다 : 널따랗다, 널찍하다 / 맑다 : 말끔하다, 말쑥하다, 말짱하다 / 싫다 : 실쭉하다, 실큼하다 / 얇다 : 얄따랗다, 얄팍하다 / 짧다 : 짤따랗다, 짤막하다).

10. 한글 맞춤법 제30항에는 사이시옷을 넣는 경우를 다음과 같이 네 가지 경우로 한정하고 있다. 기본적으로 사이시옷은 "명사＋명사"의 구조에서 제1명사에 사이시옷이 들어가는 경우를 규정하고 있는데, 사이시옷이 들어가기 위해서는 제1명사가 모음으로 끝나야 한다.
　① 뒷말의 첫소리가 된소리로 나는 것(귓밥, 나룻배, 나뭇가지, 냇가, 뱃길, 부싯돌, 선짓국, 조갯살, 핏대, 혓바늘, 찻잔, 귓병, 머릿방, 샛강, 자릿세, 전셋집, 핏기, 탯줄, 텃세, 햇수, 횟배).
　② 뒷말의 첫소리 'ㄴ, ㅁ' 앞에서 'ㄴ'소리가 덧나는 것(멧나물, 아랫니, 텃마당, 뒷머리, 잇몸, 깻묵, 빗물, 곗날, 제삿날, 훗날, 툇마루, 양칫물).
　③ 뒷말의 첫소리 모음 앞에서 'ㄴㄴ'소리가 덧나는 것(두렛일, 뒷일, 베갯잇, 뒷입맛, 욧잇, 깻잎, 나뭇잎, 댓잎, 가욋일, 사삿일, 예삿일, 훗일).
　④ 두 음절로 된 다음의 한자어(곳간(庫間), 셋방(貰房), 숫자(數字), 찻간(車間), 툇간(退間), 횟수(回數). 따라서 두 음절 이상으로 된 "초점(焦點), 이점(利點), 대가(代價), 마구간(馬廄間)" 등은 모두 사이시옷을 넣지 않는 것이 바른 표기이다.

11. 발음이 '갈께'로 나더라도 쓰기는 '갈게'라고 써야 한다. '-ㄹ' 뒤에 된소리로 발음되는 것들은

의문형의 경우를 제외하고는 모두 예사소리로 쓴다. "아까 그 빵 다 먹을걸(×먹을껄), 비가 올지(×올찌) 모르겠다. 그 옷을 입으니까 예쁜걸."

12. 두 말이 어울릴 적에 'ㅂ' 소리나 'ㅎ' 소리가 덧나는 것은 소리대로 적는다. 'ㅎ' 소리가 덧나는 경우는 '안+밖→안팎'의 경우와 '암-', '수-'가 결합된 다음과 같은 단어들이다. "암캉아지, 수캉아지, 암퇘지, 수퇘지, 암탕나귀, 수탕나귀, 암평아리, 수평아리". 그러나 '숫염소, 숫쥐, 숫양' 등은 '숫-'의 형태를 취한다. 'ㅂ' 소리가 덧나는 경우는 "볍씨, 햅쌀, 휩쓸리다, 접때" 등이다.

13. 'ㅚ' 뒤에 '-어, -었-'이 어울려 '-ㅙ, -ㅙㅆ'으로 될 적에도 줄어든 대로 적어야 한다. '되-'와 '돼'를 쉽게 구별하는 기준은 '되어'로 분석 가능하면 '돼'이고, 그렇지 않으면 '되-'라고 생각하면 된다.

14. 어간의 끝음절 '하'의 'ㅏ'가 줄고 'ㅎ'이 다음 음절의 첫소리와 어울려 거센소리로 될 적에는 거센소리로 적어야 하고 어간의 끝음절 '하'가 아주 줄 적에는 준 대로 적는다. 그런데 일상생활에서는 '하'의 'ㅏ'만 줄어들어 거센소리로 발음하는 경우도 있고 '하' 전체가 줄어들게 발음하는 경우도 있다. 이 둘을 판별하는 기준은 간단하다. 어근의 말음이 모음이나 'ㄹ, ㄴ, ㅇ, ㅁ' 등 유성음으로 끝나는 경우에는 '하'의 'ㅏ'만 줄어들어 거센소리로 발음하게 되고(연구하도록→연구토록, 변변하지→변변치, 정결하게→정결케, 다정하다→다정타, 무심하지→무심치 등), 그 외의 자음으로 끝나는 경우에는 '하' 전체가 줄어든다(갑갑하지→갑갑지, 깨끗하지→깨끗지, 익숙하지→익숙지, 못하지 않다→못지않다, 섭섭하지→섭섭지 등).

15. 문장의 종결형에서 사용되는 '-오'는 '요'로 소리 나는 경우가 있더라도 그 원형을 밝혀 '-오'로 적는다. 종결어미 '-오'는 '-ㅣ' 모음 뒤에 올 때 '-요'로 소리가 난다. 이는 '-ㅣ'의 영향을 받아서 나타나는 순행동화 현상의 결과이다. 한국어에서 순행동화는 표기에 반영되지 않는다. "이것은 책이오. 이리로 오시오. 이것은 책이 아니오. 안녕히 계십시오. 새해 복 많이 받으십시오." 등. 그러나 연결형에서 사용되는 '이요'는 '이요'로 적는다. "이것은 책이요, 그것은 책상이요, 저것은 교탁입니다."

16. 한글 맞춤법 제54항은 된소리로 적어야 하는 접미사들을 규정해 놓고 있다.
접미사 '-군 / -꾼'은 '-꾼'으로(심부름꾼, 익살꾼, 일꾼, 장꾼, 장난꾼, 지게꾼, 농사꾼, 술꾼, 씨름꾼, 사기꾼, 훼방꾼), '-갈 / -깔'은 '-깔'로(맛깔, 빛깔, 때깔, 성깔, 태깔(態-)), '-대기 / -때기'는 '-때기'로(귀때기, 볼때기, 판자때기, 거적때기, 배때기, 판때기), '-굼치 / -꿈치'는 '-꿈치'로(발꿈치, 뒤꿈치, 발뒤꿈치) 통일하여 적는다.
그러나 '-배기 / -빼기'는 ① [배기]로 발음되는 경우에는 '배기'로 적고(귀퉁배기, 나이배기,

육자배기, 주정배기, 혀짤배기), ② 한 형태소 내부에서 'ㄱ, ㅂ' 받침 뒤에서 [빼기]로 발음되면 '배기'로 적으며(뚝배기, 학배기), ③ 다른 형태소 뒤에서 [빼기]로 발음되는 것은 모두 '빼기'로 적는다(코빼기, 이마빼기, 고들빼기, 그루빼기, 대갈빼기, 머리빼기, 재빼기, 곱빼기, 과녁빼기, 억척빼기, 얽둑빼기, 얽빼기). 다만 '언덕배기'는 '언덕배기'로 적는다.

그리고 '-적다 / -쩍다'의 경우에는 ① [적다]로 발음되는 경우는 '적다'로 적고(괘다리적다, 괘달머리적다, 딴기적다, 열퉁적다) ② '적다(少)'의 뜻이 유지되고 있는 합성어의 경우는 '적다'로 적으며(맛적다), ③ '적다(少)'의 뜻이 없이 [쩍다]로 발음되는 경우는 '쩍다'로 적는다(맥쩍다, 멋쩍다, 해망쩍다, 행망쩍다).

17. 지난 일을 나타내는 어미는 '-더라, -던. -던지'로 적는다. "어제는 얼마나 춥던지 얼어 죽는 줄 알았어. 신부가 얼마나 예쁘던지 정말 하늘에서 내려온 선녀 같더라. 얼마나 울었던지 눈이 다 퉁퉁 부었더라. 어제 왔던 사람이 오늘 또 왔다. 그 사람 말 참 잘하던데." 등. 그리고 물건이나 일의 내용을 가리지 아니하는 뜻을 나타내는 조사와 어미는 '-든, -든지'로 적는다. "사과든 배든 포도든 아무 과일이나 사 와. 배고파 죽겠다, 뭐든 좀 먹자. 집에 가든지 말든지 마음대로 해. 그 사람이 오든 말든 우리는 일이나 하자. 나는 네가 책을 읽든 TV를 보든 상관하지 않겠다." 등.

18. '바뀌-'에 '-어'나 '-었-'이 결합이 되면 ' 바뀌어서'나 '바뀌었다'가 된다. '꼈'은 '끼었'이 줄어든 말이다('느끼었다'→'느꼈다').

19. '며칠'은 '그 달의 몇 번째 되는 날'을 이르는 경우이든, 날짜를 묻는 경우이든, '여러 날 동안'을 의미하는 경우이든 모두 '며칠'이다. 즉 '몇 일'로 적는 경우는 없다.

20. '왠지'는 '왜인지'가 줄어든 말로, '왜 그런지 모르게, 또는 뚜렷한 이유도 없이'의 의미를 가진다. '웬'은 명사 앞에서 명사를 꾸며 주는 말로 '어떠한, 어찌 된'의 의미를 가진다. "웬 걱정을 하느냐?, 웬 일이냐?, 웬 사람이 이렇게 많으냐?" 등.

■■■■■ 다음 문장에서 옳게 적은 단어를 골라보자.

1. {① 삭월세 ② 사글세 ③ 사궐세}

2. 목수는 집을 짓고 {① 미장이는 ② 미쟁이는} 벽을 바르고 청소부는 청소를 한다.

3. {① 윗넓이 ② 위눈썹 ③ 윗쪽 ④ 웃돈 ⑤ 윗옷 ⑥ 웃어른}

4. {① 봉숭아 ② 봉선화 ③ 봉숭화}

5. 그녀는 원래 성격이 {① 까다롭다 ② 까닭스럽다 ③ 까탈스럽다}.

6. 상황 판단도 제대로 못하고 그 사람은 정말 {① 주책이다 ② 주책없다}.

7. 회의 중에는 잡담을 {① 삼가 ② 삼가하여} 주시기 바랍니다.

8. 기말고사를 {① 치루고 ② 치르고} 우리는 동해안으로 여행을 떠났다.

9. 싸늘한 바람이 불어오자 몸이 저절로 {① 움추러 ② 움츠려 ③ 움츠러} 들었다.

10. 너무 서두르는 통에 신발을 {① 짝짝이로 ② 짝지기로 ③ 짝재기로} 신고 나왔다.

11. 여름에는 시원한 물김치를 {①담가 ②담궈} 먹었다.

12. 노인은 {①뇌졸증 ②뇌졸중}으로 쓰러졌다.

13. 나는 친구가 내 곁에 있어 주기를 {①바랐다 ②바랬다}.

14. 화면에 나타난 그의 모습은 {①흉측스러웠다 ②흉칙스러웠다}.

15. 여럿이 함께 청소를 하니 공원 주변은 {①금새 ②금세} 깨끗해졌다.

16. {①프로야구 우승팀을 맞추다 ②예방 주사를 맞히다 ③알아 맞춰 보세요}.

17. 입술을 {①오므리고 ②오무리고} {③뾰루퉁하게 ④뾰로통하게} 앉아 있었다.

18. 이번에 구운 쿠키는 아까 구운 것보다 맛이 조금 더 {①낫아 ②나아 ③낳아}.

19. 아이들 {①등살에 ②등쌀에} 주말에는 쉬지도 못한다.

20. 이번 방학은 {①뒤처진 ②뒤쳐진 ③뒷처진 ④뒷쳐진} 분야의 공부를 보충할 생각이다.

1. '사글세'가 표준어이다. 가끔 한자어 '삭월(朔月)'에 이끌려 '삭월세(朔月貰)'로 잘못 알고 있는 경우가 있다.

2. '장인(匠人)', 즉 '기술자'라는 의미가 살아 있는 말은 '-장이'로, 그 외는 '-쟁이'로 쓴다. "미장이, 유기장이, 갓장이, 멋쟁이, 소금쟁이, 발목쟁이, 골목쟁이, 담쟁이" 등.

3. '아래, 위'의 대립이 없는 단어는 '웃-'으로 발음되는 형태를 표준어로 삼는다(웃돈, 웃어른, 웃옷, 웃비). '윗-'은 뒤에 예사소리가 올 때(윗넓이, 윗눈썹, 윗도리, 윗몸), '위-'는 뒤에 된소리나 거센소리가 올 때 쓴다(위짝, 위쪽, 위층, 위턱).

4. '봉숭아' 또는 '봉선화'가 표준어이다.

5. '까다롭다'가 표준어이다.

6. '주책없다'는 '일정한 줏대가 없이 이랬다저랬다 하여 몹시 실없다'는 의미를 갖는데, 가끔 부정사가 빠진 '주책이다'로 쓰는 경우를 볼 수 있다. 이는 잘못 쓰는 것이다.

7. '삼가하다'라는 단어는 없다. '삼가다'가 표준어이다. 따라서 '삼갑시다, 삼가, 삼가고'가 맞는 표기이다.

8. '주어야 할 돈을 내주다, 무슨 일을 겪어내다'의 의미를 갖는 단어는 '치르다'이다. '치루다'라는 단어는 없다. "시험을 치렀다, 잔금을 치르다, 장례식을 치르고 돌아왔다."

9. '움츠리다'가 표준어이다. "긴장을 하고 있는지 그는 잔뜩 몸을 움츠리고 있었다." 제시된 문장에서는 '움츠려'가 맞는다.

10. '짝짝이'가 표준어이다.

11. 기본형이 '담그다'이고, '담가, 담갔다, 담그니, 담가서' 등으로 활용한다.

12. '뇌졸중(腦卒中)'이 표준어이다. '머릿골에 갑작스러운 순환 장애가 일어나 갑자기 의식을 잃고 수의운동의 기능이 상실되는 증세'를 의미한다.

13. '생각이나 바람대로 어떤 일이나 상태가 이루어지거나 그렇게 되었으면 하고 생각하다, 원하는 사물을 얻거나 가졌으면 하고 생각하다.'의 의미를 갖는 단어는 '바라다'이고, 이의 명사형은 '바람'이다. 특히 명사형 '바람'을 '바램'으로 잘못 적는 경우가 많다.

14. '생김새가 몹시 흉하다'는 의미를 갖는 단어는 '흉측스럽다'이다. 흔히 '흉칙스럽다'로 발음하는데 이는 틀린 말이다.

15. '금시에'의 준말은 '금세'이다.

16. '맞추다'는 '서로 떨어져 있는 부분을 제자리에 맞게 대어 붙이다, 둘 이상의 일정한 대상들을 나란히 놓고 비교하여 살피다, 서로 어긋남이 없이 조화를 이루다'는 의미를 갖는다. '문제에 대한 답이 틀리지 아니하다'의 의미를 갖는 것은 '맞히다'이다. ③을 "알아맞혀 보셔요."로 고쳐 써야 한다.

17. '오므리다', '뾰로통하다'가 맞는 표기이다. '뾰로통하다'의 큰말은 '뿌루퉁하다'이다.

18. '보다 더 좋거나 앞서 있다'의 의미를 갖는 '낫다'는 '-아, -았-'이 결합하면 'ㅅ'이 탈락하여 '나아, 나았다' 등으로 활용한다. '낳아'는 "아기를 낳아 기쁨이 컸다."처럼 '출산하다'의 의미를 갖는다.

19. '등쌀'은 '몹시 귀찮게 구는 짓'이다. '등살'은 '등에 있는 근육'을 의미한다.

20. '어떤 수준이나 대열에 들지 못하고 뒤로 처지거나 남게 되다'의 의미를 갖는 단어로, '뒤처진'이 맞는 표기이다.

■■■■■ 다음은 외래어 표기와 관련된 문항들이다. 표기가 바른 형태를 찾아보자.

1. 쿵짝 쿵짝 흥겨운 이들의 음악에 온갖 시름과 고민은 바람처럼 사라진다. {① 엔도르핀 ② 엔돌핀 ③ 인도르핀}이 핑핑 돌고 아드레날린이 용솟음친다. endorphine(영)

2. 부상자를 실은 {① 앰블런스 ② 앰불런스 ③ 앰뷸런스 ④ 앰브런스} 한 대가 요란한 소리를 내며 큰길 쪽으로 빠져나갔다. ambulance(영)

3. 피아니스트의 연주가 끝나자 사람들은 {① 앵코르 ② 앙코르 ③ 앵콜 ④ 앙콜}를(을) 외치기 시작했다. encore(프)

4. 그 술집은 이를테면 {① 알코올 ② 알콜 ③ 앨콜 ④ 알코홀}에 중독된 이들만 모여드는 곳이다. alcohol(영)

5. 연설을 할 때 강조하여 말하고자 하는 내용에서는 {① 액센트 ② 악센트}를 넣어 말하는 것이 효과적이다. accent(영)

6. 한때 푸른색 {① 아이섀도우 ② 아이섀도 ③ 아이샤도우 ④ 아이샤도 ⑤ 아이쉐도 ⑥ 아이쉐도우}와 붉은색 립스틱으로 화장하는 것이 유행이었다. eye-shadow(영)

7. 무엇이 문제인지 그는 자동차 {① 본네트 ② 보네트 ③ 본넷 ④ 보닛 ⑤ 보니트}를(을) 열어 놓은 채로 도로가에 서 있었다. bonnet(영)

8. 오늘 오후에는 치과에 가서 {① 스케일링 ② 스캘링 ③ 스켈링 ④ 스캐일링 ⑤ 스캘링}을 하기로 했다. scaling(영)

9. 어렸을 적 엄마는 도시락 반찬으로 자주 {① 소시지 ② 소세지 ③ 쏘시지 ④ 쏘세지}를 싸
주셨다. sausage(영)

10. 동물원에서 구경꾼들은 {① 비스켙 ② 비스키트 ③ 비스켓 ④ 비스케트 ⑤ 비스킷}을(를) 원
숭이에게 던져 주었다. biscuit(영)

11. 오늘 점심은 감자 {① 그라탕 ② 그라탱 ③ 그라틴}으로 간단하게 먹었다. gratin(프)

12. 내 친구는 대학교에 들어와서 {① 카톨릭 ② 캐톨릭 ③ 가톨릭 ④ 카돌릭} 신자가 되었다.
Catholic(영)

13. 치어리더들의 {① 다이나미크 ② 다이나믹 ③ 다이내믹}한 율동이 관중들의 눈길을 사로잡
았다. dynamic(영)

14. 이번에 제출해야 할 {① 리포트 ② 레포트}는 너무 어려워서 선배님의 도움을 받기로 하였
다. report(영)

15. 그 아이는 나를 쳐다보더니 선뜻 {① 도나스 ② 도너스 ③ 도너츠 ④ 도넛 ⑤ 도우넛} 한 개
를 건넸다. doughnut(영)

16. 이번 축제 기간에 우리 대학에서 진행하는 행사들은 {① 팜플렡 ② 팜플렛 ③ 팜플렛트 ④
팸플릿}을(를) 통해 소개되었다. pamphlet(영)

17. 대학 입학 선물로 내심 노트북 컴퓨터를 기대하고 있었는데 어머니께서는 {① 디스크톱 ②
데스크톱 ③ 데스크탑} 컴퓨터를 사 주셨다. desktop(영)

18. 사장님은 비서에게 {①카비넷 ②캐비닛 ③캐비넷}을 정리하라고 했다. cabinet(영)

19. 날이 추워져 자동차 시동이 잘 걸리지 않아 {①바떼리 ②배터리 ③밧데리 ④밧떼리 ⑤
  빳떼리 ⑥빳데리}를 교체하기로 마음먹었다. battery(영)

20. 내 친구는 자신을 꾸미는 것을 좋아해서 여러 가지 {①액세서리 ②악세서리 ③악세사리}
  를 가지고 있다. accessory(영)

21. 크리스마스가 다가오자 거리 곳곳에서는 {①카럴 ②캐럴 ③캐롤 ④카롤}이 울려 퍼졌다.
  carol(영)

22. 누가 사랑을 {①초콜릿 ②초콜렛 ③초콜렙} 맛이라 했던가? chocolate(영)

23. 내 친구는 방송 {①나레이타 ②나레이터 ③내레이터}가 되고 싶어 한다. narrator(영)

24. 기계 앞에서 작업하는 그의 손은 한 치의 오차도 없이 {①로봇 ②로버트 ③로보트}처럼
  기계적으로 움직였다. robot(영)

25. 나는 초등학교 시절 {①마니토 ②마니토 ③매니또 ④매니토}에게 선물했던 추억을 되새
  기며 한 사람을 그리워했다. manito(이)

26. 머리에 {①무쎄 ②무쓰 ③무스}를 발라 한껏 멋을 낸 남학생이 우리 앞을 지나쳐 갔다.
  mousse(프)

27. 언제쯤이면 내 {①바디라인 ②보디라인}이 효리를 닮을 수 있을까? 휴~, 한숨만 나온다.
body-line(영)

28. 호주 여행에서 가장 기억에 남는 것은 야외 캠프에서 {①바베큐 ②바비큐}를 해 먹으며
여러 나라 사람들과 어울렸던 일이다. barbecue(영)

29. 푸른 눈의 노병은 젊었을 적 한국전에 참가했었노라고 자랑스럽게 가슴에 단 {①뺏지 ②
뱃지 ③배찌 ④빼찌 ⑤배지}를 보여주었다. badge(영)

30. 이번 조별 발표는 {①프레젠테이션 ②프리젠테이션 ③프레젠테이숀} 형태로 만들어서 하
기로 했다. presentation(영)

〈정답〉

1	2	3	4	5	6	7	8	9	10
①	③	②	①	②	②	④	①	①	⑤
11	12	13	14	15	16	17	18	19	20
②	③	③	①	④	④	②	②	②, ③	①
21	22	23	24	25	26	27	28	29	30
②	①	③	①	④	③	②	②	⑤	①

■■■■■■ 다음은 적합한 단어 쓰기와 관련된 문항들이다. 밑줄 친 단어들을 문장의 의미에 맞게 적절한 단어로 바꾸어 써보자.

1. 그만 두자는 내 말에 이미 <u>벌려</u> 놓은 일이라 어쩔 수 없다면서 친구는 고집을 부렸다.

2. 어렵게 한 부탁을 외면하는 친구에게 <u>밖으로는</u> 내색을 하지 않았지만 묘한 배신감을 느꼈다.

3. 예나 지금이나 달라지지 않은 추석 명절 풍속도 중 하나가 바로 '고스톱 열풍'이다. 척박한 놀이 문화를 <u>반증하는</u> 것인지, 위층, 아래층, 옆집, 앞집 할 것 없이 셋만 모이면 밤새도록 '가고, 서고, 치고, 흔들고, 싸는' 고스톱 판이다.

4. 누구나 쉽게 배울 수 있는 <u>우리말을</u> 만드신 세종대왕은 정말 우리 역사에서 길이 남을 훌륭한 왕이다.

5. <u>추녀</u> 끝에 고드름이 달렸다.

6. 기운이 <u>딸려서</u> 더 이상 일을 할 수가 없다.

7. 말은 그렇게 하지만 이론과 현실은 <u>틀려도 너무 틀리다.</u>

8. 겨울철 안전 운행을 위한 제설장비를 <u>휴대하지</u> 않은 트럭이 많았다.

9. 내 친구는 아들이 둘 있는데, 큰아들과 작은아들의 나이가 두 살 <u>차이가 난다.</u>

10. 올해의 경제성장률은 작년에 비해 <u>월등히</u> 낮았다.

11. 내성적인 내 성격을 고치기 위해 <u>될수록이면</u> 많은 사람들과 어울리려고 노력했다.

12. 정신대 할머니들의 삶은 끔찍한 일로 <u>회자되고</u> 있다.

13. 우리 아이는 어릴 적부터 늘 다른 아이에 비해 <u>뒤쳐져</u> 있었어요.

14. <u>도둑을 잘 지키는</u> 우리 집 개는 미국에서 오신 오촌 아저씨를 보자 마구 짖어댔다.

15. 취객에게 <u>곤혹</u>을 당하고 차까지 놓쳐 <u>곤욕스러웠다.</u>

16. 너의 행동은 아무리 생각해 보아도 나에게는 <u>이해가 가지를 않는다.</u>

17. 어느 누구도 그의 일상을 알지 못했다. 그는 늘 베일에 <u>쌓여</u> 있었다.

18. 잠시 후 교장 선생님의 훈화 말씀이 <u>계시겠습니다.</u>

19. 식사 때만 되면 건물 입구에는 <u>머</u> 먹을까를 고민하는 사람들로 북새통이다. 밥상 앞에서는
    다른 사람이 <u>머</u>를 먹는가 궁금해 한다.

20. 빚쟁이들 등쌀에 <u>야밤도주</u>를 한 것이 벌써 몇 번째인지 모른다.

1. '**벌이다**'와 '**벌리다**' : '벌이다'는 '일을 계획하여 시작하거나 펼쳐 놓다, 차려 놓다'의 의미를 가지며, '벌리다'는 '둘 사이를 넓히거나 멀게 하다, 오므려진 것을 펴지거나 열리게 하다'의 의미를 가지고 있다. 문맥상으로 볼 때 '벌려'는 '벌여'로 써야 한다.

2. '**밖**'과 '**겉**' : '내색'은 '마음속에 느낀 것을 얼굴에 드러냄. 또는 그 낯빛'을 의미한다. '속'의 반대말은 '겉'이고, '안'의 반대말은 '밖'이다. 문맥상 '밖'이 아니라 '겉'이어야 함을 알 수 있다.

3. '**반증(反證)**'과 '**방증(傍證)**' : 한자에서 보듯 '반증'과 '방증'은 의미가 확실히 다르다. 그런데 소리가 유사하다는 이유로 흔히 잘못 쓰고 있다. '반증'은 '어떤 사실이나 주장이 옳지 아니함을 그에 반대되는 근거를 들어 증명함. 또는 그런 증거'를 의미하고, '방증'은 '사실을 직접 증명할 수 있는 증거가 되지는 않지만, 주변의 상황을 밝힘으로써 간접적으로 증명에 도움을 주는 증거'를 의미한다. 문맥상 '반증'이 아니라 '방증'이 쓰여야 한다.

4. '**말**'과 '**글**' : '글'은 '말'을 적는 문자를 의미한다. 세종대왕은 우리말을 적는 '문자'를 만든 것이지 '우리말'을 만든 것은 아니다. 즉 세종대왕은 '한글'을 만든 것이지, '한국어'를 만든 것은 아니다.

5. '**추녀**'와 '**처마**' : '추녀'는 '네모지고 끝이 번쩍 들린, 처마의 네 귀에 있는 큰 서까래. 또는 그 부분의 처마'를 의미한다. 끝이 번쩍 들려 있기 때문에 그 부분에서는 고드름이 달릴 수가 없다. '처마'는 '지붕이 도리 밖으로 내민 부분'을 의미한다.

6. '**달리다**'와 '**딸리다**' : '뒤를 잇달아 대 주어야 할 물건이 모자라다, 일을 하기에 힘이나 재주가 모자라다'의 의미를 갖는 단어는 '달리다'이고, '어떤 것에 매이거나 붙어 있다'의 의미를 갖는 단어는 '딸리다'이다. "그 집에는 비교적 넓은 앞마당이 딸려 있다. 자식 딸린 홀아비."

7. '**다르다**'와 '**틀리다**' : '같다'의 반대말은 '틀리다'가 아니라 '다르다'이다. '옳다, 바르다'의 반대말이 '틀리다'이다.

8. '휴대하다'는 '손에 들거나 몸에 지니고 다니다'의 의미를 가진다. 따라서 "트럭이 제설장비를 휴대하다."는 적절한 표현이 아니다. '갖추지'로 바꾸면 자연스러운 표현이 된다.

9. 이 문장에서 '차이'가 잘못 쓰인 것으로 볼 수는 없다. 그러나 한 부모에게서 낳은 자녀들 사이의 나이 차이를 말할 때는 '터울'이라는 말을 쓰는 것이 더 적절하다. "터울이 진다."로 표현하면 된다.

10. '월등(越等)하다'는 '다른 것과 견주어서 수준이나 실력이 훨씬 낫고 뛰어나다'라는 뜻으로, 다른 것과 비교하여 수치가 높으면서도 비교 내용이 긍정적이고 가치 있는 일에 쓴다. '월등한' 대신 '훨씬'을 쓰는 것이 문맥상 자연스럽다.

11. '될수록'의 '~ㄹ수록'은 일의 정도가 더하여 감을 뜻한다. 따라서 이 문장에 어울리는 말이 아니다. 또 '~수록이면'이란 말도 실제로 쓰이지 않는다. '되도록이면'이나 '될 수 있는 대로'로 바꾸어 쓰는 것이 좋다.

12. '회자(膾炙)'라는 말은 원래 '회와 구운 고기'라는 뜻으로 '사람들의 입에 자주 오르내리다'라는 의미이다. 그런데 '회자'되는 말은 일반적으로 가치중립적이거나 좋은 일로 사람들의 입에 오르내릴 때 쓴다. 따라서 이 문장에서는 적절하지 않은 쓰임이다. "끔직한 일로 여겨지고 있다."로 고쳐 쓰는 것이 좋다.

13. **'뒤처지다'와 '뒤쳐지다'** : '뒤처지다'는 '어떤 수준이나 대열에 들지 못하고 뒤로 처지거나 남게 되다'의 의미를 갖는 단어로 "시대의 변화에 뒤처졌다. 뒤처진 성적표가 가슴을 답답하게 했다."처럼 쓰인다. '뒤쳐지다'는 '물건이 뒤집혀서 젖혀지다'의 의미를 갖는 단어로 "화투짝이 뒤쳐졌다. 바람에 현수막이 뒤쳐져 펄럭이고 있었다."처럼 쓰인다.

14. '개'는 '도둑을 잘 지키는' 것이 아니라 도둑이 들지 않도록 집을 잘 지키는 것이다.

15. '곤욕'은 '심한 모욕'을 이르며, '곤혹'은 '곤란한 일을 당하여 어찌할 바를 모름'이라는 의미를 갖는다. 따라서 '곤욕', '곤혹스러웠다'로 고쳐 써야 한다.

16. "이해가 가지 않는" 것이 아니라 "이해가 되지 않는" 것이다.

17. **'싸이다'와 '쌓이다'** : '싸이다'는 '싸다'의 피동사로 '보이지 아니하게 속에 넣어지다, 주위에 가려지거나 막히다, 벗어나지 못할 만큼 어떤 분위기에 뒤덮이다'의 의미이다. '쌓이다'는 '쌓다'의 피동사로 '물건이나 일 따위의 여러 가지가 한데 많이 겹치어지다'의 의미이다.

18. **'계시다'와 '있으시다'** : '계시다'는 '있다'의 존대 표현으로 주어가 사람일 경우에 쓰인다. '있으시다'는 높여야 할 사람의 부속물이나 그와 관련된 말이 주어일 때 쓰인다. 제시된 문장에서 주어는 '말씀'으로 사람이 아니다. 그래서 '있으시다'로 써야 한다.

19. '무엇'의 줄어든 말은 '뭐'이다.

20. '남의 눈을 피하여 한밤중에 도망함'의 의미를 갖는 단어는 '야밤도주'가 아니라 '야반도주(夜半逃走)'이다. '야반(夜半)'이 '밤중'이라는 뜻을 가진 한자어인데, '야반도주'가 '야밤도주'가 된 것은 소리가 비슷한 '야밤'에 이끌렸기 때문으로 볼 수 있다.

 학습활동 3-5

■■■■■다음 문장들은 문법에 어긋나거나 자연스럽지 않은 문장들이다. 이 문장들을 바른 문장이 되도록 고쳐 써 보자.

1. 우리가 한글과 세계의 여러 문자들을 비교해 볼 때, 매우 조직적이며 과학적이고 독창적인 문자라고 하는 사실은 널리 알려져 있다.

2. 문학은 다양한 삶의 체험을 보여 주는 예술의 한 장르로서, 문학을 즐길 예술적 본능을 지닌다.

3. 이미 들어와 있던 노인과 새로이 들어오는 노인들의 출입이 잦고 개별적인 대화들이 사이사이 끼어 산만한 가운데 진행되었다.

4. 그녀는 자기 자신이 이기주의적인 면을 알면서도 남에게서는 무척 듣기 싫어한다.

5. 인간은 한편으로는 자연에 순응하면서 다른 한편으로는 이용하면서 살아왔다.

6. 저는 경찰이 되기 위해서 정말 남들보다도 2배로 열심히 할 것입니다.

7. 행복은 얼마나 어려운가? 많은 사람들은 포기하고 말지만 그래도 다수는 얻기도 한다.

8. 쓰레기를 함부로 버리는 자는 100만 원 이하의 과태료가 부과됩니다.

9. 시골에서 보낸 며칠은 도시 생활에서는 가질 수 없었던 여유를 갖고 앞으로 해야 할 일을 계획하는 시간을 가졌다.

10. 경찰이 되려면 가장 중요한 것이 인품이 가장 중요하다고 생각합니다.

11. 기재 사항의 정정 또는 금융 기관의 수납인 및 취급자인이 없으면 무효이다.

12. 그 집을 한 번 바라다본 순간 나는 견딜 수 없는 침울한 감정이었다.

13. 내가 강조하고 싶은 점은 우리 민족이 고유 언어를 가졌다.

14. 철수는 진실한 우정의 표시로 준비했던 선물을 주었다.

15. 지금 고등학생들이 당면한 과제는 대학 진학과 사회 진출을 선택하는 것이다.

16. 내 성격은 활발하고 긍정적인 면과 화를 잘 안 내고 쉽게 짜증 내지 않는다.

17. 아버지께서는 나에게 공부를 열심히 하고, 독서를 권하셨다.

18. 나는 소극적이고 적극적인 편이 아니었는데 구기종목 운동을 하면서 적극적인 면으로 차츰 바꾸어져 가고 있었고 군에 있으면서 단체 생활 하면서 공동체의 중요성을 인식하고 향도를 하면서 책임감을 키우게 되었다.

19. 성공하려면 돈이 있어야 한다는 것은 꼭 어떠한 법칙이 있는 건 아니고 성공을 보다 쉽게 빠르게 하기 위해선 돈이 필요하다는 것을 말하는 것이다.

20. 우리의 미래의 꿈은 현실의 어려움을 극복하고 성공하는 것이다.

1~3. 1~3의 문장은 주어를 갖추지 않았기 때문에 틀린 문장이다. 문맥상 주어가 무엇인지 추정할 수 있다고 해서 주어를 생략해서는 안 된다. 주어가 필요한 문장에서는 반드시 주어가 있어야 한다. 1에서는 어떤 문자가 "매우 조직적이고 과학적이며 독창적인 문자"인지가 문장에 드러나 있지 않다. 2에서는 누가 "문학을 즐길 예술적 본능을 가지"는지 나타나 있지 않다. 3에서는 "진행되었다"의 주어가 없다.

4~7. 4~7의 문장은 목적어를 갖추지 않았기 때문에 틀린 문장이다. 4에서는 무엇을 "남에게서 무척 듣기 싫어하"는지 밝혀져 있지 않다. 5는 '이용하다'의 목적어가 없다. "……다른 한편으로는 자연을 이용하면서……"로 고쳐야 한다. 6에서는 무엇을 "열심히 할 것"인지가 없다. "공부를" 정도의 목적어를 넣어 주는 것이 좋다. 7에서는 무엇을 '포기하'고 무엇을 '얻는' 것인지 드러나 있지 않다. "행복을 얻기란 얼마나 어려운가? 많은 사람들은 행복 얻기를 포기하기도 하지만 그래도 다수는 행복을 얻기도 한다."로 고쳐야 한다.

8~13. 8~13은 주어와 서술어가 호응을 이루지 않는 문장이다. 8은 "쓰레기를 함부로 버리는 자에게는 100만 원 이하의 과태료가 부과됩니다."로 고치거나 "쓰레기를 함부로 버리는 자는 100만 원 이하의 과태료를 내야 합니다."로 고쳐야 한다. 9는 "시골에서 보낸 며칠은 도시 생활에서는 가질 수 없었던 여유를 갖고 앞으로 해야 할 일을 계획하는 시간이었다."로 고쳐야 한다. 10은 "경찰이 되려면 가장 중요한 것이 훌륭한 인품을 갖추는 것이다."로 고치면 자연스러워진다. 11은 "기재 사항의 정정이 있거나 금융기관의 수납인 및 취급자인이 없으면 무효이다."로 고쳐야 한다. 12는 "그 집을 한 번 바라다 본 순간 나는 견딜 수 없는 침울한 감정에 휩싸였다."로 고쳐야 자연스럽다. 13은 "나는 우리 민족이 고유 언어를 가졌다는 것을 강조하고 싶다."로 고쳐야 한다.

14. 14는 문장이 갖추어야 할 부사어를 갖추지 않아서 오류가 생긴 문장이다. '주다'라는 동사는 '~에게 ~을 주다'라는 문장 구조를 이루는데, 누구에게 "선물을 주었"는지가 밝혀져 있지 않다.

15. 15에서 '선택하'는 것은 '~ 중에서 어느 하나를' 선택하는 것이어야 한다. 따라서 "지금 고등학생들이 당면한 과제는 대학 진학과 사회 진출 중에서 어느 하나를 선택해야 한다는 것이다."로 고치면 자연스럽다.

16. 16은 "내 성격은 ~하다"나 "내 성격은 ~ 성격이다"로 표현되어야 한다. 그런데 이 두 형

식이 복합적으로 쓰여서 부자연스러운 문장이 되었다. "내 성격은 활발하고 긍정적이며 화를 잘 내지 않고 쉽게 짜증을 내지도 않는다."로 고치면 자연스럽다.

17. 17의 문장 역시 부자연스럽다. "아버지께서는 나에게 공부를 열심히 하라고 하셨고, 독서도 권하셨다."로 고치면 자연스럽다.

18. 이 문장은 자신에 대한 여러 가지 이야기를 한 문장으로 표현하다보니 어색한 문장이 되었다. 되도록이면 한 문장에는 한 가지만 이야기하는 것이 좋다. "나는 소극적인 성격이었는데 구기종목 운동을 하면서 점차 적극적인 성격으로 바뀌었다. 군대에 가서 단체생활을 하면서 공동체의 중요성을 인식하게 되었고, 향도를 하면서 책임감도 키우게 되었다."로 고치면 자연스럽다.

19. 문장 역시 자연스러운 문장이 아니다. "성공하기 위해서 꼭 돈이 있어야 하는 것은 아니다. 다만 돈이 있으면 보다 쉽고 빠르게 성공할 수 있다는 것을 말하고 싶은 것이다."라고 고치면 된다.

20. 우선 '-의'의 반복적인 쓰임이 좋지 않다. 그리고 '꿈'은 '실현하고 싶은 희망이나 이상'으로 뭔가 구체적인 모습을 염두에 두는 말이다. 이 문장에서는 단지 그냥 성공하는 것이 꿈이라고 하였는데, 어디에 성공하는 것이 꿈인지를 밝혀 주어야 한다. "우리의 꿈은 현실의 어려움을 극복하고 사업에 성공하는 것이다."라고 하면 자연스러워진다.

■■■■■ 다음은 어미의 활용과 관련된 문항들이다. 다음 문장에서 표기가 바른 형태를 골라 보자.

1. 너무 바빠서 {①갈래야 갈 수가 없다 ②가려야 갈 수 없다}.

2. 그와 나는 {①떼려야 뗄 수 없는 ②뗄레야 뗄 수 없는} 관계이다.

3. 양철승 선수는 키가 {①크므로 ①큼으로} 상대 선수보다 유리하다.

4. 그는 고향 친구와 {①어울림으로써 ②어울리므로서 ③어울림으로서 ④어울리므로} 아내 잃은 외로움을 달랬다.

5. 나를 {①미워하리만큼 ②미워할 이만큼} 그에게 잘못한 일이 없다.

6. 나의 의견에 {①반대하리도 ②반대할 이도} 많을 것이다.

7. 통신 분야에서 다들 {①내노라 ②내로라} 하는 사람들이 모였다.

8. 나름대로 {①하느라고 ②하노라고} 한 게 그 모양이다.

9. {①참을려고 ②참으려고} 하면 할수록 눈물이 계속 나왔다.

10. 서울에 {①가려거든 ②갈려거든} 빨리 출발하도록 해라.

1~2. '~려고 하여야'가 줄어든 말로 '-려야'가 맞는 표기이다. '-려'는 그 동작을 하려고 하는 의도를 나타낸다. 일상대화에서 사용할 때 잘못 사용하는 경우가 많으므로 주의해야 한다.

3~4. '-(으)므로'와 '-(음)으로'의 구분. '-(으)므로'는 '-기 때문에'의 의미를 갖는다. 반면에 '-(음)으로(써)'는 '-는 것으로(써)'의 의미를 갖는다. '-(으)므로'에 '써'가 붙는 형식은 없다.

5~6. '-(으)리만큼'은 '-ㄹ 정도만큼'이란 뜻을 표시하는 어미이다. 사람을 뜻하는 경우에는 의존 명사 '이'를 밝혀 적어야 한다. 5는 '미워하리만큼', 6은 '반대할 이도'가 맞는 표기이다.

7. '내로라'가 맞는 표기이다. "어떤 분야를 대표할 만하다"의 의미로, '나이로라'가 줄어든 말이다. '하다'와 늘 함께 쓰인다. "내로라 하는 재계의 인사들이 한 곳에 모였다.", "내로라 하는 씨름꾼들이 모래판에서 힘을 겨루다."

8. '-노라고'는 말하는 사람의 말로, "자기 나름으로는 한다고"란 뜻을 의미하며, '-느라고'는 "~하는 일로 인하여"란 뜻을 의미한다.

9~10. '-(으)려(고)'는 그 동작을 하려고 하는 의도를 표시하는 어미이다. '-려거든'은 '-려고 하거든'의 준말이다. 일상대화에서 잘못 사용하고 있는 경우가 많으므로 주의해야 한다.

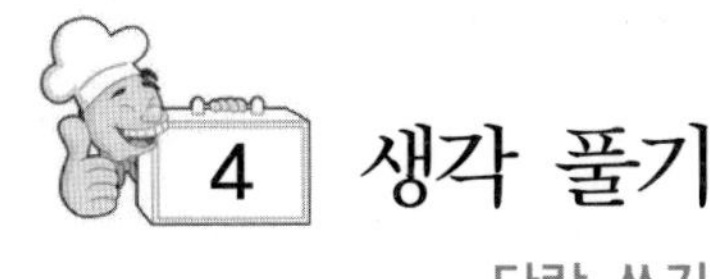

생각 풀기
—단락 쓰기

　한 편의 글은 여러 개의 단락으로 이루어진다. 단락은 하나하나의 짧은 이야기 토막이라고 할 수 있는데, 글에 주제가 있는 것처럼 하나의 단락에도 글쓴이가 말하려는 중심 생각, 즉 주제가 있어야 한다. 단락의 주제를 글 전체의 주제와 구별하기 위하여 '소주제'라는 말을 쓴다. 따라서 단락을 써 나간다는 것은 소주제를 풀어나가는 과정이라고 볼 수 있다.

　글쓴이가 말하고자 하는 중심 내용을 상대방에게 좀 더 쉽게, 좀 더 설득적으로, 좀 더 생동감 있게 전달하기 위해서는 말하고자 하는 생각, 즉 주제를 자연스럽게 펼쳐내야 한다. "그는 누구보다 성실한 사람이다."라는 것이 내가 쓸 주제라고 한다면, 그의 어떤 행동이나 생활 모습이 성실한 것인지, 내가 그렇게 생각하는 이유가 무엇인지 등을 구체적으로 풀어내어서 상대방이 그 글을 읽고 '아, 역시 그는 성실한 사람이구나' 하고 인정할 수 있도록 해야 하는 것이다.

　한 편의 글을 완성하는 방법과 한 단락을 완성하는 방법은 여러 면에서 차이가 있겠지만 어떤 주제를 잘 드러내기 위하여 나름의 장치를 마련해야 한다는 점에서는 마찬가지이다. 한 편의 글이 여러 개의 단락으로 이루어진다는 점을 고려할 때 좋은 글이 되기 위해서는 바른 단락 쓰기가 전제되어야 한다. 그리고 바른 단락 쓰기의 방법은 글 한 편을 완성하는 데도 적용될 수 있다.

생각을 풀어나가는 방법은 여러 가지가 있지만 가장 일반적인 것으로는 '풀이하기, 합리화하기, 예시하기' 등을 들 수 있다. 이 방법은 글 전체를 아우르는 전체 주제에 적용시킬 수 있을 뿐만 아니라 각각의 단락에 있는 소주제를 풀어 나가는 데에도 유용하게 이용할 수 있다.

1. 주제 풀어가기

단락은 여러 개의 문장들이 모여서 하나의 의미 덩어리를 나타내는 것으로 글의 전개에 있어서 중요한 구실을 한다. 따라서 바른 단락 쓰기는 바른 글을 쓰기 위해 반드시 전제되어야 할 조건이다.

단락의 여러 문장들은 한 주제에 의해 통솔된다. 즉 여러 개의 문장들이 하나의 소주제에 의해 갈무리되는 것이다. 소주제에 살을 붙이는 작업이 바로 단락을 전개하는 것인데, 이렇게 소주제를 전개하는 문장들을 뒷받침문장이라고 한다. 결국 한 단락은 '소주제＋뒷받침문장'으로 이루어진다고 말할 수 있다. 이런 점에서 뒷받침문장은 소주제의 발전에 없어서는 안 될 필수 요소이다. 따라서 바른 단락 쓰기가 되기 위해서는 단락의 소주제를 어떻게 정해야 할지를 고려해야 하며, 뒷받침문장들을 어떻게 전개해야 하는지를 고려해야 한다.

단락은 한 편의 글을 이루는 단위이기 때문에 소주제는 글의 전체 주제와 관련되도록 정해야 한다. 아무리 멋있는 소주제라 하더라도 글 전체의 주제와 관련이 없는 것일 때는 적당한 소주제라고 할 수 없다. 또한 한 단락의 중심 생각을 드러내는 것이기 때문에 소주제는 구체적이고 명확한 것으로 한정해야 한다. 너무 광범위하게 소주제를 정하게 되면 단락이 추상적인 내용으로 전개될 수밖에 없으며, 그렇게 되면 글 전체의 내용도 추상적일 수밖에 없다. 그리고 소주제문은 되도록이면 간결해야 한다. 복잡한 수식어를 붙인다든가 모호한 표현을 쓴 소주제문은 좋지 않다.

그렇다면 소주제를 전개시키는 바람직스런 뒷받침문장들은 어떤 것이어야 할까? 우선, 뒷받침문장은 소주제와 관련된 내용이어야 한다. 뒷받침문장에 소주제와 무관하거나 반대가 되는 내용이 있다면 이는 뒷받침문장의 기능을 상실한 것으로 볼 수 있다.

<예시 1>
　그는 매우 자상한 사람이다. 일반적으로 많은 사람들을 이끄는 리더의 자리에 있는 사람은 권위적이거나 다른 사람의 접근을 쉽게 허용하지 않는 경우가 많다. 그런데 그는 리더이면서도 주위의 다른 사람을 잘 챙긴다. 구성원들의 고민을 잘 들어주고 구성원들이 어려움에 처했을 때 용기를 잃지 않도록 늘 격려한다. 또한 구성원들이 어려운 상황에 처했을 때 자기의 시간과 노력을 아끼지 않고 힘든 일을 해결해 준다. 그러면서 구성원들의 기쁜 일에도 잘 동참하며 함께 즐거워한다. 그러나 너무 꼼꼼하여 구성원들이 일을 대충 하는 것을 못 견뎌한다.

윗글에서 소주제는 "그는 매우 자상한 사람이다."라는 것이다. 그리고 대부분의 문장들은 이 소주제를 잘 뒷받침하고 있다. 그런데 마지막 문장은 소주제와 관련이 없는 문장이다. 이 문장 때문에 단락의 내용이 일관된 흐름을 유지하지 못하고 소주제의 초점이 흐려졌다. 따라서 이 문장은 삭제해야 한다.

두 번째, 뒷받침문장은 소주제를 충분히 풀어내야 한다. 뒷받침문장은 그야말로 소주제를 뒷받침하는 문장이다. 뒷받침한다는 말은 내걸어놓은 소주제를 누구나 이해하고 납득할 수 있게 구체화하거나 합리화해야 한다는 것이다. 소주제는 그 단락에서 가장 핵심적인 내용이므로 그것을 충분히 펼쳐야만 독자가 글의 내용을 이해할 수 있다. 글쓴이가 잘 알고 있는 사실이라고 하여 독자도 다 잘 알고 있을 것이라고 생각하고 소주제를 충분히 펼치지 않거나 소주제에 대한 세밀한 전개 없이 다음 논의로 넘어갈 경우 독자들은 단락의 내용에 대해 충분히 이해하지 못할 수도 있다. 따라서 독자 입장에서 충분히 이해할 수 있을 만큼 뒷받침문장을 통해 소주제를 발전시켜야 한다.

<예시 2>

　성실성을 가진다는 것은 인간이 인간답게 되기 위해서 갖추어야 할 가장 기본적인 조건이다. 인간의 가장 근본적 특색의 하나는 그가 높은 차원의 사회생활을 할 수 있다는 사실에서 발견되거니와, 높은 차원의 사회생활이 가능한 것은 서로가 어느 정도 상대편을 신뢰할 수 있기 때문이며, 인간이 서로 남을 신뢰할 수 있는 것은 인간에게 성실성이 있기 때문이다. 그러나 한 걸음 더 나아가서 "도대체 성실이란 무엇이냐?"는 물음을 제기할 때, 우리들의 상식만으로는 대답하기 어려운 여러 가지 문제가 남아 있음을 본다.

—김태길, 「인간의 존엄성과 성실성」 중에서

위 단락의 소주제는 첫 문장인데, 이 소주제를 뒷받침하는 문장들의 내용을 보면 소주제를 구체화시키지도 못하였고, 소주제를 뒷받침하는 근거를 제시하지도 못하였다. 즉 성실성이 왜 인간을 인간답게 하는 조건인지에 대한 설명이 전혀 없다. 거기에다가 마지막 부분에서는 '성실'이라는 개념에 의문을 던짐으로써 독자들에게 오히려 의문을 가지게 하였다. 따라서 이 글은 소주제를 뒷받침문장이 충분히 풀어내지 못하였다.

소주제문과 뒷받침문장과의 관계는 글의 전체 주제와 소주제와의 관계와 같다. 글의 전체 주제를 잘 드러내기 위해서 적절한 소주제가 선택되어야 하고 주제를 충분히 구체화하고 뒷받침 할 수 있는 소주제가 선택되어야 하는 것처럼 소주제의 내용을 잘 드러내기 위해서는 뒷받침문장을 통해 소주제가 충분히 전개될 수 있도록 해야 한다. 이것이 바른 단락 쓰기에서 기본적으로 요구되는 조건이다.

　　이제 생각을 풀어 한 단락을 완성해 가는 구체적인 방법에 대해 알아보자. 단락은 '소주제문＋뒷받침문장'으로 이루어지기 때문에 단락을 쓰는 방법은 어떤 소주제에 대해서 뒷받침문장을 구체적으로 서술해 나가는 방법이 된다.

(1) 풀이하기

　　풀이하기 방식에 따른 글의 전개는 어떤 주제에 대하여 가능한 한 알기 쉽고 구체적으로 설명을 해서 독자가 잘 이해할 수 있도록 하는 데 그 목적이 있다.

　　풀이하기는 글을 전개하는 데 가장 많이 쓰이는 전개법이다. 풀이하기는 소주제의 내용을 알기 쉽게 설명하는 것으로, 추상적이고 포괄적인 개념의 주제를 구체적으로 풀어나가는 단락 전개 방식이다. 사전의 뜻풀이, 특정 용어에 대한 설명, 신문의 해설 기사 등이 풀이하기 방식으로 이루어진 글이다.

　　일반적으로 한 개의 단락에서 소주제는 추상적인 서술로 나타나며, 그 소주제를 뒷받침 하는 문장은 대개 구체적인 서술의 형태로 나타난다. 따라서 소주제에 대한 뒷받침문장들이 풀이하기의 방식으로 전개된다. 예를 들면 소주제인 "이 지역은 깨끗한 인상을 준다."라는 문장은 추상적인 서술인데 비하여 "이 지역의 집들은 깨끗하다. 사람들도 깔끔하게 차려 입었다. 길이나 주위 환경도 말끔히 정돈되어 있다."라는 서술은 구체적인 서술이 된다.

　　풀이하기 방식으로 글을 전개하는 요령은 소주제를 어떻게든 쉽게 풀고자 하는 마음가짐으로 한 문장 한 문장을 이어가는 것이다. 즉 소주제에 대한 구체적인 내용이 설명되어야 한다. 그러므로 이 경우 "구체적으로 말하면, 세부적으로 말하면, 다시 말하면, 자세히 말하면, 즉, 곧, 알기 쉽게 말하면, 또한, 특히" 등의 접속어를 실마리로 삼아서 문장을 이어나가면 된다. 이때 접속어는 필요한 경우에는 문장에 드러나게 써야 하지만, 굳이 드러나게 할 필요가 없는 경우에는 마음속으로만 접속어를 뇌이면서 써 나가면 된다.

> <예시 3>
>
> 　감성 소비라는 말은 감각이나 기분에 따라 재화나 서비스를 소비하는 일을 말한다. (다시 말하면) 소비가 다양화, 개성화, 분산화 되는 경향이 높아지면서 제품의 질이나 용도 등을 따져 구입하기보다는 단순히 '좋고 싫음'이라는 감성에 따라서 선택하는 소비 행동을 말한다. (구체적으로 말하면) 감성 소비의 대상이 되는 상품은 패션성이나 기호성이 강해 기능이나 품질 면에서 상품의 차이는 거의 없다. 다만 소비자의 제품에 대한 선호도에 따라 구매가 결정되는 것인데, 그 바탕에 깔려 있는 행동이나 사고의 기준은 소비의 질적 측면을 따진다는 것이다.
>
> －네이버 용어사전

위 글은 '감성 소비'에 대하여 풀이한 글이다. 위 글은 네 개의 문장으로 이루어져 있는데 문장과 문장 사이에 접속어가 배치되어 있지 않다. 그러나 우리는 글을 읽어 가면서 첫 문장에 나타난 주제를 전개하는 문장을 이어나갈 때마다 '다시 말하면', '구체적으로 말하면' 따위의 접속 표현을 마음속으로 되뇌면서 각 문장이 연결관계를 파악하며 읽게 된다. ☞학습활동 4-1(82쪽)

(2) 합리화하기

합리화하기는 글쓴이가 내세우는 주장이나 어떤 일의 결과에 대하여 그 근거를 밝히고자 할 때 쓰인다. 또한 글쓴이의 주장이나 의견에 대하여 나름의 근거를 제시함으로써 독자를 설득하여 글쓴이의 주장이나 의견에 동조하도록 할 때 쓰인다. 따라서 합리화는 왜 그와 같이 되는지, 그 근거가 무엇인지를 적극적으로 밝혀야 한다. 즉 합리화하기에서는 무엇보다도 소주제문에 대한 근거를 충분히 제시하는 것이 중요하다.

합리화하기를 통한 단락의 전개 방법은 주제문이 앞에서 제시될 경우에는 "왜냐하면, 그 까닭은, 그 이유는, 그 원인은" 등의 접속 어구로 이어지도록 뒷받침문장을 연결하고, 주제문을 합리적으로 유도해서 맨 끝에 보일 경우에는 "그러므로, 그래서, 그 결과로, 결국, 그리하여" 등의 접속 어구로 이어지도록 뒷받침문장들을 연결한다. 물론 이때에도 풀이하기에서처럼 필요한 경우 접속 어구가 문장의 표면에 드러나도록 단락을 전개시켜 나갈 수도 있고, 그냥 마음속으로만 접속 어구를 되뇌며 문장들을 이어가도 된다.

　윗글에서는 오래된 것은 무용지물이 아니라는 자신의 주장을 뒷받침문장들로 근거를 제시하고 있다. 첫 번째 문장과 두 번째 문장의 연결에 접속 어구가 들어가 있지는 않지만 우리는 "왜냐하면 ～이기 때문이다."라는 형식을 충분히 상정할 수 있다. 나아가 오래된 것이 어떤 가치를 지니는지를 파리의 한 카페를 예를 들어 보여주고 있다.

　합리화하기 방식을 통한 단락의 전개는 뒷받침문장들이 모두 소주제문의 이유나 근거를 제시하여 전개할 수도 있지만 흔히 풀이하기 방식이나 예시하기 방식이 곁들어지기도 한다. ☞학습활동 4-2(83쪽)

(3) 예시하기

예시하기는 구체적인 사례를 들어 소주제를 뒷받침하는 방법이다. 즉 실제로 일어난 일이나 사건, 행동, 사태 또는 역사적 사실이나 전설 등을 예를 들어 보여 주는 것이다. 예시하기는 주제와 관련된 사건이나 일화를 골라서 전해 줌으로써 독자가 주제를 좀 더 쉽게 이해할 수 있도록 한다. 이런 예시는 주제를 인상 깊게 뒷받침할 수 있다.

예시는 소주제의 타당성과 진실성을 뒷받침해 줄 수 있는 것이어야 하며, 읽는 사람이 복잡한 논리적 사고 과정을 거치지 않고서도 쉽게 이해할 수 있도록 명확하고 구체적인 것이어야 한다. 적절한 예시는 단순히 읽는 이의 이해를 도와줄 뿐 아니라, 글 쓰는 이가 미처 다 서술하지 못했던 부분까지도 암시해 주는 효과를 발휘할 수 있다.

〈예시 5〉

외모로 사람을 취하지 말라 하였으나 대개는 속마음이 외모에 나타나는 것이다. 아무도 쥐를 보고 후덕스럽다고 생각은 아니할 것이요, 할미새를 보고 진중하다고는 생각지 아니할 것이요, 돼지를 소담한 친구라고는 아니할 것이다. 토끼를 보면 방정맞아는 보이지만 고양이처럼 표독스럽게는 아무리 해도 아니 보이고, 수탉은 걸걸은 하지마는 지혜롭게는 아니 보이며, 뱀은 그림만 보아도 간특하고 독살스러워 구약 작가의 저주를 받는 것이 과연이다 해 보이고, 개는 얼른 보기에 험상스럽지마는 간교한 모양은 조금도 없다. 그는 충직하게 생기었다. 말은 깨끗하고 날래지마는 좀 믿음성이 적고, 당나귀나 노새는 아무리 보아도 경망꾸러기다. 족제비가 살랑살랑 지나갈 때 아무라도 그 요망스러움을 느낄 것이요, 두꺼비가 입을 넙적넙적하고 쭈그리고 있는 것을 보면 아무가 보아도 능청스럽다.

―이광수, 「우덕송」 중에서

윗글에서는 "외모로 사람을 취하지 말라 하였으나 대개는 속마음이 외모에 나타나는 것이다."라는 소주제문을 뒷받침하기 위하여 이와 관련이 있는 여러 가지 동물들의 외모와 행동양식을 예를 들어 보이고 있다.

<예시 6>
　　옛날에 한 청년이 임금님을 찾아가 인생의 성공 비결을 가르쳐 달라고 간청했다. 임금님은 말없이 컵에다 포도주를 가득 따라 청년에게 건네주면서 별안간 큰 소리로 군인을 부르더니 "이 젊은 청년이 저 포도주 잔을 들고 시내를 한 바퀴 도는 동안 너는 칼을 빼들고 그를 따라라. 만약 포도주를 엎지를 때에는 당장에 목을 내리쳐라!"라고 명령했다. 청년이 식은땀을 흘리며 조심조심 그 잔을 들고 시내를 한 바퀴 돌아오자 임금님은 시내를 도는 동안 무엇을 보고 들었는지 물었다. 청년은 아무것도 보지 못하고 듣지도 못했다고 대답했다. 임금님은 큰 소리로 다시 물었다. "넌 거리에 있는 거지도, 장사꾼들도 못 보고, 술집에서 노래하는 것도 못 들었단 말이냐?" 청년은 "네, 저는 아무 것도 보지도 듣지도 못했습니다."라고 대답했다. 그랬더니 임금님은 말했다. "그렇다. 그것이 네 인생의 교훈이다. 네가 거리를 한 바퀴 돌면서 그 잔만 바라보느라 정신을 집중시킨 것처럼 모든 것에 집중하고 살면 인생에 성공할 것이고, 유혹과 악한 소리도 네게 들려오지 않을 것이다."
　　자신의 일에 몰두하지 못하는 사람은 다른 일에서 더 큰 만족을 얻을 것 같은 생각에 주변을 기웃거리곤 한다. 그러나 참다운 성공의 비결은 자기가 하는 일에 긍지를 가지고 최선을 다하는 것이다.

윗글은 소주제가 뒷부분에 있다. "참다운 성공의 비결은 자기가 하는 일에 긍지를 가지고 최선을 다하는 것이다"라는 소주제를 일화를 통하여 구체적으로 보여주고 있다. ☞ 학습활동 4-3(84쪽)

2. 사실과 의견

　일반적으로 글을 쓸 때 사실을 바탕으로 그 사실에 대한 해석을 덧붙이거나 사실에 대한 의견 및 주장을 덧붙여 글을 전개시켜 나가는 경우가 많다. 특히 어떤 상황이나 사건에 대해 기술할 경우에는 단순히 사실만을 전하는 경우가 아니라면 대개 글쓴이의 해석이나 의견이 덧붙여지게 된다. 신문의 사설이나 칼럼은 말할 것도 없고 심지어는 사실만을 전하는 것을 의무로 하는 신문 기사나 뉴스에서도 기자의 해석이나 의견이 들어가는 경우가 있다.

　어떤 사실에 자신의 해석이나 의견을 덧붙이는 것은 사회와 세계를 바라보는 글쓴이의 가치관을 반영하기 때문에 독자는 사실에 대한 글쓴이의 태도 및 입장을 알 수 있게 된다.

〈예시 7〉

　근래 한국에서 가장 많이 쓰이는 직함은 슬프게도 '사장님'이다. 언젠가부터 카센터에서든 식당에서든 손님에게 사장님(혹은 사모님)이라 부르는 게 유행이 되었다. 사람을 실없이 치켜세우는 그 직함은 오늘 우리 사회를 그대로 반영한다. "부자 되세요."가 최상의 덕담이 되고 "당신의 사는 곳이 당신의 가치를 정합니다." 따위 광고가 무리 없이 통용되는 사회를 말이다. 요컨대 민주화의 성과가 자본의 차지가 되고 모든 사람들이 장사꾼의 심성을 가지게 된 사회에서 사람들은 서로를 인격체가 아니라 거래처로 파악하는 것이다.

　나는 보다 많은 사람들이 '선생님'을 쓰길 바란다. 선생님이란 말은 얼마나 좋은가. 상대를 선생님이라 부르는 건 그에게서 배우겠다는 것이다. 누구에게든 배울 게 있으며 또 배우겠다는 마음을 갖는 것처럼 좋은 인간적 태도가 있겠는가.

―김규항, 「사장님과 선생님」 중에서, 오마이뉴스, 2005.

　윗글에서는 "한국 사회에서 가장 많이 쓰이는 직함이 사장님이다."라는 사실을 바탕으로 "사람들이 서로를 인격체가 아니라 거래처로 파악하는 사회"라는 해석을 내놓았다. 그리고 이제는 사람들이 '선생님'이란 직함을 많이 쓰면 좋겠다는 의견을 제시하고 있다. '사장님'이 만연하는 사회를 바라보는 글쓴이의 태도를 읽을 수가 있다.

이렇듯 글을 쓸 때 객관적인 사실만을 제시하면서 글을 쓰는 것은 아니다. 때로는 그 사실에 대한 다른 사람의 해석이나 주장, 의견 등을 제시하면서 자신의 해석이나 의견, 주장을 덧붙이기도 한다. 이때 글쓴이가 받아들인 정보는 또 하나의 사실이다. 즉 사실에는 객관적인 상황이나 사건만 있는 것이 아니라 그 상황이나 사건에 대한 다른 사람의 의견이나 해석도 포함된다고 볼 수 있다.

〈예시 8〉

① 우리나라 고등학생들이 배우는 역사 지도책을 보면 동해 바다에 우산국(지금의 울릉도)은 보이지만 독도는 빠져 있다. 근대 이후가 돼서야 간도와 독도 문제를 다루면서 겨우 볼 수 있는 정도이다. ② 출판사 측은 기술적으로 모든 지도에 독도를 넣기는 어렵다고 말한다. 울릉도에서 멀리 떨어져 있고, 크기도 워낙 작아 집어넣기 어려우며, 지도가 역사적 사건을 중심으로 제작되는 경우가 많기 때문이기도 하다는 것이다.

③ 하지만 시마네현 조례 통과로 독도에 대한 국민적인 관심이 높아진 만큼 이제라도 넣어야 한다는 목소리도 만만치 않다. 역사 지도에 당당히 독도를 표기해서 학생들이 어려서부터 독도에 대한 관심을 가질 수 있도록 해야 한다는 것이다. ④ 최근의 독도에 대한 범국민적인 열기가 일회성 행사로 그치지 않도록 하려면 교육 현장에서도 독도에 대한 비중을 보다 높여야 할 것이다.

윗글을 보면 사실이 있고(① 이하의 2문장), 그 사실에 대한 출판사의 해석(② 이하의 2문장)이 있으며 ①의 사실에 대한 여러 사람들의 의견(③ 이하의 2문장)이 기술된 후에 그에 대한 글쓴이의 의견(④ 문장)을 제시하고 있다.

이렇듯 단락을 전개할 때 어떤 특정한 사실과 그 사실에 대한 다른 사람의 의견, 해석, 주장 등을 적절하게 사용하면 글의 내용을 풍부하게 하면서 자기가 말하고자 하는 내용을 설득력 있게 전할 수 있다.

그러나 어떤 사실에 대한 다른 사람의 해석이나 의견, 주장을 바탕으로 글을 쓸 경우에는 다른 사람의 해석이나 의견, 주장과 글쓴이의 해석, 의견, 주장이 혼동되지 않도록 그 경계를 분명히 해야 한다. 물론 사실과 그에 대한 글쓴이의 해석도 혼동되지 않도록 해야 하는 것은 당연하다.

그런데 가끔 구체적인 사건이나 상황을 바탕으로 해석을 한 경우 그것이 다른 사람의 해석이나 의견인지 아니면 글쓴이의 해석이나 의견인지를 분명히 가려낼 수 없는 경우가 있다. 심지어는 사실과 해석이 분명하게 드러나지 않는 경우도 있다. 이렇게 글을 쓸 경우에는 상황이나 사건에 대한 글쓴이의 태도나 입장이 분명하게 드러나지 않으므로 좋은 글이라고 볼 수 없다. ☞학습활동 4-4(85쪽)

3. 사실과 느낌

살아가면서 접하게 되는 많은 사건과 상황들에 대하여 우리는 여러 가지 느낌을 받게 된다. 그리고 이를 바탕으로 글을 쓰게 되는 경우들이 많다. 일기나 편지 등 사소한 개인적인 글에서부터 수필 등 문학 작품 등에서도 사실과 그 사실에 대한 느낌들을 적는다. 설명이나 논증의 글처럼 객관적이고 실증적인 글이 아닌 한 대부분의 글에는 사실에 대한 글쓴이의 느낌이 들어가게 된다.

〈예시 9〉
쌀 재협상 비준안 반대집회로 농민이 죽고 경찰이 다치고 경찰총장이 물러났다. 또 세계무역기구(WTO) 각료회담 개최에 반대하는 홍콩 원정 집회는 우리 농

윗글에서 앞의 두 문장은 사실이다. 그리고 ①의 문장은 앞의 사실에 대한 글쓴이의 생각이고 ②의 문장은 사실에 대한 글쓴이의 느낌을 적고 있다.

어떤 사실이나 상황에 대하여 갖게 되는 느낌은 글을 쓰게 하는 동기를 불러일으킨다. 따라서 어떤 상황이나 사건을 대할 때 사실로서만 바라보고 끝나는 것이 아니라 그 사실로부터 나름의 느낌을 찾아내고 발전시켜 나가는 것이 중요하다.

그런데 어떤 사건이나 상황에 대하여 느끼는 감정은 개인들마다 차이가 있다. 이는 상황이나 사건을 대하는 개인들의 감정이나 가치관, 바라보는 시선들이 다르기 때문이다. 즉 객관적인 상황이 개인의 감정의 세계에 들어오게 되면 전혀 색다른 색깔을 가지게 되는데, 이 때문에 글에는 개인마다의 색깔이 있게 되고 이것이 글을 구별 짓는 근거가 된다.

그런데 이렇게 객관적인 사실을 바탕으로 한 글쓴이의 개인 감정을 글로 쓸 경우에도 '사실과 의견'에서와 마찬가지로 '사실과 느낌' 사이의 경계를 분명하게 해야 한다. ☞ 학습활동 4–5(87쪽)

■■■■■■ 다음을 풀이하기 방법으로 단락을 전개시켜 보자.

❏ 사람은 사회적 동물이다.

❏ 옷의 모양이나 색깔 또는 재료가 기후에 따라서만 달라지는 것은 아니다.

 학습활동 4-2

■■■■■ 다음을 합리화하기 방법으로 단락을 전개시켜 보자.

❏ 건강을 위해서는 화를 낼 줄도 알아야 한다.

❏ 가족은 (나무, 네비게이션, 감기)이다(택1).

제1부 기본 글쓰기

■■■■■■ 다음을 예시하기 방법으로 단락을 전개시켜 보자.

❏ 말은 그 사람의 인격을 나타낸다.

❏ ~는 참 멋있게 사는 사람이다.

■■■■■다음 글에서 사실에는 빨간색 밑줄을, 그 사실에 대한 필자의 해석이나 의견, 주장에는 파란색 밑줄을 쳐 보자.

스웨덴 학교에서는 덧셈·뺄셈을 가르칠 때, "□+□=10. □에 각각 들어갈 숫자는?"과 같은 유형의 문제를 자주 출제한다. 아이들은 "1과 9, 2와 8, …… 9와 1" 등 여러 개의 답을 적는다.

초보적인 산수를 배울 때부터 "문제의 답은 여러 개일 수 있다."는 생각이 자연스레 배어든다. 음수와 양수, 유리수와 무리수, 실수와 허수 등 수(數)에 대한 개념이 넓어질 때마다, 아이들은 어릴 적 접했던 문제의 답이 더 다양해질 수 있다는 것을 깨닫게 된다. 학교에 갓 입학했을 때 만났던 산수 문제의 답은 "1과 9, 2와 8,…9와 1"만 있는 게 아니라 "−79와 +89, 5.13과 4.87, 1+10i와 9−10i……" 등 무궁무진하다는 것을 알게 된다. "1+9=□. □에 들어갈 숫자는?"과 같은 문제가 주를 이루는 한국, 일본 등과 다른 대목이다. '생애 첫 지식 활동'을 답이 하나인 문제로 시작하는 셈이다.

산수를 익히는 것은 추상적 사고를 하는 첫발을 떼는 작업이다. 이전까지는 '사과, 배, 엄마, 아빠' 등의 낱말을 익히는 수준에 머무르던 아이들이 눈에 보이지 않는 개념을 배우는 것이기 때문이다. '사과, 배, 엄마, 아빠' 등은 눈에 보이고 손에 잡히지만 '하나, 둘, 셋'은 그렇지 않다. 숫자는 눈에 보이는 것들을 개념화하는 데 주로 쓰이지만, 실은 매우 추상적인 개념이다.

이런 개념을 처음 익힐 때, 답이 하나뿐인 문제로 시작하는 것과 답이 무궁무진한 문제로 시작하는 것은 얼핏 사소해 보이지만 실제로는 큰 차이가 있다. 이런 차이가 훗날 다양성을 존중하는 태도로, 창의와 혁신을 장려하는 문화로 이어질 수 있다.

한국, 일본 등에서는 왜 '답이 하나인 문제'로 산수를 가르칠까? 이 역시 '답이 여러 개인 질문'이다. 콕 짚어서 답하기는 어렵다. 하지만, '답이 여러 개인 문제'로 산수를 가르치기 어려운 이유는 쉽게 짐작할 수 있다. 대표적인 이유로 꼽을 수 있는 게, '평가'가 목적이 돼 버린 교육 문화다. 평가는 아이들이 개념을 제대로 이해했는지 확인하는 절차일 뿐이다. 그런데 평가 결과에 너무 민감하게 반응하는 사회에서는 '평가 점수를 잘 받는 것'이 교육의 목표가 돼 버린다. 이렇게 되면, 답이 모호하거나 무수히 많은 문제는 내기 어렵다. 답이 선명한 문제, 그래서 평가 결과에 대해 이견을 제시하기 힘든 문제만 제시하게 된다.

❏ 이 글을 읽고 느낀 점을 써보자.

::::::다음 글에서 사실을 나타내는 내용에는 빨간색 밑줄을, 느낌을 나타내는 내용에는 파란색 밑줄을 쳐 보자.

살아가면서 이 세상이 사람만 살아가는 세상은 아니라는 생각을 자주 하게 됩니다. 지금 우리가 뿌리 내리고 살아가는 세상은 사람뿐만 아니라 생명을 가진 모든 것들이 뿌리를 내리고 살아가는 세상이기 때문입니다. 풀 한 포기, 나무 한 그루, 하늘을 나는 새, 땅에 깃들어 살아가는 모든 생명체들. 그들의 삶터 또한 이 세상입니다. 그러나 인간의 삶을 돌아보면 인간만이 이 세상을 독차지하며 살아가는 것이 아닌가 하여 안타깝기만 합니다.

파헤쳐진 산, 뒤엎어놓은 시냇물, 숨 쉬는 땅을 시멘트로 도배해 놓은 도시. 그런 척박한 상황에서도 생명은 꽃을 피우고, 열매를 맺고, 새끼를 기르며 잠잠히 살아가고 있습니다.

2~3주 전이던가요. 늦가을의 정취가 한껏 펼쳐지던 날, 평등학교로 장애우 가족들을 보러 가던 길이었습니다. 전주에서 금산을 가는 길은 산길을 굽이굽이 돌아가는 한적한 길입니다. 깊은 산 밑으로 계곡물이 흐르고 있었지요. 아마 어느 집에서 오리를 계곡에 놓아 키우는지, 오리 다섯 마리가 시냇물에서 놀다가 집으로 돌아가는 길이었나 봅니다. 2차선 도로를 건너는 중에, 그만 오고가는 자동차를 만나게 되었지요. 제가 가는 반대 차선을 오리가 건너는 중이었는데, 그때 자동차가 달려오고 있었습니다. 마주 쳐다보고 있는 제가 안타까울 정도로 오리들은 어떻게 해야 될지를 몰라 허둥지둥 헤매고 있었습니다. 길을 건너지도 못하고, 그렇다고 다시 돌아가지도 못하고 그 큰 눈을 뒤룩뒤룩 굴리며, 엉덩이를 뒤뚱뒤뚱하며 어쩔 줄을 몰라 제자리에서 빙글빙글 돌기만 하고 있었지요. 저도 마주 오는 자동차가 어떻게 할런지 몰라 너무 걱정이 되었습니다.

그런데 다행스럽게도 자동차의 운전자는 달려오던 속도를 서서히 줄이더니 급기야는 오리 앞에서 차를 세웠습니다. 그리고는 오리가 길을 다 건널 때까지 그렇게 가만히 서 있었습니다. 자동차 경적 한 번 누르지 않고 조용히 기다려 주는 모습이 어찌나 아름다웠던지 제 가슴이 다 뭉클하였습니다. 생명을 가진 것들과 더불어 살아가는 모습을 본 것 같아 흐뭇함이 넘쳤습니다. 그 흐뭇한 기억은 오래도록 저를 즐겁게 했습니다.

오늘 아침, 학교에 가던 길이었지요. 집에서 학교에 가는 길은 4차선 도로이지만 한적한 길입니다. 제 앞에 자동차가 한 대 달리고 있었지요. 그런데 반대 차선에서 강아지 한 마리가 길을 건너고 있었습니다. 마구 달려오는 강아지가 왠지 불안했습니다. 자동차가 속도를 줄이든지, 아니면 강아지가 걸음을 멈춰야 했는데, 속도를 좀 줄였으면 하는 제 바람과는 상관없이 그 자동차는 속도를 줄이지 않았고, 그 강아지도 그냥 내처 달려 길을 건너려 했습니다. 그 순간, 제 앞을 달리던 자동차 밑으로 강아지가 빨려 들어갔고, 강아지는 비명소리와 함께 길바닥에 나뒹굴고 말았습니다. 그 자동차는 그냥 달려가더군요. 가슴이 철렁 했습니다. 뒤에서 불안하게 바라보던 제 마음, 가슴이 뛰기 시작했습니다. 차를 멈추고 백미러를 통해 강아지를 보니 강아지는 다리를 다쳤는지 일어서지도 못하고 그 넓은 길 가운데서 허우적대고 있었습니다.

그리고…….

하루 종일 마음이 우울했습니다. 어쩌면 세상의 어떤 생명체보다 강력한 힘을 가지고 있는 인간, 그렇기에 자연 속에서 군림하며 살아가고 있는 인간. 그러나 결국은 인간도 자연이 내리는 혜택 속에서 살아가고 있습니다. 그 혜택을 인간 혼자서 독차지하며 살아서는 안 되겠지요. 자연의 모든 생명들과 더불어 살아가려는 마음, 그들에게서 받는 혜택에 고마워할 줄 아는 마음, 그런 마음을 우리 잊고 사는 것은 아닌지…….

얼마 전 텔레비전에서 보았던 "이 길은 산양에게 우선 통행권 있음"이라는 외국의 어느 산길이 자꾸만 머릿속에 떠올랐습니다. 이제는 작은 생명들과도 더불어 살아가는 따뜻한 인간이었으면 좋겠습니다.

5 글 디자인
—구조 짜기

좋은 글은 일정한 조건을 갖추고 있다. 주제가 명확하고 그 주제를 드러내기 위한 단락이 형식면이나 내용면에서 유기적으로 잘 조직되어 있어야 하며 그래서 주제가 일관성 있게 유지되어야 한다. 여기에 재미와 감동을 주는 요소가 들어 있게 된다면 금상첨화이다. 물론 어법에 맞는 단어와 문장을 써야 하는 것은 기본적으로 갖추어야 할 요건이다.

우리는 말을 하거나 글을 쓸 때 '무엇인가'에 대해서 말을 하고 글을 쓴다. 그 '무엇인가'가 바로 주제이다. 글을 쓰는 기본적인 이유가 하고 싶은 말을 전달하기 위한 것이라고 할 때 그 주제는 정확하고 분명하게 제시되어야 한다. 그래야만 글을 쓰는 목적에 충실하기 때문이다. 또한 글쓴이는 자기가 전달하고자 하는 내용을 상대방에게 효과적으로 전달하기 위하여 여러 가지 장치를 이용한다. 구체적인 사실을 예로 들기도 하고, 강조하기 위하여 반복하기도 하며, 주장을 합리화하기 위하여 때로는 자기가 내세우는 주장의 반대 의견을 끌어오기도 한다. 사진을 제시하기도 하고 도표나 그림을 제시하기도 한다.

또한 내용의 흐름에 따라 단락을 나누고, 단락과 단락이 유기적으로 연결되도록 하며, 여러 개의 단락이 모여서 한 편의 주제로 엮어질 수 있도록 한다.

따라서 좋은 글을 쓰기 위해서는 참신한 아이디어를 생각해 내는 것도 중요하지만 그 생각을 적절하게 구조화하는 일이 무엇보다 중요하다. 글을 디자인한다는 것은 글 전체의 구조를 짠다는 것을 의미하는 것으로, 글의 질을 결정하는 중요한 작업이다. 따라서 글의 구조를 만들어가는 절차 하나하나를 탐색해 보는 작업이 필요하다.

글쓰기의 과정을 이야기할 때 일반적으로 '주제 설정 → 자료 수집 및 정리 → 구상 및 개요 작성 → 글쓰기 → 퇴고'로 말한다. 그런데 이 과정은 특정한 화제가 주어져 있거나, 리포트 혹은 논문을 쓸 때 적용할 수 있는 글쓰기 과정이다. 예를 들어 "생태 환경 보호"라는 특정 화제에 대한 글을 써야 하는 경우, 우리는 도서관에서 자연 생태 관련 책이나 논문에서 자료를 찾거나 인터넷에서 관련 자료를 모을 것이다. 그리고 주어진 자료를 내용별로 정리하면서 본인이 쓸 글의 내용을 구상할 것이다. 구상을 구체화시켜서 개요로 만들어 놓고, 그 개요에 따라서 우리는 글을 쓰게 된다.

그러나 글을 쓰는 것에 익숙하지 않고, 글 쓰는 것에 두려움을 가진 사람이라면, 먼저 글쓰기와 가까워지기 위해서 우리 주변에서 글감(쓸거리)을 찾고 그 글감을 특정 주제로 이끌어 나가는 훈련을 하는 것이 바람직하다. 따라서 이때의 글쓰기 과정은 '글감 찾기 → 주제 설정하기 → 구상 및 개요 작성하기 → 글쓰기 → 퇴고'의 과정을 밟는 것이 바람직하다.

1. 글감 찾기

'무엇을 쓸까?' 글쓰기에 부딪힐 때마다 고민하는 것이 바로 무엇을 쓸 것인가에 대한 것이다. 특정 주제가 정해지지 않는 경우에는 말할 것도 없고, 특정 화제가 주어진 경우에도 어떤 부분에 대해 접근하여 글을 쓸 것인지를 고민하게 된다. 그러나 우리가 쉽게 쓰는 글들을 생각해 보자. 일기장에 쓰는 글, 블로그에 쓰는 글, 인터넷

게시판에 쓰는 글, 친구에게 쓰는 글 등등. 이런 글을 쓸 때 우리는 처음부터 어떤 주제를 생각하고 그것을 전달하고자 의도하는 것은 아니다. 대개의 경우, 어떤 상황이나 일을 경험하고 그것을 토대로 하여 자신이 이야기하고자 하는 것을 생각하게 된다. 그 상황이나 일이란 우리가 살아가면서 보고 듣고 느끼고 상상하는 인간의 모든 활동들이다. 그런 활동 중에 특별히 자신이 의미를 부여한 것들에 대해 글을 쓰는 것이다.

따라서 글을 쓰려는 마음의 자세를 갖는다는 것은 곧 우리 스스로가 우리 주변의 모든 상황에 대해 의미를 부여하려는 특별한 눈을 가지고 있어야 함을 의미한다. 아무리 사소하고 일상적인 것이라고 하더라도 특별한 눈과 마음을 가지고 본다면 그것은 내게 큰 의미가 있는 인생의 깨달음을 주기도 하기 때문이다. 이때 내가 보고 느끼고 생각하고 경험한 모든 것들이 글의 소재가 될 수 있다.

주제를 정하는 것은 글을 쓰는 데 매우 중요한 과정이지만, 처음부터 주제를 무엇으로 해야겠다는 생각을 갖고 시작하는 것보다는 일상에서 내가 보고 느낀 것들에 의미를 부여하는 작업에서부터 사물을 보는 눈을 키우는 것이 중요하다. 그러다 보면 아무런 의미 없이 보고 듣던 것들이 글감이 될 수 있다. 그리고 글감을 통해 이야기를 만들어 가다 보면 그것이 한 편의 글이 되는 것이다. 그러므로 일상에서의 글감 찾기가 무엇보다 중요하다.

일상에서 글감을 찾기 위해서는 먼저 마음의 문을 열고 색다른 시각으로 주변의 것을 눈여겨보는 습관을 가져야 한다. 또한 새로운 사회 상황이나 일들이 생겼을 때, 그 상황이나 일이 왜 생겨났는지, 그 배경은 무엇인지 등을 깊이 사색하고 문제 의식을 가지고 상황을 대해야 한다. 그래야 글감이 생겨나고 자신의 의견이 생기기도 하여 그것이 글을 쓰게 하는 동기가 되고 한 편의 글이 완성되는 것이다. ☞ 학습활동 5-1(104쪽)

글감을 찾는 방법으로 많이 이용되는 방법이 브레인 스토밍(brain storming)이다. 원래 '정신 착란'을 의미하던 브레인 스토밍은 어떤 화제 거리에 대하여 머리에 떠오르는 모든 것들을 구성원들이 자유롭게 쏟아내는 창의적인 회의 기법으로 이용되고 있다. 이러한 기법을 쓸거리를 찾을 때에도 그대로 적용하는 것이다. 일종의 자유 연상 기법을 사용하는 것이라고 할 수 있다.

본질적으로 글쓰기는 자유로운 자기표현이다. 스스로 생각하고 느낀 것들을 말로 표현하듯이 그렇게 자유롭게 표현하는 자기표현이다. 자유 연상은 어떤 화제에 대해 자유롭게 연상하는 것이기 때문에 자유 연상법을 활용하면 다양한 쓸거리를 마련할 수 있다. 만일 '시골' 하면 '달, 맑은 물, 먼지 나는 길, 인심 좋은 사람, 기와지붕, 개구리……'와 같이 떠오르는 대로 자유롭게 연상하고, 연상된 것들을 소재로 하여 글을 쓰는 것이다.

먼저 가주제, 또는 어떤 화제로부터 생각할 수 있는 모든 단어, 연상되는 모든 단어를 나열해 본다. 그것이 명사이든, 형용사이든, 구이든 문장이든 상관없이 모두 기록해 보는 것이다. 최대한 많이 연상하여 기록하는 것이 좋다.

자유 연상에 의해 많은 내용들을 나열한 다음에는 그 내용들을 한 번 다시 곰곰이 생각해 본다. 적은 단어나 구를 성격이 비슷하거나 논점이 가까운 것들끼리 묶는다. 물론 이때 서로 묶일 수 없는 것은 그냥 놓아두어도 좋고, 한 가지 내용이 두 부류에 묶일 수도 있다. 자유 연상된 위의 내용을 같은 부류끼리 묶어 보자.

〈예시 2〉
- 시골 풍경 : 아름다운 자연, 쏟아지는 별, 밝은 달, 싱그런 나무, 시냇물, 먼지 나는 길, 가을날에 나무에 발갛게 매달려있는 감, 굴뚝의 저녁연기, 맑고 깨끗한 공기
- 시골에 대한 인상(긍정적) : 넉넉한 인심, 마음이 편안하다, 공동체의 나누는 삶을 산다
- 시골에 대한 인상(부정적) : 힘들다, 여름나기가 괴롭다, 모기, 파리
- 시골에 대한 추억 : 할머니, 쏟아지는 별, 시냇물, 먼지 나는 길, 아궁이, 가을날 발갛게 매달려 있는 감, 굴뚝의 저녁연기, 여름밤 풀벌레 소리, 옛날이야기
- 변화하는 시골 : 텅 비어 가는 마을, 젊은이는 다 도시로 가고 노인만 남아 있다, 귀농, 첨단 농법, 전원주택

이렇게 묶어 놓으면 '시골'이라는 가주제에 훨씬 더 구체적이고 한정적인 부분으로 접근해 들어갈 수 있다. 즉 '시골의 풍경'이라든지, '시골에 대한 추억', '변화하고 있는 시골의 모습' 등 '시골'에 대한 어느 한 부분에 집중해서 글을 쓸 수 있게 된다. 또한 이런 분류를 토대로 개략적인 개요를 작성할 수도 있다.

이렇듯 자유 연상법은 어떤 화제에 대하여 글을 써야 할 경우 화제를 한정하고 구체화하여 특정한 주제를 설정해 나가도록 하는 데 유용하게 사용할 수 있을 뿐더러 그 주제를 효과적으로 풀어나가는 데에 필요한 재료들을 얻을 수 있다는 점에서 글쓰기 과정에서 유용하게 적용될 수 있다. ☞학습활동 5-2(105쪽)

2. 주제 정하기

글감을 생각한 다음에는 어떤 내용을 핵심으로 삼아 글을 갈무리해 나갈 것인지를 생각해야 한다. 주제는 한 편의 글을 통하여 글쓴이가 전달하고자 하는 중심 생각

이다. 즉 글감이 지닌 내용을 통해서 글쓴이가 드러내고자 하는 가치이며 태도이고, 글쓴이의 의도와 주장, 가치관을 드러내는 것이기도 하다. 내가 생각해 낸 쓸거리를 이용하여 내가 이야기하고 싶은 내용이 무엇인지를 생각한 다음 글을 쓴다면, 그것이 바로 주제가 된다. 따라서 글감이 동일하다고 하더라도 글의 주제는 달라질 수 있다.

처음부터 주제를 정하여 글을 쓴다는 것은 글쓰기에 능숙한 사람이 아닌 한 힘든 일이다. 우선 우리는 한 개의 주제를 정하기 위해 여러 단계를 거치는 과정이 필요하다. 글을 처음 쓸 때 우리는 '무엇을 쓸까'를 가장 먼저 고민한다. 그 '무엇'이 주제가 되지만, 그 '무엇'은 여러 단계를 거쳐 주제의 모습을 갖게 되는 것이다.

(1) 주제를 정하는 기준

① 글의 초점과 시각을 선명히 드러낼 수 있도록 가능한 주제를 한정한다

어떤 주제 또는 화제가 설정되었다고 해서 바로 글쓰기로 들어가는 것은 쉽지 않다. 주제가 아무리 단순하다고 할지라도 거기에는 관련된 다양한 정보들을 내포하고 있으며 고려해야 할 측면도 여러 가지가 있기 때문이다.

예를 들어 '인터넷'을 주제로 하는 글쓰기를 해보라고 하면 처음부터 바로 자신 있게 글을 쓸 사람은 그리 많지 않다. 왜냐하면 '인터넷'에 대하여 생각을 해 보면 엄청나게 많은 정보가 생각나기 때문에 어떤 측면에서 어떻게 접근해야 할지 막막하기 때문이다. 그렇다고 인터넷과 관련되어 생각나는 모든 것들, 즉 '인터넷이 우리 삶에 미치는 영향, 인터넷의 효용 가치, 인터넷의 문제점, 현대인과 인터넷의 관계, 익명성의 문제, 정보의 공유, 정보 퍼 나르기' 등등을 다 늘어놓는다고 해서 좋은 글이 되는 것은 아니다. 오히려 혼란스럽고 요령이 없는 글이 되고 만다.

그래서 우리는 어떤 주제가 가지고 있는 여러 가지 정보 중에서 내가 다루어야 할 부분을 한정 짓는 것이 필요하다. 즉 주제의 범위를 명확하게 한정하고 구체화할 필요가 있는 것이다. 위의 예에서 '인터넷의 효용 가치'에 대해서만 글을 쓴다든지, '인터넷의 익명성이 갖는 문제점'에 대해서만 다룬다든지 해서 주제를 적당히 한정할 수가 있다.

이렇게 주제를 한정시켜 놓으면 주제가 포함하고 있는 여러 정보들 중에서 한 곳에 집중에서 글을 쓸 수 있고 좀 더 면밀하게 글을 쓸 수가 있다. 즉 글에서 다루어야 할 내용과 그렇지 않은 것들을 취사선택할 수 있게 될 뿐 아니라 글에서 다루는 내용 중 강조되어야 할 부분이 무엇인지, 글의 순서는 어떻게 기술되어야 할지도 분명해진다. 그리고 글에서 다루어져야 할 내용들에 대해서도 주제와 관련하여 그 중요성이나 가치에 대한 평가를 할 수 있게 된다.

한정되고 구체화되기 이전의 주제를 가주제 또는 화제(위의 예에서 '인터넷')라 하고, 가주제에서 구체화되고 한정된 주제를 참주제(위의 예에서 '인터넷의 효용 가치, 인터넷의 익명성이 갖는 문제점' 등)라 한다. 가주제에서 바로 글쓰기에 들어가는 것이 아니라 주제를 한정하여 참주제를 설정하는 것이 좋은 글을 쓰기 위한 과정으로 꼭 필요한 것이다.

② 관심을 가지고 있고, 자신의 능력으로 글을 완성시킬 수 있는 주제를 선택한다

관심도 없는 주제인데 다른 사람이 선택한 주제가 멋이 있어 보인다든지 적어도 이만한 문제는 잡아야 체면이 선다든지 해서 실제로 자기의 관심과는 거리가 먼 것을 주제로 잡으면 글을 제대로 쓰지 못하게 된다. 또한 관심은 가지고 있으나 아직 필자의 능력으로는 다룰 수 없는 주제일 경우에도 적당한 주제라고 말할 수 없다. 학생들의 글 가운데 그 제목이나 주제는 거창한데 실제 내용은 별 수 없이 관념적이고 상식적인 것이어서 작문의 가치를 평가받지 못하는 경우가 많은데, 이런 경우는 대개 관념적이고 추상적인 주제로 글쓴이가 구체적으로 접근할 능력이 부족한 주제를 선택하였기 때문이다.

③ 읽는 이의 관심과 흥미를 불러일으킬 수 있는 참신한 주제이면 더욱 좋다

글쓴이가 관심을 가지고 있는 문제이고 충분히 알고 있는 문제라 하더라도 독자에게 관심과 흥미가 없다면 좋은 주제라고 할 수 없다. 글은 그 글을 읽을 상대자,

즉 독자가 있게 마련이기 때문에 독자에게 공통적인 관심을 불러일으키는 문제를 주제로 선택하는 것이 좋다.

(2) 주제문 작성

주제를 설정했다고 해서 금방 그 주제가 잘 표현되도록 글을 쓸 수 있는 것은 아니다. 아무리 명료한 주제라 하더라도 그것만으로는 글이 어떤 방향으로 나아가야 할지, 글의 내용과 길이가 얼마나 될지, 글이 주제에서 벗어나지는 않을는지 가늠하기가 어렵기 때문이다. 이때 필요한 작업이 주제문을 작성하는 일이다.

주제문은 어떤 주제에 대한 글쓴이의 입장이나 태도, 글의 핵심 내용이 드러나도록 하나의 완전한 문장으로 만든 것을 말한다. 어떤 화제에 대하여 주제를 적당히 한정적인 것으로 잡은 다음에, 이 참주제를 하나의 완전한 문장인 주제문으로 작성을 하게 되면 글의 방향이 주제문에 제시되어 있기 때문에 글을 써나가는 동안 원래의 의도와는 상관없는 엉뚱한 방향으로 글이 흘러가는 것을 막아준다. 즉 글 쓰는 사람에게 있어서 주제문은 자동차 운전자에게 있어서의 차선과도 같은 것이다.

'해외 연수'라는 가주제에서 참주제를 거쳐 주제문을 작성한 예를 보면 다음과 같다.

〈예시 3〉
가주제 : 해외 연수
참주제 : 초등학생의 해외 연수에 대한 입장
주제문 : 1. 초등학생의 해외 연수는 새로운 문화를 경험할 수 있는 기회가 되므로 장려되어야 한다.
2. 초등학생의 해외 연수는 외국어 능력을 향상시키는 데 도움이 되므로 장려되어야 한다.
3. 초등학생의 해외 연수는 지불한 경비에 비해 연수 효과가 미비하므로 신중하게 결정되어야 한다.
4. 초등학생의 해외 연수는 사전에 충분히 검토한 후에 이루어져야 그 효과를 얻을 수 있다.

위의 예에서 보면 동일한 참주제에서도 주제문을 어떻게 작성하느냐에 따라 '초등학생의 해외 연수'에 대한 다양한 입장이나 판단이 취해질 수 있음을 알 수 있다. 그리고 이 입장이나 판단에 따라 글의 방향이 달라진다. 이렇듯 주제문은 글의 방향을 잡아주는 데 아주 유용하다.

그런데 주제를 문장으로 만든다고 해서 모두 좋은 주제문이 되는 것은 아니다. 주제문을 작성할 때는 다음과 같은 점을 유의해야 한다.

① 완전한 하나의 문장으로 기술되어야 한다. 그렇지 않으면 참주제를 그대로 옮겨 놓는 것 같아서 여전히 모호하게 된다.
　❏ 안락사에 대하여 (×)
　❏ 안락사는 인간의 존엄성과 관련이 되기 때문에 신중하게 허용되어야 한다. (○)

② 의문문은 주제문이 될 수 없다. 왜냐하면 의문문에는 필자의 생각이 드러나 있지 않기 때문이다.
　❏ 독도의 진정한 주인은 누구인가? (×)
　❏ 독도는 역사적으로나 정치적으로나 한국의 영토임이 분명하다. (○)

③ 모호한 표현은 피한다. 주제문에는 특정 주제에 대한 글쓴이의 입장이나 태도가 분명하게 드러나도록 해야 하기 때문이다.
　❏ 독서는 의미 있는 작업이다. (×)
　❏ 독서는 직접 경험하지 못하는 세계를 경험할 수 있게 하는 의미 있는 활동이다. (○)

④ 가능한 한 비유적인 표현은 피한다. 비유적인 표현은 사람에 따라서 다르게 해석될 여지가 있기 때문에 글 쓰는 사람의 생각을 명확히 드러낼 수 없다.
　❏ 어머니의 사랑은 촛불이다. (×)
　❏ 어머니의 사랑은 자식을 위해 기꺼이 자신을 희생하는 숭고한 사랑이다. (○)

주제를 정하는 일 또는 막연한 화제에서 쓸거리를 한정하여 참주제를 정하는 일, 그리고 참주제를 주제문으로 작성하는 일은 한편의 글을 통일성을 갖추고 일관성 있게 쓰는 데 큰 역할을 한다. 따라서 글 쓰는 과정에서 결코 소홀히 넘길 수 없는 과정이다. ☞ 학습활동 5–3(106쪽)

3. 구조 짜기

글을 직접 써 나가기 전에 우리는 글을 어떻게, 어떤 방법으로 엮어 나갈 것인지를 먼저 생각해야 한다. 즉 주제를 정하고 그에 따른 제재가 모아지면 그 제재들을 주제를 중심으로 효과적으로 배열하여 전체 얼거리를 짜는 일을 해야 한다. 다음 글을 한 번 음미해 보자.

옛날 어느 목수가 효자 비각을 세우는 공사를 맡았다. 그러나 목수는 며칠이고 나무토막만 자르고 있었다. 이것을 본 주인은 목수가 하는 짓이 하도 의아스러워서, 그 잘라 놓은 나무토막 몇 개를 몰래 감추어 놓았다.

그런데 그 목수는 며칠 뒤 나무 자르기를 그만두고, 그가 자른 나무토막을 세었다. 산더미처럼 쌓인 나무토막을 세고 또 세고 하더니, 고개를 갸우뚱거리며 우거지상을 했다. 이 광경을 본 주인이 왜 그러느냐고 목수에게 물어 보았다.

"나으리 마님, 제 정성이 부실해서 이 비각을 짓지 못할 것 같습니다. 이름난 효자 비각을 어찌 저의 부실한 정성으로 세울 수 있겠습니까? 소인 이대로 물러갈까 합니다."

"아니 도대체 그게 무슨 소린가? 정성이 부실하다니? 도무지 이해가 안 되는군."

"나으리 마님, 들어보세요. 소인이 비각을 지을 설계를 머릿속에 짜놓고 그대로 나무토막을 잘랐는데, 지금 세어 보니 두 개가 모자랍니다. 이런 부실한 정성으로 어찌 훌륭한 비각을 세우겠습니까?"

이 말을 듣고, 주인은 얼른 숨겨 놓았던 두 개의 나무토막을 내어 놓으며 숨겨둔 이유를 밝혔다. 목수는 그때서야 회심의 미소를 짓고는 잘라 놓은 나무토

윗글에서 목수는 비각을 짓기 전에 자기가 지어야 하는 비각의 전체 구조를 이미 머릿속에 그려 놓고 있었음을 알 수 있다. 이 글은 글을 쓰는 사람이 한번쯤 생각해 볼 만한 글이다. 글을 쓰는 일을 포함하여 모든 일을 할 때는 그 일의 전체 얼거리를 먼저 염두에 두고 일을 시작해야 하기 때문이다.

글 전체의 얼거리를 짜는 일이 구상이다. 다시 말하면 구상은 글을 통해서 자신이 말하고자 하는 주제를 효과적으로 표현하기 위해서 어떤 순서와 방법으로 써 나갈 것인가를 미리 머릿속으로 정리하는 과정을 가리킨다. 따라서 이 과정에서는 주제와의 관련성에 따라, 혹은 재료들 사이의 논리적 선후 관계에 따라 그 재료들을 어떤 순서로 배치할 것인가, 또는 자신이 말하고자 하는 바를 어떤 절차와 논리를 이용하여 서술할 것인가 하는 것들을 정해야 한다. 그런 점에서 구상은 집을 짓기 전에 집의 전체 구조를 생각하고 세부적인 공간 배치 방식을 결정하는 일과 비슷하다고 할 수 있다.

그런데 이 구상을 머릿속으로만 한다면 자칫 잊어버리기가 쉽다. 물론 간단하게 쓰는 글일 경우, 또는 신변잡기적인 글을 쓸 경우에는 머릿속으로만 구상을 해도 크게 혼동될 염려 없이 글을 쓸 수 있다. 그러나 주제가 전문적인 것이라든가 다루어야 할 내용들이 많은 주제라고 한다면 머릿속에서만 구상하여 글을 쓰는 것이 힘들다. 따라서 구상한 내용을 글로 간단하게 정리해 놓을 필요가 있다. 이처럼 구상의 내용을 글로 간단하게 정리해 놓은 것을 개요(Outline)라 한다.

구상의 내용을 바탕으로 간단한 개요를 작성해 두면 글의 내용을 일관성 있게 유지할 수 있으며, 전체적인 구조 속에서 글을 쓰기 때문에 갈팡질팡한다거나 애초의 주제에서 벗어나서 글이 엉뚱한 방향으로 전개되는 일을 막을 수 있다. 시나리오를 쓰는 작가들이 작품에 들어가기 전에 쓰는 스토리 라인도 바로 구상의 내용을 개요로 작성해 놓은 것으로 볼 수 있다.

개요는 크게 보아 목차식 개요와 문장식 개요로 나눌 수 있다. 목차식 개요란 책의 목차처럼 글에서 다룰 내용을 간단히 항목화한 것을 가리키고, 문장식 개요는 각 항목에서 다룰 내용의 핵심을 문장으로 정리한 것을 가리킨다.

목차식 개요는 글의 내용이 전개되어 가는 과정을 일목요연하게 드러내 주기 때문에 전체 체계를 파악하는 데 편리한 점이 있지만, 복잡한 내용을 간단하게 항목화하는 데서 오는 공백을 메우기가 쉽지 않다.

문장식 개요는 문장으로 개요가 작성되기 때문에 글 전체 내용의 핵심을 쉽게 파악할 수 있지만 글을 전개해 나가는 논리적 절차를 한눈에 파악하기 어렵다.

〈예시 4〉 목차식 개요

1. 안락사 논쟁
2. 안락사의 정의와 종류
  (1) 안락사의 정의
  (2) 안락사의 종류
    ① 자발적 안락사
    ② 비자발적 안락사
3. 안락사 반대론
  (1) 인간의 존엄성 훼손
  (2) 안락사 보편화 위험
4. 안락사 찬성론
  (1) 환자의 고통 해소
  (2) 환자 가족의 부담 해소
5. 안락사에 대한 입장

〈예시 5〉 문장식 개요

1. 현대 의학으로 치료할 수 없는 환자에 대한 안락사 문제가 논쟁거리로 대두
   되고 있다.
2. 안락사의 정의와 종류
   (1) 안락사란 생존의 가능성이 없는 병자의 고통을 덜어주기 위하여 인위
       적으로 죽음에 이르게 하는 일이다.
   (2) 안락사에는 자발적 안락사와 비자발적 안락사가 있다.
       ① 자발적 안락사는 당사자가 안락사에 동의하고 그것을 타인이 아는
          안락사이다.
       ② 비자발적 안락사는 당사자의 정상적인 의사 표시가 불가능한 경우
          의 안락사이다.
3. 안락사는 행해져서는 안 된다.
   (1) 안락사는 인간의 존엄성을 훼손하는 행위이다.
   (2) 의사가 최선을 다하지 않고 안락사를 시킴으로서 안락사를 보편화시
       킬 위험성이 있다.
4. 안락사는 필요하다.
   (1) 불치의 병을 앓고 있는 환자를 질병의 고통으로부터 벗어나게 한다.
   (2) 고통을 함께 겪어야 하는 가족들의 슬픔과 경제적 부담을 해소할 수
       있다.
5. 안락사는 필요하지만 신중하게 결정되어야 한다.

목차식 개요와 문장식 개요의 형태는 앞에서 설명한 참주제와 주제문의 관계와 유사하다고 볼 수 있다. 두 가지 개요 방법 중 어느 것이 더 낫다고 할 수는 없으며, 실제로 개요를 짤 때 꼭 한 가지 형식만을 고집할 필요도 없다. 상황에 따라 목차식 개요와 문장식 개요를 적절히 섞어서 사용할 수도 있는 것이다.

우리가 앞에서 자유연상을 통해 생각해 낸 내용을 정리한 자료(예시 2)로 주제문과 개요를 작성해 보자. 이때 자유 연상을 통해 생각해 낸 자료들이 개요 속에서 자연스러운 흐름을 갖도록 배열하는 것이 중요하다. 개요는 목차식 개요나 문장식 개

요 어느 하나를 선택해서 작성해도 좋고, 둘을 적절히 섞어서 작성해도 좋다.

<예시 6>

제목 : 시골, 그 추억의 자락에서

주제문 : 추억 속의 시골이 많은 변화를 겪었지만 여전히 마음의 고향으로 남아
있다.

개요

1. 누구나 시골에 대한 추억을 하나쯤은 가지고 있을 것이다.
    (1) 여름 한철, 뙤약볕 아래에서 시냇물에 뛰어들어 멱을 감고 물고기를 잡
        던 일.
    (2) 여름 밤, 마당 한 편에 모깃불을 피워놓고 밤하늘의 별을 세던 일.
    (3) 가을날, 빨갛게 익은 감을 따서 광주리에 차곡차곡 담던 일.
    (4) 겨울날 마을 뒤편 비탈길에서 비닐포대로 눈썰매를 타던 일.
2. 아름다운 추억 속의 시골은 마음을 넉넉하게 해 주는 공간이었다.
    (1) 넉넉한 인심
    (2) 마을 사람들과 더불어 살아가는 모습을 보여주었다.
    (3) 자연과 사람이 모두 우리의 스승이 되었다.
3. 산업화 도시화에 밀려 시골은 소외된 공간으로 전락하였다.
    (1) 젊은이들이 시골을 떠나 도시로 가버리자 시골은 텅 비어 갔다.
    (2) 근대화에서 시골은 소외되었고 점차 살기 불편한 공간으로 여겨졌다.
4. 새롭게 변화하는 시골
    (1) 전원의 삶을 꿈꾸는 사람들이 늘어가고 있다.
    (2) 젊은이들이 귀농을 하면서 시골이 활기를 찾아가고 있다.
    (3) 생활 환경이 나아지고 있다.
    (4) 외형은 추억 속의 시골과 많이 다르지만 여전히 시골은 마음의 고향
        으로 남아 있다.

개요까지 완성이 되었다면 이미 글 절반을 썼다고 해도 과언이 아니다. 완성된
개요는 글의 뼈대가 되기 때문에 이를 바탕으로 글을 쓴다면 무엇을 어떻게 쓸 것인

지 우왕좌왕하지 않고 일관성 있게 글을 쓸 수 있게 된다. 이제 한 편의 글을 완성하는 것은 여러분 손끝에 달려 있다. ☞ 학습활동 5-4(107쪽)

　　■■■■■학교에서 집으로 가는 길(또는 학교 내의 길)은 우리에게 너무나 익숙한 길이다. 이 길을 가면서 그동안 무심히 지나쳤던 어떤 대상(사람, 건물, 나무, 풀, 꽃 등등 아무 것이나)을 주의 깊게 관찰하고 거기에서 새롭게 발견한 것을 써 보자.

> 〈예시〉
>
> 　야간 강좌가 있는 날이다. 다른 날은 늘 시간에 쫓겨 강의실을 찾았는데 오늘은 강의 시간보다 일찍 도착했다. 저녁 8시, 조금은 여유 있게 세상을 바라볼 수 있다. 온통 세상은 푸르른 달빛에 청량한 느낌마저 든다. 자유관 5층에서 내려다본 벌판의 불빛이 참으로 아름답다. 하늘의 달, 오늘 달님은 하늘의 별들을 모두 지상으로 내려 보냈나보다. 사랑하면서도 사랑을 이루지 못한 영혼, 하늘의 별이 된다고 했던가. 그 사랑 이루게 하려 달님은 한 달에 한 번씩 별들을 지상에 내려 보낸다.

❏

❏

■■■■■■가주제 "휴대폰, 가족, 스트레스, 돈" 중에서 어느 하나를 선택하여 자유 연상법을 이용하여 연상을 하고(예시 1), 연상한 항목들을 내용이 같은 것끼리 분류해 보자(예시 2).

❑ 연상

❑ 분류

■■■■■■ 학습활동 5-2에서 분류한 내용을 토대로 참주제를 설정하고, 설정한 주제를 주제문으로 작성해 보자.

❑ 참주제

❑ 주제문

■■■■■■학습활동 5-2와 5-3을 토대로 〈예시 6〉처럼 제목, 주제문, 개요를 작성해 보자.

❏ 제목

❏ 주제문

❏ 개요

❏ 작성된 개요를 바탕으로 글을 써 보자.

제 2 부
실용 글쓰기

실용 글쓰기는 성공적인 사회생활을 위한 글쓰기다.
정보·통신기술이 발달하면서 현대인들은 음성 정보보다 문자 정보를 더 많이 사용한다.
휴대폰도 음성보다 글로 쓰는 문자 메시지의 사용 빈도가 압도적이다.
특히 인터넷이라는 사이버 공간이 만들어지면서
'글'은 누구나 써야하는 사회생활의 필수적인 수단이 되었다.
IT기기를 통해 시공간의 제한 없이 자신의 뜻을 무한히 펼칠 수 있는 세상이 되면서,
이 시대를 살아가는 사람들은 '글쓰기'가 삶의 일부가 될 정도로 '글'과 친숙한 생활을 영위한다.
이렇게 '글'이 큰 비중을 차지하면서 현대인들에게는 글을 잘 써야 한다는 부담감이 생겼다.
이에 좀 더 정확하고 설득력 있고 호감을 주는 글쓰기에 대해 깊이 생각할 시간이 필요하다.

6 이메일 쓰기

우리 사회가 디지털 시대를 맞이한 현재, 이메일은 일상생활에서뿐만 아니라 공적인 업무에서도 가장 흔한 의사소통 수단이 되었다. 이메일은 인터넷 사이버공간에 접속할 수 있기만 하면 언제 어디서든 손가락만으로 여러 가지 정보를 전달할 수 있다. 이전 시대에는 글쓰기가 소수의 전문적인 사람들의 전유물이었다면 이메일 시대에는 전자 스크린이 종이 편지지를 대신하면서 글쓰기가 보통 사람들의 일상으로 자리 잡기에 이르렀다. 이메일은 자신의 감정을 전달하는 글쓰기로부터 모임 공지, 서면 상담, 중요한 회의 자료를 알리는 글쓰기에 이르기까지 무척 다양한 글쓰기를 필요로 한다. 이메일은 사회생활의 시작이다.

1. 제목으로 사로잡기

세목은 내용을 효과적으로 전달하기 위해 붙이는 이름이다. 이메일의 싱격과 내용에 따라 제목은 달라질 수 있다. 어떤 경우는 자세한 내용을 읽어보지 않아도 제목만 보고 중요한 전달 사항을 판단할 수 있게 제목을 붙여야 할 때도 있고, 또 다른 경우는 이메일의 내용에 관심을 갖도록 제목을 붙여야 할 때도 있다. 다음에 제시된 이메일의 제목을 보고 내용을 추측해 보자.

1	아이폰 유목민이여, 애플리케이션으로 즐겨라
2	9월 4주차 신간 안내
3	회의 공지입니다. 시간과 장소 꼬옥 확인하시구요.
4	인사드립니다.
5	생각나시죠? 저예요.
6	신상 5% 할인
7	회원 최종 명단
8	중간고사 따끈따끈한 최신 정보
9	당신과 함께 하고 싶습니다.
10	이곳에 오시면 '희망'이 불어옵니다.

현대인들은 하루에도 여러 통의 이메일을 받고 이메일을 쓴다. 매일 이메일이 지나치게 많이 전달되기 때문에 현대인들에게는 이메일을 확인하는 것이 하루 일과 중의 하나가 되었다. 받은 편지함에 쌓여 있는 여러 통의 이메일 중 어떤 것은 읽히고 어떤 것은 버려진다. 이때 선택의 기준은 무엇인가? 제목이다.

대부분의 사람들은 제목만 보고도 스팸 메일인지 아닌지를 알아차린다. 나에게 필요한 정보를 주지 못하는 메일은 아무리 친구가 보낸 메일이라 할지라도 스팸 메일로 분류된다. 나아가 사람들은 제목만 보고도 메일 내용의 진실성까지 가늠한다.

다음 제목 중 어떤 것이 마음에 드는가? 제목을 보고 마우스를 클릭하여 읽고 싶은 메일과 곧장 휴지통에 버릴 메일을 구분해 보자. 어떤 제목은 왜 클릭을 하고 싶은가? 어떤 제목은 왜 휴지통에 버리는가?

순	제 목
1	저렴한 가격으로 마음에 남는 선물을 하세요!
2	유쾌한 인문학 강좌 2탄
3	도토리 10,000개와 문화상품권 100만원 선물
4	제17회 TOEIC시험 안내입니다.
5	창의적 사고력 기르기 프로젝트
6	세계교육기행 선발단에 뽑히셨습니다.
7	아이티 강진, 폐허 속의 어린 생명을 구해 주세요.
8	커피와 음악이 있는 가을 여행, 꼭 같이 가요.
9	짜릿한 한 방! 한게임 팡야 오픈!
10	월급 명세서입니다.

(1) 클릭하게 만드는 제목 달기 비법

① 내용과 일치시킨다

공문서를 처리하거나 사무적인 업무 내용을 전달하는 이메일은 제목에서 정확성이 느껴져야 한다. 이런 경우는 제목만 보고도 어떤 내용이 담겨있는지 충분히 예측이 가능해야 한다.

> □ 여성연합 2015년 사업 계획서
> □ 제13차 산악회 가을 등반 공지합니다.
> □ JJ대학교 입학 절차 및 등록금 안내
> □ 소프트맥스, '창세기전 온라인' 개발 2010년 공개
> □ 도서 반납일입니다.

② 간결하게 압축한다

제목은 화면에 완전히 다 보일 정도의 길이가 좋다. 핵심어가 충분히 들어가 있으면서도 짧은 제목은 가장 먼저 눈길을 끈다. 구구절절이 내용을 풀어놓은 제목은

화면에 한꺼번에 나타나지도 않고 핵심을 짚어내기 어렵기 때문에 독자로부터 외면 당하기 십상이다. 제목을 읽는 순간 글의 내용이 무엇인지 확연하게 드러나는 제목 은 정직한 인상을 준다.

◻ 스폰서를 구합니다.

◻ 선생님, 덕분에 합격했어요.

◻ 아버지 생신, 기억하지?

◻ 만나보기로 했습니다.

◻ 태희야, 내 마음 알지?

③ 호기심을 끌어낸다

이메일을 읽는 사람은 자신에게 꼭 필요한 정보 이외에는 제목이 흥미로워야 클 릭을 하게 된다. 읽는 사람의 호기심을 끌어내지 못하는 제목은 클릭되지 못하고 곧 장 휴지통으로 직행하게 된다. 읽는 사람의 호기심을 끌어내기 위해서는 시각, 청각, 후각, 촉각, 미각 등 오감을 동원한 비유를 사용하는 것이 좋다.

◻ 으라차차, 일자리가 생겼어요.

◻ 한 시간에 맛보는 삼국지 특강

◻ 만져보세요, 다르죠? 체험 미술품전

◻ 얼씨구, 흥소리 축제를 즐기세요.

◻ 물 묻은 쪽박에 깨 달라붙듯 하네요.

④ 성공 사례를 활용한다

사람들은 일반적으로 실패 사례보다는 성공 사례를 좋아한다. 성공 사례는 보통 사람들이 그토록 이루고 싶어 하는 목표이기도 하고 동일시 대상이기도 하다. 따라

서 제목을 달 때에도 어떤 분야에서 큰 업적을 성취한 유명 인사나 흥행에 성공한
영화, 광고, 책 등을 활용하면 독자의 클릭을 이끌어내기 쉽다.

> □ 김연아처럼 극복해요, 동계훈련 일정표 보냅니다.
> □ 왕의 남자? 아니! 당신의 남자가.
> □ 구글의 성공 비결, 읽어보시길.
> □ 아바타를 뛰어 넘는 환상의 만남! 초등 동창회.
> □ 엣지 있게 부탁드려요.

⑤ 실감나게 표현한다

사람들은 실감나는 표현을 만나면 상상력을 작동시킨다. 제목도 마치 현장에서
직접 체험한 것처럼 리얼하게 붙이면 읽는 사람이 역동감을 느껴 감히 휴지통에 버
리는 행동을 할 수 없게 된다. 즉 실감나는 제목은 읽는 사람의 손가락을 자연스레
마우스로 가져가서 클릭하게 하는 위력을 발휘한다.

> □ 물 붓듯이 부어주신 사랑, 잊지 않겠습니다.
> □ 63빌딩의 10배 높이, 이번 주에 도전합니다. 스카이다이빙체험관
> □ 제 인생의 광복절, 이달 28일 결혼합니다.
> □ 수돗물에도 손을 베이는 남자, 당신이 그립습니다.
> □ 우리 인생 최고의 지휘자였던 아버지께 같이 선물해요, 오빠!

☞ 학습활동 6-1(122쪽)

2. 이메일 내용 구성

2020년 "설날 세시풍속 한마당"

역사박물관에서는 민족 최대의 명절인 설을 맞이하여 시민이 즐거운 명절을 보낼 수 있도록 "설맞이 세시풍속 한마당"을 마련했습니다. 다양한 전통놀이 체험, 폴라로이드 사진기를 이용해 즉석사진을 찍을 수 있는 가족사진촬영 그리고 특별체험행사로 온가족이 함께 참여할 수 있는 호랑이 가면 만들기, 새해 소망을 담은 주걱 만들기, 특별영화 상영 등 다양하게 진행됩니다. 시민 여러분의 많은 관심과 참여를 부탁드리며, 가족과 함께 박물관에서 좋은 추억을 만들 수 있는 소중한 시간을 함께 하시기 바랍니다.

□ 프로그램

▶ 대 상 : 시민 및 관람객
▶ 기 간 : 2020년 2월 13일(일)~2월 15일(화)
▶ 장 소 : 역사박물관 하늘마당 및 로비 등
▶ 주 관 : 역사박물관

□ 세부 내용

구 분	일 시	내 용	장 소
상설 행사	13~15일	10:00~ 18:00	전통놀이체험 : 허리줄다리기, 윷놀이, 투호놀이, 제기차기, 공기놀이 등 — 하늘마당

구 분	일 시	일 시	내 용	장 소
상설 행사	13~15일	10:00~ 18:00	전통놀이체험 : 허리줄다리기, 윷놀이, 투호놀이, 제기차기, 공기놀이 등	하늘마당
		09:00~ 18:00	전시관람 : 〈경인년 호랑이해 특별전〉 "용맹과 해학의 호랑이(虎)"및 상설 전시실 전시관람	각 전시실
		10:00~ 18:00	가족사진촬영 : 가족단위 즉석 사진촬영 1일 선착순 100가족(100장)	로비(1층)
특별 행사	13~15일	15:00~ 17:00	특별체험행사 □ 호랑이 가면 만들기(체험비 : 1,000원) □ 새해 소망을 담은 주걱 만들기(체험비 : 2,000원)	로비(1층)
		14:00~ 16:00	영화상영 □ 13일 : 작은 영웅 데스페로 □ 14일 : 부그와 엘리엇 2 □ 15일 : 잉크하트	녹두관 매일 오후 2시

(1) 공지사항을 전할 때

이메일로 공지사항을 전달할 때는 예시된 "설날 세시풍속 한마당"처럼, 먼저 제목을 달고 공지사항의 내용을 간략하게 기술한 후 세부 내용을 한눈에 알 수 있게 개조식 또는 도표식으로 작성한 뒤 관련 사진을 첨부하는 것이 바람직하다.

이메일은 전달하는 방식에서 일반 편지와 차이가 있다. 일반 편지의 겉봉투에는 제목을 쓸 수 없는데, 이메일은 제목에 편지의 속내용을 짐작할 수 있도록 적절한 정보를 줄 수 있다.

공지사항을 전달할 때는 특히 보낸 사람에 대한 정확한 정보가 중요하다는 것을 명심해야 한다. 상대방이 보낸 사람을 잘 알지 못하는 경우에, 단순히 보낸 사람의 이름만 밝히는 것은 공지 내용에 대한 불신과 함께 상대방한테 불쾌감을 준다.

따라서 보낸 사람의 이름과 함께 소속과 신분, 연락처 등을 함께 밝히는 것이 좋다. 예를 들면, "한국이메일주식회사 홍길동 부장입니다." 또는 "한국대학교 한국학과 3학년 이몽룡입니다. 궁금하신 점이 있으시면, 손전화 012-3456-7890으로 연락 주십시오."와 같이 상대방이 보낸 사람을 알 수 있는 추가 정보를 주어야 한다.

☞ 학습활동 6-2(128쪽)

(2) 자신의 의견을 전할 때

이메일로 자신의 의견을 전할 때는 먼저 간단한 인사말을 쓴 뒤, 이러한 메일을 전하게 된 이유 또는 경위를 설명한 후, 자신의 의견을 밝히는 것이 좋다.

> 장미영 님, 안녕하십니까?
>
> 신간 『공병호의 내공 – 뿌리 깊은 나무처럼』
>
> 막 도착한 신간을 읽다가 공감하는 내용이 있어서 보내드립니다.

☞ 학습활동 6-3(129쪽)

(3) 특색 있는 이메일 보내기

일상화된 이메일 쓰기도 창의적으로 자신만의 개성을 담을 수 있을 때, 성공적인
사회생활은 물론 가족, 친구, 애인, 동료와도 좋은 관계를 맺는 훌륭한 매체로 활용
될 수 있다. ☞ 학습활동 6-4(130쪽)

3. 이메일 쓸 때 주의할 점

(1) 가능한 첨부파일을 보내지 않는다

메일을 받는 사람은 첨부파일을 제대로 발견하지 못하는 경우가 많다. 또 메일을
받는 사람의 입장에서는 첨부파일이 추가된 경우, 첨부파일을 열어야 하는 번거로움
을 느낄 수 있다. 따라서 가능한 본문에 내용을 수록하여 굳이 파일 첨부를 하지 않
도록 한다.

(2) 그림 파일은 용량을 줄인다

그림 파일을 보낼 때는 적은 파일 형태로 바꾸어야 한다. 용량이 큰 파일은 압축

파일로 보내야 한다.

(3) 답장은 가능한 새로운 메일로 보낸다

받은 메일에 대한 답장 메일을 쓸 경우는 가능한 새로운 메일로 보내는 것이 좋다. 답장 메일로 보내는 경우는 받는 사람으로 하여금 무성의하다거나 불쾌하다는 인상을 줄 수 있다. 그러나 정확한 의사소통이 필요한 경우는 이전 문서를 다시 확인할 수 있도록 답장 메일을 회신으로 보낼 수 있다.

(4) 첨부파일 내용을 본문에 약술한다

중요한 파일을 첨부할 경우는 첨부파일이 있다는 것을 본문에 밝힌 다음 간략하게 첨부파일의 내용을 언급하는 것이 좋다. 첨부파일을 여러 개 보내는 경우는 받는 사람이 보낸 첨부파일을 다 확인하지 못하는 일이 발생하지 않도록 미리 주의를 환기시킬 필요가 있다.

(5) 자신의 실명으로 서명한다

공적인 문서를 보내거나 윗사람에게 보내는 이메일은 별명을 사용하지 않는다. 메일을 보내기 직전에 반드시 자신의 실명을 밝혔는지 확인해야 한다.

■■■■■ 다음 내용에 맞는 제목을 써보자.

<참석 후기>

□ 많은 것을 배우고 웃고 즐길 시간을 갖게 해주신 것에 감사드립니다.

□ 앞으로 기회가 된다면 또 배우고 싶네요. 감사합니다.

□ 교수님의 열정까지 가슴 깊이 새기고 갑니다.

□ 훌륭히 소화해서 잘 활용하는 것으로 보답하겠습니다.

□ 짧은 시간에 많은 것을 담아갈 생각으로 처음부터 열심히 참여하려 했는데 노력한 결과가 있습니다. 억지웃음도 웃게 만드네요.^^

□ 즐거운 교육 감사합니다. 현장 적용에 많은 도움이 될 것 같습니다.

□ 주제별, 용도별로 조금 더 분류해서 강의해주시면 더 좋을 것 같네요.

□ 시설장의 준비된 모습이 좋았고, 함께 열정적으로 강의해주신 교수님과 진행자 선생님께도 감사의 말씀 전합니다.

멀리 보는 사람은 풍요로워질 것이며,
가까이 보는 사람은 빈곤해질 것이다.
멀리 보는 사람은 100년 후를 위해 삼나무를 심는다.
가을에 결실을 거둘 것을 알고
봄에 씨를 뿌리니, 곧 풍요로워질 것이다.
가까이 보는 사람은 가을에 결실을 보기에는
아직 시간이 많다 하여
봄에 씨를 뿌리지 않는다.
눈앞의 이익에 눈이 어두워
나무를 심지 않고 거두는 일에만 몰두하니,
곧 빈곤해질 것이다.

—니노미야 손토쿠(일본, 농정가이자 실천적 사상가)

『핫트렌드2010』이라는 책을 재미있게 읽었습니다. 책 중에 미래 읽기와 관련된 정보를 정리해서 보내드립니다.

1. "과거에는 휴대전화의 차별화 요인이
    무선기능이나 안테나 등이었으나 향후에는
    소프트웨어가 휴대전화의 차별화를 좌우할 것이다."—스티브 잡스
    애플의 앱스토어가 이미 보여주고 있는 바,
    흥미진지한 게임, 동영상, 사진, 스토리와 더불어 이들을
    즐길 수 있는 소프트웨어들이 무한정 공급되는 세상이 존재할 때 비로소
    휴대전화의 차별화가 가능한 것이다.

2. 모든 디지털기기들은 단말기가 된다.
    그들은 이제 모두 인터넷에 연결된 노드(node)가 될 수 있다.
    그러니 휴대전화나 노트북이 한발 앞서 가야 하는 것은 너무나 당연한
    변화의 귀결이다.

3. 이제 발상의 전환이 필요하다.
    단말기에 모든 소프트웨어를 구비하려는 생각을 버려야 한다.
    접촉만 하면 거의 모든 것을 빌려 쓰도록 하자.
    바로 여기에 클라우드 컴퓨팅이 등장할 수밖에 없는 필연성이 있다.
    2010년에는 보다 구체적이고 현실적인
    클라우드 컴퓨팅의 격전이 벌어질 것이다.

4. 은행에 돈이 있고 동네마다 현금자동입출금기가 있다.
    카드를 가져가면 돈을 꺼내 쓸 수 있다. 또 스위치를 올리면
    전기를 쓸 수 있고, 밸브를 열면 가스를 사용한다.
    이런 식으로 인터넷을 사용하면 안 되는가?
    다시 말해 모든 것을 인터넷, 즉 구름 속에 있고
    단말기로는 빌리기만 하면 되는 개념이다.

그렇다면 단말기에는 기본 입출력 장치와 인터넷 환경만 있으면 뭐든지
가능해진다.

5. 거의 모든 것을 빌려 쓴다는 개념은 혁신적이다.
그래서 대부분의 글로벌 IT기업이나 전기전자기업들이
클라우드 컴퓨팅 사업에 뛰어들고 있다.
여기서 비롯되는 변화가 얼마나 빨리, 다양한 분야로
확산될지에 대해서는 아직 알 수 없다.

6. 하지만 확신이 필요한 시점이다.
모든 디지털 단말기는 소비자의 생산수단이자 오락과 취미의 도구로서
무한한 창조의 세상인 인터넷과 접촉하는 수단이 될 것이다.
그리고 단말기 하나하나는 그 모든 기능과 자원을 가질 필요가 없다.
따라서 인터넷을 통해 거의 모든 것을 빌려 쓰고
내려받을 수 있는 구름 저 너머 세상이 만들어질 것이다.
이것이 미래상이다.
그렇다면 2010년은 이 새로운 거대한 네트워크 세상에 진입하기 위해
발 벗고 뛰어야 할 해가 될 것이다.

—한국트렌드연구소, 『핫트렌드2010』, 78~85쪽

우리 가족의 몸과 마음을 살리는 우리 농산물

유해한 음식물에 대한 두려움이 커지는 요즘, 한 아이의 엄마로서 먹을거리에 너무 신경이 쓰였는데, 이번 행사는 농촌사람을 위한 것이 아닌 도시사람을 위한 것이라고 생각됩니다. 도시 사람들은 참, 모르고 있는 것 같습니다. 흠터 하나 없는 과일에 뿌려진 농약, 간편한 통조림에 들어있는 환경호르몬, 오래 놓아두어도 상하지 않는 음료수에 들어있는 방부제와 색소. 아니 모르기보다는 알아도, 대형마트에서 팔고, 집 앞 슈퍼마켓에서도 팔고 있고, 이웃도 먹고 모두가 먹는 걸 보며 그냥 먹는 것 같습니다. 하지만 우리 주변에는 사람의 정성으로 일궈낸 소중한 먹을거리들이 있습니다. 조금만 발품을 팔면, 조금만 주위를 기울이면 농촌에 있는 내 이웃사촌들의 정직한 수확물들이 우리를 기다리고 있습니다.

도농교류, 전라북도의 도시와 농촌이 함께 잘 살아가기 위한 첫걸음입니다. 농촌에서 올곧게 유기농으로 키워낸 수확물들이 도시인들의 건강을 지키고, 도시에서는 다시 농촌이 활기차게 움직일 수 있도록 도와야합니다. 이런 것이 바로 상생이겠지요. 물건을 사고 파는 것에 그치지 않고 도시와 농촌의 문화와 사람의 정까지 교류하는 것, 우리의 몸과 마음이 건강해지는 것이라고 이 아줌마는 생각해 봅니다.

행복을 가져다주는 12가지 요소

인간은 과연 어느 정도의 돈을 가지고 있을 때 가장 행복할까?

영국 워릭대 연구팀에 의하면 '가장 행복감을 느끼게 하는 액수는 100만 파운드(약 18억 원)'다.

연구팀은 돈이 있다고 해서 다 행복한 것은 아니고 일에서의 성취감, 만족스런 결혼생활, 건강 등이 행복을 결정하는 데 중요하다고 결론지었다. 인간이 살아가는데 진정한 행복을 창출하는 요소는 다음과 같다.

1. 희망 비전 : 기대감과 성취욕
2. 심리적, 경제적 여유 : 일상생활의 풍요와 평화로운 행복감
3. 배려, 친절 : 좋은 인상과 친밀한 행복감
4. 사랑, 좋아함 : 좋은 관계와 지속적인 인연을 바라는 행복감
5. 용서, 포용력 : 상대방을 이해하고 동정하는 행복감
6. 상호 커뮤니케이션, 이해 : 지속적인 관계를 유지하려는 행복감
7. 감사, 친밀감 : 보답하기 위한 기회와 접촉을 유발하는 행복감
8. 건전한 사고방식 : 신뢰, 믿음, 확신하고픈 행복감
9. 격려, 칭찬 : 인간관계의 발전과 이를 유지하려는 행복감
10. 열정 : 집중과 도전에 대한 행복감
11. 나눔, 협조 : 상호관계, 동참, 참여를 통한 행복감
12. 동정, 인지상정 : 어려움, 슬픔 등을 동감, 동조하는 행복감

―'고객 행복 경영'에서

■■■■■■공지사항을 이메일로 작성해 보자.

❏ 제목

❏ 공지 내용 개요

❏ 세부 내용

■■■■■■ 자신의 의견을 이메일로 작성해 보자.

❏ 호칭

❏ 인사말

❏ 이메일을 보내게 된 이유

❏ 자신의 의견

■■■■■■ 나만의 개성이 넘치는 이메일을 작성해 보자.

7 이력서 쓰기

이력서란 취직을 위한 면접의 기회를 얻기 위해 단체나 회사 등 조직에 제출하는 문서이다. 이력서에는 개인의 신상정보, 학력, 경력 등을 시간 순으로 요약하거나 혹은 나열해 놓아야 한다. 이력서는 영어로 레즈메이(résumé)라고 하며 커리큘럼 바이티(curriculum vitae)를 줄여 CV라고 부르기도 한다.

회사 등 조직의 입장에서 보면, 채용 기관의 채용 담당자가 어떤 사람을 채용하기 위해서 처음으로 접하는 문서가 바로 이력서이다. 채용 기관에서는 이러한 이력서를 가지고 앞으로 면접을 더 볼 것인지를 결정하게 된다. 이력서는 입사를 위한 지원서인 입사지원서와 구별하여 이야기하기도 한다.

일반 목적의 이력서에는 신상정보, 학력, 경력 등 간단한 정보만이 들어가지만 목적에 맞게 작성해야 하는 이력서도 있다. 이러한 이력서에는 자신의 직무 적합성을 위한 경력, 직무 경험 등을 상세히 기록하기도 한다(위키백과 참조).

이력서는 구직자와 인사담당자가 처음으로 만나는 장이다. 구직자는 이력서를 통해 인사담당자에게 자기를 소개하는 것이고 인사담당자는 이력서를 통해 구직자의 대략적인 면면을 파악한다. 따라서 구직자는 성공적인 사회 진출을 원한다면 이력서 작성에 심혈을 기울여야 한다.

구직자가 이력서의 형식을 모르거나 이력서를 대충대충 작성했다면 인사담당자는 그러한 이력서를 작성한 구직자를 굳이 만나야 할 필요를 느끼지 못한다. 엉성한 이력서를 작성한 구직자는 한마디로 말해 무식하거나 성의가 없는 사람으로 평가된다.

지나치게 튀는 이력서나 지나치게 분량이 많은 이력서, 지나치게 화려한 이력서, 지나치게 치장을 한 이력서, 지나치게 내용을 풀어서 쓴 이력서 등은 오히려 인사담당자의 눈살을 찌푸리게 만든다.

가장 무난한 이력서는 인사담당자가 10~20초 동안에 살필 수 있는 분량이어야 한다. 이력서의 모든 사항은 질서정연하고 깔끔하게 정돈되어 있다는 인상을 주어야 하며, 개인의 이력은 학력, 경력, 자격, 기타 등 항목별로 구분되어 정직하고 선명한 느낌을 주어야 한다.

1. 이력서 형식

이 력 서

사진	성 명	홍길동	영 어	Hong Gildong
	주민등록번호	101212-2302199		
	전화번호	063-2200-2009	휴대폰	010-999-9999
	E-mail	jeonju2020@korea.jj.ac.kr		
	주 소	전북 전주시 완산구 효자동 효자아파트 123동 1009호		
호적관계	호주와의 관계	차남	호주 성명	홍판서

학력 사항

기 간	학 교 명	학 과	비 고
2020. 03~2027. 02	전주대학교 대학원	국어국문학과	박사학위 취득
2017. 03~2020. 02	상담디지털대학원	상담학과	석사학위 취득
2012. 03~2017. 02	한국방송통신대학교	영어영문학과	학사학위 취득
2009. 03~2012. 02	성심고등학교		졸업
2008. 12	고등학교 입학자격 검정고시		합격

경력 사항

기 간	관 련 내 용	비 고
2012. 02~2020. 01	중앙의료원 원무과	사무보조
2020. 02~현재	민족예술인총연합회	사무국장

자격 사항

년 /월 /일	상세 내용	발행처
2013. 01. 19	인터넷 정보검색사 1급 취득	대한상공회의소
2012. 08. 22	컴퓨터 활용 능력 1급 취득	대한상공회의소
2011. 07. 13	워드프로세서 1급 취득	대한상공회의소

개인 능력

외국어 능력	영 어	상 / 중√ / 하(독해, 작문, 회화 가능)
	TOEIC	912점(2010. 05. 25/토익위원회)
컴퓨터 능력	기본 OA(MS-WORD, HWP, EXCEL) 및 포토샵 사용 가능, 인터넷 능숙	

기타 사항

신 장	172cm	체 중	61kg	시 력	좌·우 : 1.0
취 미	인터넷 서핑		특 기	게임	

위의 사실이 틀림없음을 서약합니다.

2012년 8월 9일

지원자 : 홍길동(인)

2. 이력서 작성할 때 주의할 점

(1) 빈 칸을 없앤다

이력서 분량은 1장 또는 2장 정도면 충분하다. 이력서에 빈 칸이 있으면 무언가 부족해 보이는 인상을 주기 쉽다. 가능한 항목을 조절하거나 배열을 새롭게 만들더라도 빈 칸을 최대한 줄여야 한다.

(2) 글자는 보통 모양으로 작성한다

글자 모양은 바탕체 또는 명조체, 신명조체가 적당하다. 다른 글자 모양은 튀는 느낌을 주기 때문에 유의해야 한다. 글자 크기는 11포인트가 좋다. 그런데 내용이 많을 때는 10포인트로 조정하는 것도 바람직하다.

(3) 사진은 파일로 저장한다

국문 이력서는 사진을 붙이는 것이 기본이다. 영문 이력서는 보통 사진을 붙이지 않는다. 사진은 자유로운 복장이 아닌 긴팔 정장 차림의 앞모습이 기본이다. 정장은 보통 검정, 감색, 진회색, 밤색 등 어두운 색깔의 양복에 밝고 연한 와이셔츠나 블라우스 차림을 말한다. 남성은 넥타이, 여성은 간단한 액세서리가 무난하다.

반팔 차림의 사진 또는 화려한 무늬의 의상이나 캐주얼한 차림의 사진, 옆모습의 사진, 크게 웃는 모습의 사진 등은 붙이지 않도록 주의한다.

이력서를 온라인으로 보낼 때는 사진 파일을 사용한다. 사진은 gif 또는 jpg 확장자로 된 파일로 준비한다. 사진 파일은 용량이 50KB 미만이 되도록 포토샵을 이용하여 손질해 둔다. 사진 크기 또한 규격에 맞게 줄여서 저장해 둔다. '흔글' 프로그램으로 작업한 문서인 경우는 '그림 고치기' 창에서 반드시 '문서에 포함'에 체크해야 한다. 그렇지 않을 경우에는 이력서에 사진이 나타나지 않는다(손언영, 『자기소개서, 이력서 쓰기』, 랜덤하우스, 2008, 28~29쪽).

(4) 영어 성명은 국립국어원(http://www.korean.go.kr) 홈페이지를 참고한다

성명을 영어로 기입하는 경우는 국립국어원 홈페이지를 참고하는 것이 좋다. 국립국어원 홈페이지에는 한글 인명이나 지명 등을 로마자로 변환해주는 서비스를 제공하고 있다. 구체적으로 안내하자면, '국립국어원 홈페이지→국어 평생교육 사이트→우리말 배움터→로마자 변환기'에서 변환하고자 하는 인명을 타이핑 하고 '바꾸기'를 클릭하면 로마자로 변환된 결과가 곧장 나타난다.

> 홍길동 →바꾸기 →Hong Gildong

(5) 전화번호에는 지역번호가 포함되어야 한다

전화번호를 기입할 때는 지역번호가 맨 앞에 나오도록 하며 전화번호 사이에 '-'(하이픈)을 넣어 보는 사람이 쉽게 인식할 수 있도록 한다.

> 063-2208-3399 / 02-44456-77665

(6) 주소는 자세하게 쓴다

최근 우리나라의 주소가 부분적으로 정비되었다. 가능한 최근 주소로 자세하게 쓰는 것이 좋다.

> □ 전북 전주시 완산구 효자동 1가 효자아파트 3009동 2089호
> □ 서울특별시 강남구 삼성동 1234번지 12통 9반(곤룡산 9길 10-7)

(7) 호주와의 관계는 호주의 입장에서 쓴다

호적관계 항목에는 호주와의 관계를 기입하는 난이 있다. 이때 관계는 호주의 기준으로 본 자신의 입장이다. 예를 들어, 아버지가 호주이고 내가 2남이면 아버지의 입장에서 '차남'이라고 기입한다. 따라서 '손자', '손녀', '장남', '장녀', '차남', '차녀', '3남', '3녀', '부인', '자부', '손부', '질녀' 등의 용어가 사용된다.

(8) 나이는 이력서 작성일을 기준으로 하여 '만'으로 적는다

나이는 '만 나이'가 기본이다. 이력서 작성일을 기준으로 할 때, 생일이 지났다면 우리나라 나이에서 한 살을 빼고, 생일이 지나지 않았다면 두 살을 뺀 나이를 적는다. 정확하게는 이력서 작성일에서 자신의 양력 생년월일을 뺀 나이를 기입한다.

> 이력서 작성일(2022년 10월 21일) − 자신의 생년월일(1999년 4월 3일) = 나이

(9) 학력 사항은 최종 학력이 제일 위에 오도록 적는다

학력 사항은 입학과 졸업 연월을 맨 먼저 기입하되, 최종 학력이 제일 위에 오도록 기입한다. 기본적으로 대학원, 대학, 고등학교 학력은 기입하되, 의무교육인 초등학교, 중학교 학력은 기입하지 않는다. 학력 사항 말미에는 보통 비고란을 두어 졸업, 이수, 수료, 중퇴 사항이나 학위 취득 상황을 기입한다.

(10) 경력 사항은 경력 증명서를 제출할 수 있는 사항만 기입한다

경력 사항에는 해외 연수, 인턴 교육, 아르바이트 경력, 사회생활 경험, 교육 받은 경험 등이 포함된다. 단 정확한 근무 기간과 담당했던 업무를 기입하고 그것을 증빙할 수 있는 경력증명서가 추가로 제출되어야 한다. 경력이 많은 경우는 직무와 연관이 큰 경력만 기입하고 나머지는 생략한 후, 자기소개서에서 보충한다. 경력이 없는

경우는 경력 사항의 칸 자체를 삭제해버리는 것도 한 방법이 될 수 있다.

(11) 자격 사항은 발행처가 분명한 사항만 기입한다

자격 사항은 자격증이 발급된 연월일과 자격증명, 발행처가 분명한 경우만 기입한다. 자격증이 많은 경우는 국가공인 자격증 위주로 기입한다. 자격증이 적은 경우에는 발행처가 분명한 민간 자격증을 기입해도 무방하다. 자격증이 없는 경우는 자격 사항의 칸 자체를 삭제해버리는 것도 한 방법이 될 수 있다.

(12) 개인 능력에는 외국어 능력, 컴퓨터 능력, 수상 내역 등을 기입한다

개인 능력에는 외국어 능력과 컴퓨터 능력, 수상 내역 등을 기입하되, 증빙할 수 있는 자료가 분명한 경우로 제한해야 한다. 외국어 능력의 경우는 구체적인 언어와 공인받은 점수, 공인 기관이 분명해야 한다. 컴퓨터 능력인 경우 또한 공인받은 능력의 급수, 발행처 등이 분명히 명시되어야 한다. 공인된 개인 능력이 없다면 자신이 스스로 판단한 능력을 기입한다.

(13) 기타 사항에는 신장, 체중, 시력, 취미, 특기 등을 기입한다

기타 사항에는 보통 신장, 체중, 시력, 취미, 특기 등을 기입한다. 그런데 특별히 감추고 싶은 사항이 있다면 그 칸을 삭제하되 다른 특이 사항을 부각시키도록 한다.

(14) 마지막 문구를 확인한다

이력서의 마지막에는 '위의 사실이 틀림없음을 서약합니다.'라는 문구를 써 넣고 작성 연월일과 작성자 이름을 기입한 후 날인 또는 사인한다.

(15) 이력서를 서류의 맨 뒤에 오도록 제출한다

이력서를 이메일로 제출할 때는 [입사 지원서 작성을 위한 안내문]에 따라 지시대로 행한다. 별다른 지시가 없으면 이력서를 제출하는 이메일 제목에 '이력서-이몽룡' 또는 '이몽룡-이력서'로 쓰고 이메일 내용에 '[사무 분야 신입직]에 지원하는 이몽룡 이력서입니다'라고 밝힌 후 첨부파일로 이력서를 보낸다.

이력서를 우편으로 제출할 때는 이력서에 직접 도장을 찍고 사진을 붙인 후 '이력서-자기소개서-자격증 사본-증빙 서류' 순으로 정리하여 서류의 앞면이 맨 위로 오도록 클립으로 고정시킨 후 해당 서류가 구겨지지 않도록 주의한다. 서류 봉투에는 [입사 지원서 발송 안내문]의 지시에 따라 기입하되 특별한 언급이 없으면 '[사무 분야 신입직] 지원 이몽룡 이력서'임을 표기하는 것이 좋다.

■■■■■■현재의 상황에서 자신의 이력서를 작성해 보자(이력서를 작성할 때는 자신의 장점을 부각시키고 단점을 최소화할 수 있도록 주의한다).

■■■■■ 자신의 10년 후를 상상하고 미래의 이력서를 작성해 보자(미래의 이력서를 작성할 때는 10년 후에 자신이 성취했을 결과들을 정확하게 가정해야 한다).

8 자기소개서 쓰기

　자기소개서란 자신의 이름부터 시작하여 출생, 성장 배경, 학창시절, 취미 생활, 경력, 직업, 포부 등을 남에게 알리는 글이다. 구직용 자기소개서인 경우는 글자 수를 제한하는 경우도 있고, 특정 주제에 대해 자신의 의견을 피력하게 하는 경우도 있다. 그러나 대개는 자기소개서의 일반적인 형식을 크게 벗어나지 않는다.

1. 자기소개서 항목

　자기소개서는 특별히 규정된 양식이나 매뉴얼은 없다. 그러나 보통 자기소개서라고 할 때는 출생 및 성장 배경, 학창시절, 성격의 장단점, 취미 생활, 경력, 지원 동기, 포부 등으로 구성한다.

　자기소개서를 작성할 때는 각 항목을 명시하는 경우도 있고 항목 표시 없이 문단 나누기 정도로만 항목을 구분하기도 한다.

(1) 항목을 명시하는 경우

자기소개서

성장배경

　저는 사람의 외적인 아름다움은 얼마나 반듯한 외모를 가졌는가하는 문제보다 자기 자신에 대해서 얼마나 자신감이 있는가에 달려있다고 생각합니다. 그래서 저는, 특별히 미남은 아니지만 늘 긍정적이고 적극적인 사고방식으로 생활하다 보니 모두들 표정도 밝고 상대방으로부터 유쾌한 인상을 준다는 얘기를 많이 듣습니다. 또 어려서 부모님을 비롯하여 근엄하신 할아버지와 많은 시간을 함께 지냈던 덕분에 웃어른에 대한 예의가 무척 바른 편이며 항상 저 자신보다는 남을 먼저 배려하는 방법을 배웠습니다. 3남 중 둘째로 태어나 형제들과의 우애도 좋았으며 모든 사랑을 독차지하며 자라는 보통의 경우와는 달리 비교적 독립적이며 스스로 일을 해결하려는 성향이 강합니다.

　아버지께서 개인사업을 하셨던 터라 경제적으로는 큰 어려움이 없었지만 늘 바쁘신 아버지의 빈자리가 때로는 큰 공백으로 느껴지기도 했습니다. 하지만 어머니께서 전문적인 직업을 갖고 계셨기 때문에 언제나 근엄하게 교육했으므로 성장기의 탈선이나 방황은 없었고 어머니의 따뜻한 사랑을 느낄 수 있었습니다.

학창시절

　교육열이 높으셨던 부모님께서는 제가 고등학교를 졸업한 후 형과 함께 서울에 기거하게 하셨으며 문화대학교 시각디자인학과에 입학하여 대학생활을 시작하게 되었습니다. 대학에 다니는 동안에 스스로 전공에 대한 많은 부족함을 느끼게 되었고 조금은 남다른 노력이 필요하다는 생각이 들었습니다. 결국 대학 2학년이 되는 해 휴학을 하여 미래컴퓨터 아트 스쿨 컴퓨터 애니메이션 2년을 수료하게 되었고 이를 통해서 많은 경험을 할 수 있었습니다. 무엇보다 큰 성과는 스스로 부족함이 많다고 생각되었던 전공 관련의 기술적인 부분들을 보완할 수 있었습니다. 또 컴퓨터 그래픽 회사에서 클립아트 제작 프로젝트에 참여하여 학교와 또 다른 사회생활을 피부로 느낄 수 있는 좋은 기회가 되었습니다. 이 프로젝트에 참여하게 된 것은 저에겐 특별한 일이었고 이 경험을 바탕으로 이후에 '남성 콜렉션'이라는 인테리어 전문 회사에서 맥 편집 디자인 업무를 맡아 광고 카탈로그 편집 등의 업무를 진행하기도 했습니다. 이때의 큰 수확이라면 그리 긴 기간은 아니었지만 편집 디자인 공부를 하는 좋은 계기가 되었으며 보다 실질적으로 사회에서 필요한 기술을 배울 수 있었습니다.

제가 경험하였던 2년의 휴학기간은 졸업을 하기 전 사회를 경험할 수 있었던 좋은 기간이었으며 이것을 발판으로 저에게 남아있던 2년의 대학생활도 최선을 다하여 임하게 되었습니다. 또 무엇보다도 학생이라는 울타리에 갇혀 자칫 매너리즘에 빠지기 쉬운 시간을 보다 알차게 활용할 수 있었습니다.

가치관 및 직업관

충분한 노력만이 자신의 가치를 표현할 수 있는 길이라는 생각을 가지고 있습니다. 따라서 저는 언제 어떤 자리에 있어도 늘 노력하며 더 많은 저 자신의 모습을 보여주는 것이 회사에 대한, 혹은 소속집단에 대한 최소한의 예의라고 생각합니다. 그 밖에 직업을 선택하는 조건에도 경제적인 조건이 우선시되기보다는 무엇보다도 얼마나 장래를 위해서 투자가치가 있으며 능력을 얼마나 많이 활용할 수 있는지를 고려해야 한다고 생각하는 바입니다. 따라서 저는 이런 생각을 기반으로 저의 직업관도 그저 경제적인 수단을 위한 것이기보다는 장래를 위해 시간을 투자해야 한다고 믿고 실천하고 있습니다.

지원동기

귀 회사의 디자인부에 지원을 결심하면서 제가 생각한 것이 있다면 때로는 당연히 발과 같은 역할도 거뜬히 해 낼 수 있는 디자이너가 되고 싶다는 것입니다. 많은 부분은 아니라 할지라도 어떤 것이든 할 수 있는 일이라면 망설임 없이 해내야 하는 것이 완전한 프로의 모습이라 생각합니다. 또 디자이너 업무가 일반 사무직이나 관리 부분과 달리 불규칙적인 경우가 많이 있기 때문에 투철한 직업정신이 없다면 성실하게 수행하기 어려운 분야라고 봅니다. 이러한 생각을 가지고 디자인부에 지원을 결심하게 되었으며 저에게 소중한 기회가 주어지기 바랍니다.

장래희망

외국의 경우 디자이너직이 꼭 연령의 제한이 있다거나 하지 않고 50대에서도 그 일을 수행하는 모습을 자주 접하였습니다. 그러한 모습을 보면서 저는 디자이너로 장기간 근무함과 동시에 효율적으로 업무를 수행 할 수 있도록 노력하겠습니다. 디자이너의 역할은 상사를 비롯한 조직 내의 다른 사람들과 업무의 협조가 원활할 수 있도록 인간관계를 원만하게 유지해야 하는 업무라고 알고 있습니다. 자신이 알고 있는 것으로 끝내지 않고 그것을 실천하는 것이 더 중요하다고 믿습니다.

항상 빠르게 움직이고, 상사의 마음을 읽을 수 있되 너무 앞서가거나 너무 뒤지지 않고 최대한 적합한 직원이 될 수 있도록 최선을 다할 것입니다.

감사합니다.

(2) 항목 표시 없이 문단나누기로 대신하는 경우

자기소개서

가장 건전한 재무구조로 외국 투자자들이 가장 선호하는 기업, 대학생들이 가장 일하고 싶어 하는 기업, 귀사는 설명이 필요 없는 우리나라 최고의 기업입니다. 조기출퇴근제, 현장근무제, 양 위주의 관행 척결, 불합리하고 불필요한 규정 철폐, 신인사제도의 추진 등 다른 회사와 차별화된 경영을 통해 국내는 물론 해외에서도 큰 호응을 받고 있는 귀사는, 명실 공히 21세기 세계 초일류 기업이라고 생각합니다. 저는 앞선 기술과 최고의 서비스로 고객 만족을 위해 최선을 다하는 기업, 귀사의 일원이 되어 저의 모든 능력과 열정을 다해 일해보고 싶습니다.

저는 그동안 철저한 자기관리와 시간 관리를 통해 저에게 맡겨진 일에 대해서는 한 치의 실수 없이 완벽하게 처리할 수 있도록 최선을 다해 왔으며 그 결과 '아무개' 하면 주위에서는 무슨 일이든 잘 하고 어떤 일이든지 믿고 맡길 수 있는 믿음직한 사람이라고 평해 주시곤 했습니다. 기업이 발전하기 위해서는 무엇보다도 인재 등용이 가장 중요하다고 생각합니다. 저는 실력과 인성을 두루 갖춘 귀사에 꼭 필요한 인재라고 자신있게 말씀드릴 수 있습니다. 저에게 기회를 주신다면, 합리적이고 체계적인 사고와 강한 책임감과 추진력을 통해 저에게 주어진 일에 최선을 다할 것이며, 함께 근무하는 동료들에게 신뢰를 줄 수 있는 믿음직한 사원이 되겠습니다. 또한, 유창한 영어 실력과 업무 처리 능력을 지니고 있는 저는, 앞으로 실력으로 인정받을 수 있는, 초일류 기업에 어울리는 초일류 인재가 되도록 최선을 다하겠습니다. 감사합니다.

천하대학교 법학과에 수석 입학한 저는, 학과 공부는 물론 동아리 활동에도 최선을 다하며 즐겁고 보람찬 대학생활을 했습니다. 법학과 형사법학회에 가입하여 활동한 저는, 형사법학회 회장으로서 동아리 회원들의 화합을 이끌어내며 체계적이고 합리적인 자세로 여러 가지 행사와 사업을 힘 있게 추진해 왔습니다. 또한, 저는 학교 홍보도우미로 발탁되어 교내외의 각종 홍보활동은 물론 학교 홍보 자료 및 광고 촬영에 참여하기도 했습니다. 고등학교 재학 중 영어말하기대회에서 장려상을 수상한 바 있는 저는, 글로벌 시대에 걸맞은 인재가 되고자 캐나다로 어학연수를 다녀왔습니다. 어려서부터 영어에 대해 많은 관심과 소질이 있었기에 어학연수 기간 동안 별 어려움 없이 생활할 수 있었고, Canada College에서 TESL(Teaching English as a Second language) Diploma를 취득할 수 있었습니다. 또한, 6개월 동안 유럽으로 배낭여행을 다녀왔었는데, 저는 캐나다 어학연수와 배낭여행 기간 동안 영어 실력 향상은 물론 외국인 친구들과의 교류와 우정을 통해 국제적인 감각을 키울 수 있었고, 우리와는 전혀 다른 외국 문화를 보고 듣고 직접 체험하며 많은 것을 배우고 느낄 수 있었습니다.

공인중개사로서 원리원칙을 중요하게 생각하시는 아버지께서는, 아무리 힘들어도 한번 하고자 결심하신 일은 끝까지 소신을 갖고 이뤄내시는 강직한 성품을 지니고 계십니다. 언제나 바쁘신 중에도 장녀인 저에게만은 아낌없는 관심과 사랑을 주시는 아버지는, 세상에서 제가 가장 사랑하고 존경하는 분입니다. 어머니께서는 평생을 아버지와 저희 3남매를 위해 헌신하시며 화목하고 행복한 가정을 가꾸어 오신 알뜰한 분이십니다. 사회봉사활동하시기를 좋아하시는 어머니께서는, 언제나 어려운 이웃에게 작은 도움이라도 드리기 위해 노력하시곤 합니다. 살아가면서 가장 중요한 것은 성실과 책임감이라고 늘 강조하시는 부모님의 가르침 덕분에 늘 자신에게 주어진 일에 최선을 다하며 살아온 저는, 사랑하는 부모님과 남동생들에게 자랑스러운 맏딸이자 누나가 되고 싶습니다.

저는 묵묵히 저에게 주어진 일에 최선을 다하는 꼼꼼하고 차분한 성격을 지니고 있습니다. 한번 맡은 일에 대해서는 끝까지 이뤄내는 강한 책임감을 지니고 있는 저는, 합리적인 판단과 예지력을 통해 적극적으로 일을 추진해 나가는 편입니다. 조직 내에서 팀원들과의 협조와 융화를 중요하게 생각하는 저는, 대학 재학 중 동아리의 리더로 활동하면서 체계적인 조직 운영 능력과 융통성을 더욱 키울 수 있었습니다. 저는 특히 대인관계가 매우 좋은 편으로 혼자 있을 때보다 함께 있을 때 더욱 빛이 나는 사람이라는 평을 주위에서 듣곤 합니다. 저는 평소에 말보다는 행동으로 인정받는 사람이 되자는 마음가짐으로 제게 주어진 일에 최선을 다합니다. 말만 앞서고 행동이 뒤따르지 못하는 사람은 결코 타인에게 신뢰받을 수 없다는 것을 알기에 저는 언행일치를 통해 주위 친구들이나 동료들에게 인정받는 믿음직한 사람이 되고 싶습니다.

2. 자기소개서 작성할 때 주의할 점

(1) 자기소개서의 핵심은 자신이 지원하는 조직에 필요한 인재임을 강조하는 것이다

자기소개서는 자신이 지원하고자 하는 조직이나 부서에 적합한 인물임을 제대로 드러내는 것이 관건이다. 자신이 지원한 분야가 행정사무 분야라면 자기소개서에는 행정사무의 업무를 수행하는 데 필요한 능력인 꼼꼼함, 세심함, 책임감, 사무 업무에 필요한 능력 등을 갖추고 있다는 것이 강조되어야 한다.

(2) 두괄식으로 작성한다

자기소개서는 남들과 차별화되지 않으면 큰 의미가 없다. 따라서 본인만의 특성이라고 생각되는 사항은 문단의 맨 앞에 기술하여 두괄식의 형태가 되도록 한다.

(3) 자기소개서는 수필이 아니라 인생 기획서다

자기소개서는 자신의 과거를 구구절절이 풀어 놓는 장이 아니다. 자기소개서가 한 편의 수필처럼 느껴진다면 그것은 잘못된 것이다. 자기소개서는 자신이 지원하고자 하는 조직에 적합한 인물임을 강조하는 인생 기획서의 성격을 풍겨야 한다. 자신이 살아 온 삶이나 여러 가지 경험들은 마치 조직이 원하는 사람으로 성장하기 위해 의도되기라도 했던 것처럼 기술되어야 한다.

(4) 과거의 경험을 에피소드화한다

경험은 자신만의 특별한 강점이 된다. 자기소개서에는 지원하는 조직과의 인연, 성장 배경, 학창시절 등이 구체적으로 드러나야 하는데, 이때 '내가 과거에 무엇을 했느냐'가 아니라 '내가 그때 어떻게 했다' 또는 '나는 그때 어떻게 느꼈다'식의 자기만의 특성이 드러나도록 에피소드가 소개되어야 한다. 각각의 에피소드들은 입사 지원 동기나 조직이 원하는 인간상과 연결될 수 있도록 세심하게 배열될 필요가 있다.

(5) 포부와 향후 계획은 구체적일수록 좋다

포부와 향후 계획은 구체적이고 세밀해야 한다. 향후 계획은 5년 단위로 드러나거나 아니면 공적인 계획과 사적인 계획으로 구분되거나 단계화될수록 바람직하다.

(6) 어법에 맞게 쓴다

자기소개서는 엄연한 글쓰기이다. 글쓰기에는 반드시 지켜져야 하는 올바른 어법이 있으며 글다운 논리가 절대적으로 필요하다. 특히 한 문장의 주어와 서술어의 호응관계가 올바른지의 여부는 무척 중요하다. 주어와 서술어의 호응관계가 제대로 되어 있지 못하면 문장의 의미가 올바르게 전달되지 못하기 때문이다. 글쓰기의 실수를 줄이기 위해서는 긴 문장보다 짧은 문장이 좋으며, 주어와 서술어가 복잡하게 얽혀드는 복문보다는 단문이나 중문 위주로 쓰는 것이 바람직하다. 또 문체는 담백하고 건조하되 글쓴이의 재치를 느낄 수 있으면 좋다. 지나치게 미사여구가 많거나 과장된 문체는 읽는 이의 눈살을 찌푸리게 한다. 사용하는 단어는 전문적인 느낌을 줄 필요가 있다. 그러나 쓸 데 없이 어려운 표현보다는 쉬운 용어를 사용하되 내용에 딱 들어맞는 표현을 찾아야 한다.

(7) 존칭을 사용한다

자기소개서는 지원자가 인사담당자에게 자기를 소개하는 글이므로 인사담당자에 대해 예우하는 의미로 존칭을 사용해야 한다. 대개는 '~입니다'의 격식을 갖춘 문체로 예우를 표시한다.

(8) 자기소개서의 항목을 개발한다

최근 들어 부쩍 창의적인 자기소개서나 개성 넘치는 자기소개서를 요구하는 경우가 많아졌다. 이때는 자기소개서에 일반적인 자기소개서에서 볼 수 없었던 새로운 항목을 개발하여 삽입하는 것이 좋다. 가령 지금까지 경험한 크고 작은 성공 사례라든가, 별명 소개, 위기 돌파 경험, 전문성을 키울 수 있었던 환경 등을 부각시키는 것이다.

(9) 속담, 경구, 캐치프레이즈, 슬로건, 어록 등을 활용한다

자기소개서의 첫 부분이나 아니면 각 항목의 첫 부분마다 자신의 신념이나 가치관을 느낄 수 있게 하는 짧고 인상 깊은 구절을 넣는 것은 무척 효과적이다. 이때 자신이 개발한 자신만의 어록이 있다면 좋겠지만 그렇지 못할 경우에는 이미 널리 알려진 경구나 슬로건, 캐치프레이즈, 속담 등을 활용하는 것이 바람직하다.

> No gain without no pains.
>
> 　세상에는 노력 없이 얻을 수 있는 것이 아무 것도 없습니다. 노력하는 사람만이 진정한 삶의 기쁨을 느낄 수 있다고 믿는 저는, 어떠한 일이든지 제게 주어진 일에는 최선을 다하려고 노력합니다. 지나간 시간은 되돌릴 수 없기에 제게 주어진 일에 최대한 실수하지 않고 후회하지 않도록 최선을 다하고 있습니다. 가끔 친구들이 '성실과 체력 빼면 시체'라고 놀리기도 하지만, 항상 노력하는 제 모습에 뿌듯함을 느끼고 성공하기 위해서는 체력이 중요하다고 생각하는 저는, 이런 놀림이 싫지만은 않습니다. 사람들과 함께 어울리는 것을 좋아하는 저는, 재학시절 동아리나 동문회에서 총무를 맡는 등 활발한 활동을 했으며 지금도 많은 선후배와 좋은 관계를 유지하고 있습니다.

■■■■■ 자기소개서를 작성하기 위한 항목을 나열해 보자.

자기소개서에 사용하고 싶은 경구나 캐치프레이즈를 나열해 보자.

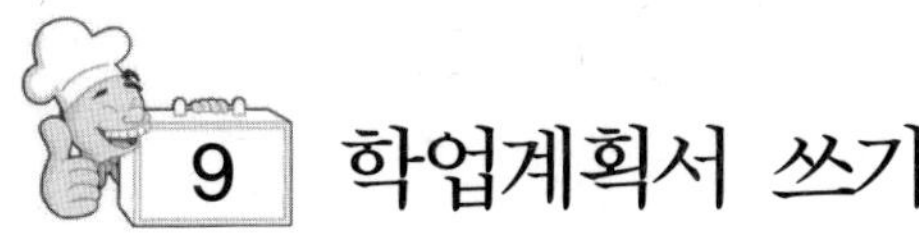

9 학업계획서 쓰기

학업계획서란 내가 이 분야에 입문하여 어떤 공부를 어떻게 수행하여 장래에 어떤 활동을 하고 싶다고 자신의 공부에 대한 실천적인 포부를 밝히는 글이다. 학업계획서에는 자신의 이전 학창시절이나 직장활동 등의 경력 상황, 지원동기 및 장래계획, 성격의 장단점 및 상벌 사항, 특기 사항, 진학 시 희망 연구 분야 및 연구 계획, 관심 과목, 연구 참여 등 학업 관련 실적, 학업 이후의 계획 등이 포함되어야 한다.

1. 학업계획서 형식

〈사례 1〉

1. 성장과정 및 경력

　저는 초등학교를 마친 후 곧장 13살부터 공장의 사환으로 직장생활을 시작하여, 18세 때 고학으로 중졸자격 검정고시를 취득한 후, 군 생활을 마치고 나서 다시 고졸자격 검정고시를 취득하여, 2010년도 천하대 법학부에 입학했습니다. 하지만 그간 부실한 영양 섭

취와 열악한 직장 환경으로 인해 건강에 문제가 생겼습니다. 만성두통, 난시, 축농증, 위장병 등의 질병이 복합적으로 찾아와 점차 악화되는 바람에 어쩔 수 없이 대학을 휴학하게 되었습니다.

병을 치료하던 중 여러 자연요법을 알게 되었고 이를 통해 상당한 효험을 볼 수 있었습니다. 이후 사람을 살리는 것이 의술이 아니라 바른 섭생법임을 깨우쳐 그때부터 건강식품이나 자연치유법에 관심을 갖게 되었습니다. 이러한 계기로 건강채식뷔페 식당에 취직을 하여 주방의 허드렛일을 돕던 중 작년에는 한식조리사자격을 취득했습니다.

최근 우리의 전통적인 건강 먹을거리에 관심을 가지면서 인터넷 검색을 하던 중 삼천대 전통건강음식과를 알게 되었고, 좀 더 전문적인 공부를 하기 위해 이렇게 응시를 하게 되었습니다. 공부할 기회가 된다면 정열을 다 바쳐 공부해 볼 생각입니다.

2. 지원동기 및 학업계획

학업방향과 수준 등 아직 자세한 것을 모르기 때문에 계획을 제대로 세우기가 어렵습니다. 하지만 현재의 여건은 하루의 절반정도는 학업에 시간을 투자할 수 있기 때문에 진도를 소화하는 데는 큰 어려움이 없으리라 생각합니다.

입학하게 되면 매일 일정한 시간을 내어 예습, 학습, 복습을 철저히 하면서 교과과정을 충실히 소화해 갈 것입니다. 또한 학업을 마칠 때까지는 생활의 초점을 학업에 두어 생계에 특별한 지장이 없는 한 학업관련 업무에 모든 일정을 맞추도록 하겠습니다.

학업을 통해 배운 지식들은 우리의 먹을거리 문화를 지금보다 더 나은 식생활 문화로 발전시켜 나가는 데 크게 활용되리라 생각합니다. 특히 외식산업은 대개 이익이 우선시되고 고객의 건강을 뒷전으로 놓는 경우가 많은데, 제가 몸담고 있는 건강채식뷔페식당에서부터 참다운 고객건강을 우선적으로 고려하는 분위기를 만들어 나가는데 일단은 모범을 보이도록 할 것입니다. 아무쪼록 예전에 고학하던 그 열정으로 다시금 공부를 시작해 보려 합니다.

〈사례 2〉

저는 대한민국의 수도 서울에서 2남 1녀의 장남으로 태어나 일찍이 경찰관이신 아버지의 정의로움에 매료되어 아버지의 길을 함께 걷고자 남다른 마음가짐으로 살아왔습니다. 초등학교 1학년 때부터 부모님의 배려로 유도와 태권도를 배웠는데 지금까지 훈련을 계속하고 있습니다. 중, 고교시절에는 유도와 태권도를 통해 스스로 절제하는 법을 배우고 남을 먼저 생각하는 마음가짐을 실천할 수 있는 기회를 많이 가졌습니다.

부모님께서는 저에게 어려서부터 장남이라는 점을 강조하셨고 그로 인해 저는 항상 막중한 책임감을 느끼게 되었습니다. 학교에서도 항상 임원을 맡았고 그 덕택에 책임감, 리더십의 의미와 자세도 배우고 키울 수 있었습니다. 저는 장남이라는 부담감을 스스로의 발전을 위한 노력으로 돌리고 성실한 실천을 위해 자신을 더욱 채찍질하는 계기로 삼았습니다.

이 과에 지원하게 된 동기는 앞서 말씀 드렸듯이 경찰관이신 아버지의 정의로움과 항상 자신에 찬 모습에 매료되어 저 또한 경찰관의 꿈을 가지게 되었기 때문입니다. 경찰관 2대의 꿈을 이루기 위한 지식과 경험의 습득을 위해 귀교에서 공부하고 싶습니다.

귀교에 입학하면 저는 전공과목의 심도 깊은 탐구와 연구를 통하여 지식의 단순 이해가 아닌 그 지식을 통하여 사회에서 직분을 다할 수 있는 만반의 준비를 할 것이며 교양과목의 철저한 학습을 통하여 지성인으로서의 면모도 함께 갖추도록 노력할 것입니다. 급변하는 정보 시대를 선도하기 위해 세상과의 통로로 인식되는 컴퓨터 활용능력을 키우겠으며 꾸준한 운동을 통하여 신체와 정신의 건강함을 지킬 것이며 적극적인 학교생활을 위해 많은 학우들과의 접촉을 통하여 새로운 커뮤니케이션의 배양에도 최선의 노력을 다하겠습니다.

그리하여 향후엔 준비된 경찰관으로서의 목표를 이루고 나아가 대학원 진학을 통하여 경찰조직의 발전을 위해 연구하고자 합니다.

2. 학업계획서 쓸 때 주의할 점

(1) 진학할 학교나 학과에 대해 사전 점검을 한다

자신이 진학할 학교나 학과는 입학부터 졸업에 이르기까지 가장 기본적인 정보를 홈페이지나 학교 / 학과 안내를 통해 제공하고 있다. 학업계획서를 쓸 때, 이러한 정보를 사전에 충분히 숙지하고 쓰면 학업계획의 방향을 제대로 잡을 수 있다.

(2) 상대방의 요구가 아니라 나 자신의 실천적 소망을 쓴다

학업계획서는 이력서나 자기소개서와는 다르다. 이력서나 자기소개서가 상대방의 요구에 자신을 맞추어야 하는 데 반해, 학업계획서는 자신이 실천하고 싶고 이루고 싶은 것에 초점을 둔다.

(3) 학업에 대한 전체적인 희망 지도를 그린다

학업에 대한 전체적인 희망 지도를 그릴 때는 우선 학업 전 단계, 학업 단계, 학업 후 단계의 3단계로 구분한다. 희망 지도를 좀 더 구체화할 때는 각 단계별로 세분하여 1단계, 2단계, 3단계, 4단계의 층위를 만드는 것이 좋다. 이때 단계 또는 층위는 학업 과정과 긴밀하게 연관되어야 한다.

(4) 학업 목표를 구체화한다

학업 목적은 진학하고자 하는 학교나 학과에 이미 제시되어 있다. 즉 학업 목적은 같은 분야의 학업에 뜻을 두는 학생들 간에 공유되는 성취 결과이다. 그러나 학업 목표는 개인마다 달라진다. 학업 목표는 자신이 구체적으로 이룩하고 싶은 모습이기 때문이다.

(5) 학업 실천 계획은 타임테이블로 보여준다

학업 타임테이블

건 수	세부 내용	학업 전	학업 중				학업 후
			1학년	2학년	3학년	4학년	
1	어학						
2	컴퓨터						
3	전공						
4	부전공						
5	교양						
6	동아리 활동						

(6) 가능성 있는 기대효과를 제시한다

기대효과는 학업계획서에 제시되는 목표와 유사하다. 단 기대효과는 사회적 환경, 시대적 요구, 국가적 필요, 분야의 변화와 연관된 목표가 제시되어야 객관적 인정을 확보할 수 있다.

(7) 학업 시나리오를 짜되, 목차로 체계를 잡는다

학업 시나리오를 짤 때는 먼저 핵심 키워드(keyword)를 나열한 후 그것을 중심으로 시나리오의 대강을 조직한 후 목차로 구조화시키는 것이 바람직하다.

■■■■■■ 나의 학업계획서 작성을 위한 희망 지도를 그려 보자.

■■■■■■ 나의 학업 목표를 세워 보자.

■■■■■나의 학업 실천 계획을 타임테이블로 작성해 보자.

■■■■■■ 나의 학업계획서를 작성해 보자.

10 리포트 쓰기

리포트는 조사나 연구, 실험 따위의 결과에 관한 글이나 문서를 말한다. 리포트는 대개 학생이 교수에게 제출하는 소논문의 형식을 띠며 '보고서'라고 달리 부르기도 한다. 리포트의 종류로는 연구 리포트, 실험 결과 리포트, 조사 결과 리포트, 견학 결과 리포트, 체험 결과 리포트 등이 있다.

리포트의 목적은 첫째, 정확한 정보를 수집하여 정리하고, 둘째, 관련 지식에 대한 명확한 이해를 도모하며 셋째, 비판적인 관찰을 시도하는 데 있다. 학생들에게 리포트를 부과하여 얻어지는 효과는 첫째, 문제 해결 능력을 습득할 수 있고, 둘째, 지식을 체계화시키거나 조직화시킬 수 있는 역량을 키우며 셋째, 지적 작업의 형태에 대한 인지를 강화시킬 수 있다.

자료를 수집할 때는 자료 내용을 정확하게 이해하고 비판적으로 바라볼 수 있어야 한다. 그러기 위해서는 자료에 대한 비판적 독서, 분석적 독서가 행해져야 한다. 이어 자료를 정리할 때는 정리할 내용을, 노트, 독서카드, EXCEL, ACCESS, Endnote, Scholar's Aid를 이용하여 키워드, 글쓴이, 제목, 발표 연도, 출판사, 출판지, 인용문,

인용 쪽수 등을 명기해서 검색이 용이하도록 체계화시켜 놓는다.

리포트 작성은 가장 먼저 주제를 선정하는 데서부터 시작된다. 주제를 선정한 다음에는 관련 자료를 수집하고 정리하는 작업이 이루어진다. 자료의 정리가 끝난 후에는 개요를 작성하고 그에 맞춰 집필을 한 후 다듬는 작업으로 마무리된다.

리포트의 주제가 될 수 있으려면 먼저 독창적이어야 한다. 그런데 독창적이기만 하면 의미가 없다. 주제가 되려면 해결가능해야 하며 학술적으로도 가치가 있어야 독창성이 빛을 발할 수 있다.

1. 자료 수집 방법

(1) 인터넷을 통한 자료 수집

인터넷을 통하면 빠른 시간 내에 많은 자료를 수집할 수 있는 장점이 있다. 검색어만 치면 관련 정보가 엄청나게 쏟아지기 때문이다. 그런데 인터넷은 쓰레기 정보의 바다이기도 하다 따라서 인터넷만 활용한다면 잘못된 정보를 수집할 위험도 그만큼 크다.

(2) 도서관을 통한 자료 수집

도서관에서는 소장된 문헌 자료뿐만 아니라 국내외 웹 DB를 통해 네트워크화 된 문헌 자료까지 수집할 수 있다. 도서관 소장 자료는 단행본, 학사, 석사, 박사 등의 학위논문, 신문, 잡지 등의 연속간행물, 전문 학술지, CD, Tape 등 비도서자료 등이 있다. 도서관 전자 자료로는 전자저널, 국내외 학술 DB, e-books, e-learning 컨텐츠, 외부학술정보원 등이 있다.

국내 전자저널 중 가장 많이 활용 되고 있는 것은 KISS(한국학술정보), DBPIA(누리미디어), e-article(학술교육원) 등이다. 해외 전자저널에는 ACS(화학), ASCE(토목공학), Blackwell(전학문분야), CUP(+CABI)(전학문분야), Emerald(전학문분야), IEL(전기,

전자, 컴퓨터공학), OUP(전학문분야), PAO(인문사회과학), Sage(전학문분야), Science Direct(전학문분야), Springer(전학문분야), Wiley(전학문분야) 등이 있다.

외부학술정보원으로는 RISS4U(KERIS 학술 연구정보 서비스), NDSL(국가 과학기술 전자도서관), 국회도서관, 국립중앙도서관, Yeskisti(과학기술정보 포털서비스), 학위논문 원문 공동이용 협의회 등이 있다.

2. 리포트 작성할 때 주의할 점

(1) 객관적인 근거에 의해 뒷받침되어야 한다

리포트를 작성할 때는 객관적인 근거가 그 무엇보다 중요하다. 따라서 리포트는 사전, 개론서, 저서, 논문, 역사적 사료 등 문헌 자료나 질문지, 인터뷰, 통계 결과, 실험 기록지, 관찰 기록지 등의 연구 자료가 뒷받침되어야 한다. 그 증거로 리포트는 각주나 참고 자료를 통해 뒷받침 자료를 명시하도록 규범화되어 있다.

(2) 정확한 사실에 근거해야 한다

리포트는 연구 목적, 연구 대상, 연구 범위, 연구 방법, 분석 도구 등이 사전에 제시되고 각각에 알맞은 내용으로 채워진다. 논문에서는 각각에 대한 상세하고도 치밀한 설명이 요구되지만 리포트에서는 사전 설명이 최소한으로 간략화되거나 아예 생략되는 경우가 많다. 비록 이상의 항목에 대한 사전 설명이 생략된다 하더라도 리포트의 내용은 반드시 분명한 기준과 방법론에 의해 작성되어야 한다.

(3) 주제에 맞아야 한다

주제는 연구의 범위를 한정하고 전문성을 강화하는 의미를 갖는다. 주제가 확정되어야 주제에 맞는 자료가 수집될 수 있으며 그에 걸맞은 분석과 해석이 가능하다. 주제는 리포트의 형식을 결정하는 데에도 큰 영향을 미친다.

(4) 결론이 분명해야 한다

리포트에는 작성자의 의견이 분명하게 드러나야 한다. 논쟁거리에 대해서는 찬성인지, 반대인지의 입장이 뚜렷해야 하고 실험에 대해서는 예상대로인지, 뜻밖의 결과인지가 밝혀져야 한다. 견학이나 현장 답사의 경우에는 기대효과가 맞아떨어졌는지가 관건이다.

(5) 내용이 명료해야 한다

리포트에는 명료한 내용이 담겨야 한다. 그러기 위해서는 연구 과정에 대한 상세한 기술과 연구 결과에 대한 자세한 분석이 선행되어야 한다. 리포트의 명료함을 확보하기 위해서는 사실과 의견을 구분하고, 주장과 논거를 구별하는 것이다. 뿐만 아니라 명료성을 흐리게 하는 비유적 표현이나 감정적 기술은 최대한 피하는 것이 좋다.

(6) 인용은 짧을수록 좋다

인용이란 다른 사람의 글을 이용하여 자신의 글을 전개하는 방법을 말한다. 인용에는 원문을 그대로 인용하는 직접 인용과 인용자의 말로 인용하는 간접 인용이 있다.

직접 인용을 사용할 때는 절대적인 중요성을 강조하는 효과를 가져 온다. 3행 이하의 원문을 인용할 때는 온따옴표로 인용 부분을 표시하지만 3행 이상의 원문을 인용할 때는 별개의 문단으로 만드는 것이 일반적이다. 문단을 달리 할 때는 본문과 인용문의 차별을 두기 위해 글자 모양이나 글자 크기, 줄간격 등을 본문과 다르게 구성한다.

간접 인용을 할 때는 인용자의 말로 인용하되, 직접 인용과 동일한 결과에 이르러야 한다. 이때 각별히 명심해야 할 점은 반드시 각주를 통해 출처를 밝혀야 한다는 것이다.

3. 리포트의 형식

리포트의 일반적인 형식은 다음과 같은 체제와 순서로 되어 있다.

> ① 리포트 표지→② 연구 목적→③ 연구 대상→④ 연구 방법→⑤ 분석 도
> 구→⑥ 연구 내용→⑦ 연구 결과→⑧ 결과 분석→⑨ 기대 효과→⑩ 참
> 고 문헌

4. 각주와 참고문헌

각주에는 외각주와 내각주가 있다. 외각주는 본문의 흐름을 방해하지 않기 위해
본문의 아래쪽이나 맨 뒤에 보충 설명을 달거나 출전을 명시하는 형태이다.

> 안확의 우리말과 글에 대한 관심은 일본 유학을 떠나기 전에 상당한 수준에
> 이르러 있었음이 알려져 있다.[1]
>
> ---
>
> 1) 이러한 점은 이기문(1988)에 자세히 지적되어 있다. 이기문(1988), 『개화기의 국문연구』, 서
>   울 : 일조각, 23면.

한편 내각주는 본문 내에 간단한 출전을 명시하는 형태이다. 이때는 괄호 속에
저자와 출판연도만 표시한다. 자세한 출전 사항은 본문의 맨 뒤에 따로 <참고문헌>
난을 두어 상세히 밝힌다.

> 안확의 우리말과 글에 대한 관심은 일본 유학을 떠나기 전에 상당한 수준에
> 이르러 있었음(이기문 : 1988)이 알려져 있다.
>
> **참고문헌**
> 이기문(1988), 『개화기의 국문연구』, 서울 : 일조각.

참고문헌 작성 요령은 다음과 같다.

① 인용된 저서를 명기할 때는 저자를 맨 앞에 내놓고 성＋이름 순으로 기입한다.

② 저자는 자모순 또는 알파벳순으로 배열한다.

③ 같은 저자의 저서가 여러 권 명기될 때는 연도별로 배열한다.

④ 연도가 같은 저서들은 a, b 등으로 구별하여 배열한다.

⑤ 단행본과 논문은 구별하여 표시한다. 일반적으로 단행본은『 　』표시를 사용하며 논문은 " "표시를 사용한다.

⑥ 논문 표시는 다음과 같이 한다.

　필자(연도), "논문 제목", 수록 잡지명, 권호수.

⑦ 단행본 표시는 다음과 같이 한다.

　필자(연도), 책 제목, 출판지 : 출판사.

참고문헌

김이선 외(2007), 다민족·다문화 사회로의 이행을 위한 정책 패러다임 구축(I),
　　　　　서울 : 한국여성정책연구원.

김현미(2005), 글로벌 시대의 문화번역, 서울 : 또 하나의 문화.

박노자(2001), 당신들의 대한민국, 서울 : 한겨레신문사.

______(2006), 당신들의 대한민국, 서울 : 한겨레출판.

오경석 외(2005), 한국에서의 다문화주의, 서울 : 한울.

이란주(2008), 외국인 이주 노동자를 위한 평생교육의 방향, 제2회 평생교육
　　　　　실천 릴레이 포럼, "다문화 공생사회를 위한 평생학습", 자료집.

이재분(2008), 다문화가정 자녀 교육실태 연구, 서울 : 한국교육개발원.

양계민·정진경(2008), "사회통합을 위한 청소년 다문화교육 활성화 방안연
　　　　　구", 서울 : 한국 청소년 정책연구원.

장미영 외(2009),『다문화 콘서트』, 전주 : 신아출판사.

〈다문화의 이해〉 기말리포트

다문화 글로벌 시대의 인성교육 우수 사례들

2010. 6. 20.

성명 : 장미영

학과 : 한국어교육과

학번 : 20103257

지도교수 : 이인촌 교수님

목 차

Ⅰ. 머리말

　다문화 글로벌 시대의 인성교육은 타문화에 대한 부정적인 사고방식을 극복하고 자문화와 다문화의 성찰로 나아가는 일련의 과정을 이해하게 함으로써 다문화적 인성을 갖게 하는 것이다. 다문화적 인성이란 문화적 다양성을 이해하고 그 다양성을 존중하는 태도를 행동으로 실천하는 능력이다.

　현재 우리나라의 다문화 인성교육은 문화적 다양성을 이해하는 능력과 다양성을 존중하는 태도의 정립을 넘어 문화적 다양성으로 인해 발생되는 문제 상황을 해결하는 능력을 함양시키는 적극적인 교육 활동으로 나아가고 있다. 우리나라의 경우는 민족의 동질성에 기초한 단일문화중심의 교육이 오랜 세월동안 이루어져왔다. 5천 년의 역사를 가진 우리 민족은 스스로를 '단군의 자손'으로 일컬으면서 동질성과 순혈의식을 강조해왔고 단일민족임을 자랑스러운 민족적 가치로 내세우는 교육적 배경에서 살아온 것이다. 그런 만큼 우리의 타문화에 대한 고정관념이나 편견은 상대적으로 강하게 나타나는 반면 문화적 다양성을 이해하고 존중하는 시민적 자질은 상대적으로 부족한 것이 사실이다. 그 결과 우리 사회에서는 특정 문화집단에 대한 차별과 이로 인해 발생하는 집단 간 갈등 문제가 가정이나 학교에서뿐만 아니라 심각한 사회문제로까지 대두되고 있다.

　이에 우리 사회는 지금까지 시행해 온 단일민족의식중심의 교육을 근본적으로 다시 생각하고 재구성하지 않으면 안 되는 상황에 봉착하게 되었다. 우리 사회에 팽배해있는 타민족이나 다문화에 대한 부정적인 사고방식은 이주민 100만 시대를 넘어 선 현재, 사회적 모순과 부작용으로 나타나고 있을 뿐이다. 따라서 다문화 글로벌 시대를 슬기롭게 맞이하기 위해서는 그간의 단일민족의식중심 교육의 한계를 지적하고 잘못된 편견을 바로잡으면서 타문화를 인정하고 긍정적인 차원에서 수용할 수 있는 다문화적 인성교육이 시급하고도 절실하게 요청된다.

Ⅱ. 한국의 다문화 인성교육 현황

이러한 문제의식에 근거하여 현재 이루어지고 있는 다문화 인성교육은 크게 네 가지 형태로 나타나고 있다.[1]

첫째는 외국인과 함께 생활하는 다문화가정이나 다문화집단의 한국인을 대상으로 한국 사회의 타문화에 대한 편견과 사회적 차별에 대한 문제점을 인식시키고 타문화에 대한 이해를 도모하는 교육이다. 이 경우는 다양한 인종과 문화를 폭넓게 수용할 수 있는 시민교육의 차원에서 이루어지는 다문화인성교육이라 할 수 있다.

둘째는 이민자, 유학생, 연수생 등을 대상으로 한국인의 사고방식과 생활방식을 인식시킴으로써 한국과 한국인에 대한 이해를 돕는 교육이다. 이 경우는 한국에 입국한 외국인들에게 이주에 의한 생활의 변화 상황과 맥락을 제대로 이해시키고 문화의 차이에 따른 스트레스를 최소화시키기 위한 다문화인성교육이라 할 수 있다.

셋째는 외국인과 한국인 모두를 대상으로 하는 문화 간 교육으로 서로 다른 문화 집단과의 적극적인 접촉을 유도하는 것이다. 이로써 인지적인 측면에서는 문화 간 차이에 대한 이해력을 증진시키고 정서적인 측면에서는 문화 간 차이로 인한 이질성을 긍정적인 시선으로 수용하여 심리적 갈등을 경감시키며 행동적인 측면에서는 자신과 상이한 문화적 상황 속에서도 효과적으로 의사소통을 성취하며 자유롭게 자기개발의 의지를 실천하는 동시에 다문화적 상황에서 발생하는 문제점을 해결해나갈 수 있는 역량을 키우게 하는 것이다.

넷째는 다문화가정의 자녀나 이주민 자녀 등 이중 문화로 인해 정체성 혼란을 겪거나 정신적 스트레스를 받고 있는 청소년들을 대상으로 심리 상담 및 심리 치료를 병행하면서 자신이 소속된 소수집단과 외집단인 다수집단의 관계를 인식시키고 다수집단에 대한 우호적 태

---

[1] 은지용, 다문화적 인성발달이론에 기반한 다문화학습모형 탐색, 『시민교육연구』 제41권 1호, 2009년 3월 참조.

도와 다문화적 신념을 갖게 하는 정체성 정립 교육이다. 이 경우는 다수집단 문화의 장·단점에 대한 성찰과 소수집단문화에 대한 존중을 유도하면서 일종의 민족상대주의적 신념과 태도를 키우게 하는 것이다.

최근에는 다문화적 상황에서의 인종적·문화적 정체성 발달단계이론에 힘입어 인종이나 민족뿐만 아니라 성(gender), 성적 성향, 지역, 언어, 장애 등 다양한 문화집단의 문화적 정체성 발달을 시민교육적 차원에서 시행하려는 경향도 나타나고 있다. 이러한 교육은 미국의 문화이론가인 Banks의 문화적 정체성 발달이론에 근거하여 민주주의 사회에서 세계공동체의 시민으로서 자유, 정의, 평등이 실현되는 인류사회 건설을 위해 세계시민적 정체성 함양을 궁극적인 목표로 삼고 있는 것이다.

Ⅲ. 다문화 글로벌 시대의 인성교육 우수사례들

1. 아름다운 차이, 행복한 공존 − 다문화가족 구성원의 소통과 이해를 위한 인문강좌

이 프로그램은 2008년 1월부터 12월까지 1년 동안 다문화가족의 남편을 대상으로 한국학술진흥원의 지원을 받아 전주대학교 인문학연구소가 주관한 다문화인성교육이다.

이 교육은 이민족 간의 문화차이를 포용하고 아름다운 공존을 도모하고자 기획되어 다문화적 상황을 강조하는 기존 프로그램과는 달리 인문학적 소양을 배양해 삶의 질을 고양하고자 하는 한층 진전된 형태로 진행되었다. 특히 이 교육은 그동안 문화가족의 구성원이면서도 마땅한 교육프로그램이 없어 소외되었던 남편들이 인문강좌를 통해 인간과 삶, 문화, 휴머니즘이라는 공동의 가치를 아내와 함께 공유함으로써 가족이라는 연대감을 확인할 수 있는 소중한 경험이 되었던 것으로 높이 평가되었다.

전주(2008년 4월 8일~5월 9일)를 시작으로 군산(2008년 5월 15일~6월 16일), 부안(2008년 5월 21일~6월 18일), 서북권(장수·진안·무주·임실)과 서남권(순창·남원·고창) 등 지역을 달리하여 시행된 교육은 지역 사회복지관과 YMCA 등 시민 단체의 도움을 받아 누적

인원 458명의 다문화가족구성원들이 총 98시간에 걸쳐 문학, 역사, 교육, 상담 등 다양한 강좌를 수강할 수 있도록 분화되었다. 특히 초등학교 방과 후 수업과 연계한 '다문화가족 정체성 강좌'는 다문화가정의 2세들에 대한 이해와 소통을 도모한 교육 프로그램으로 지역주민과 지자체, 지역대학이 연계된 선도적 공동체교육으로 호응이 높았다. 구체적인 교육 프로그램 내용은 다음과 같다.

〈교육프로그램 내용〉

대주제	강의 주제
사 랑	그림으로 대화하기
	당신의 아내, 나는 누구일까요?
	한국의 아름다운 옛 노래 읽기(시가 속에 나타난 한국적 사랑)
결 혼	한국문학 속의 이방인
	아시아 역사 속의 여성
	동아시아 여성 어떻게 살아왔나?
가 족	행복한 엄마, 행복한 아이
	부부대화 기법
	차별과 배제를 넘어 통합으로
우 리	같음과 다음, 차별과 존중
	한국의 아름다운 현대시
	향기와 웰빙과 삶
	우리 그림 속에 나타난 문화읽기

2. 외국인 유학생을 위한 한국어캠프 교육

이 프로그램은 2008년 10월 31일부터 11월 15일까지 임실군 필봉농악전수관과 전주대학교 한국어문화원이 공동주최한 다문화 인성교육이다. 이 프로그램의 특징은 교실 중심의 폐쇄적 공간에서의 교육의 한계를 극복하고 외국인 유학생들이 한국에서 겪을 수 있는 다양한 실제 상황을 제시해 줌으로써 현장 중심의 다문화 이해와 함께 다문화적 갈등 상황에 대처할 수 있는 문제해결능력을 배양하는 데 초점을 맞추었다는 점이다.

　　이 교육은 외국인 유학생들의 한국 적응을 위해 마련된 것인데 결과적으로 이들이 한국 문화를 이해하고 더 나아가 한국문화에 대한 친근감으로 즐거운 유학생활을 영위할 수 있는 계기를 마련했다는 긍정적 호응을 얻었다.

　　이 교육은 다음과 같이 진행되었다. 교육 내용 및 운영 방식은 다음과 같다.

〈교육 일정표〉

첫째 날(10 / 31)			둘째 날(11 / 1)		
9:30	교수식당 앞 집결		9:00	아침식사	
10:30	전수관 도착, 방 배정				
11:00	캠프 시작 인사	대강당	12:30	한국어 학습 상황극 ① 공항 입국 ② 취업 면접 ③ 전화 상담 ④ 우체국 이용 ⑤ 옷가게 ⑥ 전통놀이	전수관 대강당 소강당 숙소 운동장
12:00	풍물&난타 배우기 (분반 진행)	전수관	1:30	점심식사	
13:00	점심식사		2:00	캠프 종료 인사	
17:00	한국어 학습프로그램 ① 스피드퀴즈 ② 미션 수행		14:00	전주대 도착	
18:00	강강술래 배우기	전수관			
19:00	저녁 식사				
21:00	캠프파이어 한국음식 만들기 장기자랑				
22:00	상황극 준비				
	취침				

〈한국어캠프〉 세부 프로그램 내용

(1) 스피드 퀴즈

목 적	한국어 단어 학습 및 표현 능력 함양
방 법	교사가 단어 제시하면 조별로 선정된 한 명이 정답을 맞히고 나머지 유학생들은 교대로 제시된 단어를 설명함.
효 과	갑작스러운 상황에서 주어진 과제를 수행함으로써 상황 적응력과 표현의 순발력을 향상함.
준비물	마스크(2), 매직(검정 빨강 파랑), A4용지, 4절지(11), 연결고리(20) 등

(2) 미션수행

목 적	다양한 과제와 주문을 해결하는 과정에서 한국어 구사 능력을 신장하고, 한국어에 대한 흥미를 고취함.
방 법	조별 릴레이 방식으로 진행하며, 최단시간내 미션을 완수한 조가 우승함. 각 미션마다 교사 1인이 수행 결과에 따라 확인도장을 찍고, 보조교사 1인이 유학생들을 인솔함.
효 과	여러 가지 오락 게임을 통해 유학생들 간의 친목과 화합을 도모하며, 예측치 못한 다양한 요구 사항에 신속하게 대응함으로써 상황 대처 능력과 표현 능력을 향상함.
준비물	판지(10), 신문지, 풍선, 매직(검정 파랑 빨강), 장대, 사과 등

(3) 상황극

목 적	한국 유학생활에서 접하게 되는 다양한 상황에서 발생하는 문제에 대한 문제 해결 능력 함양 및 다양한 직업의 한국인과의 의사소통능력 신장	

	주 제	내 용
진 행	학부 대학원 면접	□ 자기소개서 및 학업계획서 쓰기 □ 지원 서류를 토대로 면접하기
	전화 상담과 주문	□ 음식과 상품 등 전화로 주문하기 □ 자신이 처한 상황 설명하기 □ 서비스 신청하기
	출입국 신고	□ 가상의 인물에 대한 정보 제공 □ 출 입국신고서 쓰기 □ 각 내용에 따라 면담하기
	옷가게 쇼핑	□ 한국의 전통의상 구매하기 □ 한복 입어보기 □ 한국의 전통예절 익히기

주 제	내 용
진 행	

주 제	내 용
우체국 이용	□ 친구에게 엽서 쓰기 □ 우체국에서 편지 택배 보내기
전통놀이	□ 윷놀이, 제기차기, 기마전, 줄넘기, 딱지치기, 팽이치기 등 체험하기 □ 한국 전통놀이의 특성 이해하기

내 용

〈우체국〉

① 상황 1 : 며칠 전에 보낸 편지가 다시 되돌아 옴.

② 상황 2 : 소포를 부치려고 하는데 돈이 모자람.

※ 첫째 날 밤에 마니또 선정, 엽서 쓰기 진행(마니또는 조원 중 제비뽑기로 정함)

〈공항〉

① 50대 주부 : 유학하고 있는 아들을 만나서 같이 제주도 여행을 하려고 합니다.

② 20대 학생 : 동방신기의 콘서트를 구경하려고 합니다.

③ 30대 교수 : 회의를 하고 세계 여러 나라의 교수들과 설악산 관광을 하려고 합니다.

④ 40대 회사원 : 회사 일로 출장 왔습니다. 그리고 저녁에 찜질방에 가려고 합니다.

⑤ 30대 여성 : 서울에 있는 성형외과에서 수술을 하려고 합니다.

⑥ 30대 회사원 : 제 돈을 친구가 빌려 갔는데 저에게 주지 않았습니다. 그 친구가 한국에 있습니다. 그 친구를 만나서 돈을 받으려고 합니다.

⑦ 20대 무술인 : 소림사 무술을 전수해주러 왔습니다.

⑧ 30대 연극인 : 대학교에서 경극을 공연하러 왔습니다.

⑨ 40대 요리사 : 한국에서 열리는 요리경연대회에 참석하러 왔습니다.

⑩ 20대 회사원 : 한국 친구의 결혼식을 보러 왔습니다.

방 법

□ 캠프 내의 여성 장소에 각각의 상황에 맞는 소품과 장면을 배치하여 적절한 분위기를 연출함.

□ 교사는 유학생 개개인과 인터뷰 혹은 대화를 통해 해결해야 할 과제를 제시하고, 상황별 한국어 구사 능력 및 문제해결 능력을 연습시킴.

□ 수행 과제를 받은 유학생들은 반드시 문제를 해결해야 하며, 해결 결과에 대해 담당교사에게 확인받아야 함.

□ 과제수행 능력이 떨어지는 유학생은 수준에 따라 유사한 상황을 반복적으로 익혀야 함.

효 과

갑작스러운 상황에서 주어진 과제를 수행함으로써 상황 적응력과 표현의 순발력을 향상함.

준비물

엽서, 스티커, 전화기, 한복, 윷, 제기, 딱지, 저울, 박스 등

(4) 전통체험 및 공연 관람

목 적	한국 전통음악과 춤, 놀이 등을 실제 체험함으로써 한국문화에 대한 심층적 이해를 도모함.
내 용	체험 학습-풍물 가락 배우기, 난타 체험, 강강술래 배우기 공연 관람-사물놀이, 상쇠 돌리기
방 법	임실 필봉농악전수관 측 체험교사의 진행과 인솔하에 교사와 유학생들이 공동 참여
효 과	체험 학습과 공연 관람을 통해 한국의 전통문화가 가진 미적 특성을 이해하고 향유함.
준비물	임실 필봉농악전수관측 제공

(5) 캠프파이어 및 한국음식 만들기

목 적	캠프에 참여한 모든 사람들이 자연스럽게 어울리고 소통할 수 있는 자리를 마련하고, 서로 한국음식을 만들어 먹는 가운데 협동심과 우정을 다짐. 저마다 가진 장기를 자랑하고 여흥을 즐김.
방 법	캠프파이어를 둘러싸고 앞서 배웠던 강강술래를 시연함. 김치전과 파전 등 한국음식을 직접 만들어 먹으면서, 장기자랑을 통해 자신의 숨은 끼를 발산함.
효 과	한국 문화의 아름다움과 한국인의 놀이문화를 이해함. 캠프파이어와 음식 만들기를 하면서 평상시에 하기 어려웠던 이야기를 자유롭게 주고받으면서 서로를 알아가는 시간을 마련함.
준비물	김치전 재료, 해물파전 재료, 떡볶이 재료, 갖은양념, 음료수, 컵, 젓가락, 접시, 고구마, 쟁반, 칼, 가위, 도마 등

(6) 캠프 신문 만들기

목 적	캠프에서 배우고 체험한 내용을 스스로 정리함으로써 캠프 활동의 의의를 되새기고, 추억을 상기할 수 있게 함.
내 용	조별로 캠프 활동 내용을 신문으로 제작하기
방 법	16절지 크기 종이에 캠프 사진자료와 보도기사, 감상문 등을 수록하여 과제로 제출함.
효 과	한국어캠프에서 이루어진 활동을 정리 반추함으로써, 보다 적극적이고 바람직한 유학생활을 영위할 수 있는 계기를 마련함. 한국어캠프가 더욱 건설적인 방향으로 발전할 수 있도록 한국어캠프에 대해 건전한 인상을 고취함.
준비물	종이, 풀, 가위 등

(7) <한국어캠프> 자체평가

사업추진 결과에 대한 자체 평가	
효 과	□ 모국어 사용 벌칙제도 운영 한국어캠프 시작부터 끝까지 참여한 유학생 전원이 원칙적으로 한국어만 사용할 수 있게 함. 이를 위반하여 적발되었을 때에는 500원의 벌금을 부과하였음. 벌금은 조별로 걷어서 보조교사가 지참한 돼지저금통에 모았음. 캠프의 궁극적인 목적이 한국어 활용 능력 신장에 있었던바, 모국어 사용 벌칙제도는 참여 유학생들이 한국어에 보다 전념하여 생각하고 표현하게 하는 데 일조하였다고 판단됨. 아울러 벌금으로 모아진 돈은 캠프신문 제작에서 1등으로 평가된 조에 상품으로 주었음.
	□ 스피드퀴즈 스피드퀴즈에 대한 유학생들의 호응도가 아주 높았음. 한국어 학습 효과도 우수했기 때문에 2차 <한국어캠프> 때에는 배분시간과 프로그램 내용을 확대하기로 함.
	□ 한국음식 만들기 부침개를 처음 먹어보는 유학생들이 많아서 관심도가 높고 입맛에도 맞아서 아주 좋아하였음. 특히 해물파전과 군고구마, 떡볶이가 인기가 많았음. 2차 <한국어캠프> 때에는 김치파전을 하지 않고 해물파전만 하기로 함.
	□ 유학생들의 적극적이고 진지한 태도 유학생들이 매우 적극적인 자세로 <한국어캠프>에 참여하는 모습을 보여주어서 깊은 인상을 받았음.
문제점 및 개선 방향	□ 상황극 준비 시간 부족 상황별 배분 시간 엄수 및 미리 세팅 □ 스피드퀴즈 확대 필요성 • 시간 연장 및 내용 확대 □ 첫날 오후 프로그램 변경 • 골든벨 형식의 한국어 단어 맞히기 프로그램 추가 • 스피드퀴즈 형식의 한국어 단어 맞히기 • 콜라주를 단독 프로그램으로 추가 진행 □ 전수관에서 제공하는 프로그램은 본래대로 함 □ 캠프파이어 프로그램 질적 개선 • 당일 활동 사진을 편집하여 프로젝트로 보여주기 • 음악을 준비하여 댄스타임 만들기

3. 초등학생을 위한 다문화 인성교육

이 프로그램은 2009년 3월부터 7월까지 5개월에 걸쳐 308명을 각 반별로 나누어 남원초등학교에서 시행한 다문화 인성교육이다. 이 교육에서는 어머니 나라의 언어와 문화 이해에 초점을 두고 어머니를 통해 다문화를 이해하는 능력을 신장시키고자 기획한 것이다. 이 프로그램은 다문화가정의 혼혈 아동이 늘어가는 상황에서 부모 나라의 문화를 균형 잡힌 시각으로 바라볼 수 있는 안목을 제공했다는 점에서 높이 평가되었다. 구체적인 교육 내용을 소개하면 다음과 같다.

초등 저학년을 위한 다문화이해교육 프로그램

회	제 목	내 용	수업 구성	비 고
1	나와 우리, 이웃사촌, 지구촌	지구본을 활용한 세계 여러 나라 소개하기	□ 지구본을 활용한 세계 여러 나라 위치·이름·수도 알기	□ 지구본 활용
2	엄마 나라 동화를 알아요?	동화 구연을 통해 세계 여러 나라 소개하기	□ 어머니 나라 이름 알기 □ 어머니 나라 동화 소개하기 □ 동화 구연하기	□ 어머니 나라의 동화 구연
3	가족나무를 만들어요.	가족 구성원의 역할 알기 가족의 소중함 깨닫기	□ 부모와 아이가 한 조 □ 가족 구성원에 관한 가족나무 그리기 □ 순서 : 도화지와 크레파스로 그림 그리기→가족 설명하기→발표하기	□ 학부모 초청 □ 활동과 발표
4	세계의 모자를 만들어요	각국의 다양한 모자를 소개하는 과정에서 그 나라의 특징과 문화 교육	□ 각 나라의 독특한 모자 살펴보기→문화적 특징 살펴보기 □ 조 편성하기 □ 조별로 만들고 싶은 나라의 모자 선정하고 이유 설명하기 □ 완성품 보여주기	□ 설명·활동 □ 발표
5	우리 모두 친구가 되어요	전통놀이를 활용한 어린이 미니 올림픽 경기	□ 각 나라 대표 선수 선발하기 □ 이어달리기, 풍선 터트리기 □ 시상하기	□ 활동

초등 고학년을 위한 다문화이해교육 프로그램

회	제 목	내 용	수업 구성	비 고
1	나와 우리, 이웃사촌, 지구촌	국제결혼과 다문화가정의 증가	□ 지구본을 활용한 세계 여러 나라 이름 알기 □ 지구본을 활용한 세계 여러 나라의 위치 파악하기 □ 국내 거주 외국인의 숫자와 국적 알아보기	□ 지구본과 인터넷 구글 지도 활용 □ 외국인 관련 통계자료 활용
2	엄마의 나라는 어디에 있어요?	어머니의 나라 국가 이름과 국기 알기 어머니 나라의 위치와 특징·문화 알기	□ 팀별 릴레이 대결 □ 순서 : 제자리 돌기→어머니 나라 국가 이름과 국기 카드 잡기→서로 껴안고 풍선 터트리기→어머니나라 문화카드 잡기→지도에 붙이기	□ 조별 활동

회	제 목	내 용	수업 구성	비 고
3	가족나무를 만들어요.	가족 구성원의 역할 알기 가족의 소중함 깨닫기	□ 부모와 아이가 한 조 □ 가족 구성원에 관한 가족나무 그리기 □ 순서 : 도화지와 크레파스로 그림 그리기 → 가족 설명하기 → 발표하기	□ 학부모 초청 □ 활동과 발표
4	세계의 집은 어떻게 생겼어요?	'집은 다 다르고 특별하다'를 주제로 다양성에 대한 이해 교육	□ 각 나라의 다양한 주거 형태 살펴보기 → 기후와 지리적 특징 살펴보기 □ 조별 활동 : 인터넷을 검색을 활용하여 살고 싶은 나라와 집에 대해 토론하기 → 발표하기	□ 사진 자료 활용 □ 토론과 발표
5	우리 모두 친구가 되어요	전통놀이를 활용한 어린이 미니 올림픽 경기	□ 각 나라 대표 선수 선발하기 □ 윷놀이, 제기차기, 닭싸움 □ 시상하기	□ 활동

Ⅳ. 다문화 글로벌시대의 인성교육 방향

다문화 인성교육은 다문화적 인성의 구성 요소에 대한 철저한 인식의 기반 위에 구체적인 실행 프로그램으로 구성되어야 한다. 이에 대해서는 한국교육과정평가원의 은지용 연구원이 제기한 다문화적 인성발달이론을 참고할 필요가 있다.

다문화 글로벌시대에 걸맞은 인성교육을 위해서 인지적 측면에서는 자문화에 대한 성찰적 이해 능력, 타문화에 대한 성찰적 이해 능력의 배양이 필요하며 정서적 측면에서는 자문화에 대한 자기존중적 태도, 타문화에 대한 선택적 존중 태도, 인류보편적 가치에 대한 존중 태도 배양이 필요하다. 행동적 측면에서는 타문화에 대한 선택적 존중 태도 실천 능력, 다문화적 문제나 갈등 상황에 대한 대처 능력 및 참여 능력 배양을 들 수 있다.

다문화적 인성교육을 위해서는 다문화적 인성의 구성 요소 외에도 다문화 수용에 대한 심리·정서적 이행 단계를 고려하여 교육 과정을 단계화, 지속화, 체계화 할 필요 또한 제기된다. 다문화 수용에 대한 심리·정서적 이행 단계는 먼저 자문화 중심주의 인정 단계 → 자문화와 타문화의 차이 인지 단계→자문화 및 타문화에 대한 성찰 단계→타문화에 대한 편견 감소 단계→간문화적 소통 및 공감 단계→다문화적 갈등 문제 해결방안 모색 단계→인류보편적 가치 이해 단계→인류보편적 가치 존중 단계 순이다.

　　이러한 이론적 바탕 위에 실제 인성교육 현장에서는 다문화교육 대상자의 특성과 수준을 고려하여 이론 교육과 함께 실질적 체험이 동반될 수 있도록 세심한 교수─학습 활동을 설계해야 할 것이다. 교육장 또한 교육만을 전담하는 학교시설뿐만 아니라 지역의 각종 시설로 확대해야 하며 관련 단체와의 연계를 활성화하여 교육의 효과를 극대화할 수 있도록 적극적인 모색을 꾀해야 한다.

※ 참고문헌

은지용(2009), 다문화적 인성발달이론에 기반한 다문화학습모형 탐색, 『시민교육연구』 제41권 1호.

장미영 외(2008), 『다문화사회 바로서기─여성결혼이민자를 위한 한국적응교육프로그램 연구』, 글솟대.

장미영 외(2009), 『다문화 콘서트─이해와 소통을 위한 현장 이야기』, 글솟대.

제 10 장 리포트 쓰기

■■■■■■ 리포트의 주제를 선정해 보자.

■■■■■■ 리포트 작성 일정표를 작성해 보자.

■■■■■ 자료 수집 방법을 기록해 보자.

■■■■■ 리포트의 개요를 작성해 보자.

■■■■■ 각주를 작성해 보자.

■■■■■ 참고문헌을 작성해 보자.

제 3 부
예술 글쓰기

예술 글쓰기에서는 글쓰기의 여러 가능성들을 재발견하게 될 것이다.
그 가능성들이란 긴장을 일으키는, 형식적이고 규칙들에 지배받는 활동으로서의 글쓰기가 아닌,
자연스러운 표현형식으로서의 글쓰기를 말한다.
학생들은 단숨에 걸작을 만들어 낼 필요는 없다.
학생들은 단지 현재 글로 자신을 표현할 수 있는 능력이 어느 정도인지를 분명히 알아야 한다.
강의를 다 받고 난 후 자신들이 얼마나 발전했는지를 뒤돌아보고 평가할 수 있어야 한다.
강의를 시작했을 때 수행했던 작업과 동일한 작업을 강의를 마칠 때 반복한다.
그렇게 함으로써 묘사의 깊이와 독창성 그리고 표현 능력을 학생들 스스로 비교하게 한다.
여기에서는 강력한 감정적 효과를 불러일으키는 짧지만 완결된 텍스트를 작성하게 함으로써
학생들의 자연스러운 글쓰기 능력을 향상시킨다.

1. 작가 소개

인간 운명의 부조리와 존재의 불안을 난해하고도 독특한 문학적 상상력으로 작품화하여 그의 사후 시공을 초월하는 '카프카 열풍'을 낳은 '20세기의 위대한 천재 작가 카프카', 큰 키에 호리호리한 몸매, 단정히 빗어 넘긴 검은색 머리칼, 우뚝 솟은 코, 눈에 띄게 좁은 이마, 크고 풍부한 표현력을 품은 회청색 두 눈의 어둠과 광채, 온화한 양손의 세련된 움직임, 나직한 목소리, 잦은 기침 발작, 소멸의 그림자 속에서 달콤하지만 씁쓸하게 부서지는 미소, 그리고 변함없이 유일하기에 결코 반복되지 않는 영원한 개성. 이 모두 20세기 문학사에 큰 획을 그은, 체코 프라하 하면 자연스레 떠오르는 작가 카프카에 대한 소묘이다.

2. 작품 소개

1915년에 발표된 이 단편소설은 주인공 그레고르 잠자가 한 마리 벌레로 변신한 뒤 우여곡절 끝에 죽는 과정을 보여준다. 세일즈맨으로서 피곤한 나날을 보내던 그레고르는 어느 날 아침 커다란 벌레로 변한 자신을 발견한다. 그래서 그레고르는 여느 날처럼 출근하지 못하는데, 이를 알 리 없는 부모와 여동생은 문 밖에서 그에게 출근하라고 재촉한다. 얼마 뒤에는 지배인도 달려와 그의 출근을 독촉한다. 그러나 벌레가 된 그레고르는 대답할 수가 없다. 이윽고 그레고르는 간신히 방문을 연다. 사람들이 벌레가 된 그레고르를 보고 놀란 것은 말할 필요도 없다. 그 뒤 그레고르는 방에 갇힌 채 벌레로서 생활한다. 그는 유폐되어 생활하지만 가족에 대한 관심과 애정을 버리지 않는다. 반면에 그의 식구들은 점차 그에 대한 관심과 애정을 버린다. 가족들은 그레고르가 돈을 벌지 못하게 되자 각자 일거리를 찾는다. 그레고르는 방 안에서 이같은 변화를 세심하게 관찰하고 괴로워하기도 한다. 특히 가족의 무관심과 냉대가 날이 갈수록 심해지자, 그레고르는 이같은 상황에서 산다는 것이 무의미하다는 것을 깨닫고 굶어 죽는다. 그가 죽자 가족들은 무거운 짐을 벗은 듯 홀가분한 마음으로 소풍을 떠난다.

「변신」 프롤로그

어느 날 아침 그레고르 잠자가 불안한 꿈에서 깨어났을 때, 그는 침대 속에서 한 마리의 흉측한 갑충으로 변해 있는 자신의 모습을 발견했다. 그는 철갑처럼 단단한 등껍질을 대고 누워 있었다. 머리를 약간 쳐들어보니 불룩하게 솟은 갈색의 배가 보였고, 그 배는 다시 활 모양으로 흰 각질의 칸들로 나뉘어 있었다. 이불은 금방이라도 주르륵 미끄러져내릴 듯 둥그런 언덕 같은 배 위에 가까스로 덮여 있었다. 몸뚱이에 비해 형편없이 가느다란 수많은 다리들은 애처롭게 버둥거리며 그의 눈앞에서 어른거렸다.

'이게 대체 어찌된 일일까?' 그는 생각했다. 꿈은 아니었다. 다소 작기는 해도 사람 사는 방으로 손색이 없는 그의 방은 낯익은 사면의 벽들로 둘러싸여 조용히 놓여 있었다. 옷감 견본들이 풀어헤쳐진 채 어지럽게 널려 있는 책상 위로는—잠자는 외판사원이었다—그가 얼마 전 어느 화보 잡지에서 오려내 금박의 예쁜 액자에 끼워 넣은 그림이 걸려 있었다. 모피 모자를 쓰고 모피 목도리를 두른 채 꼿꼿이 앉아 있는 한 여인의 그림이었다. 그림 속의 그녀는 그를 향해 팔뚝을 완전히 가린 두툼한 모피 토시를 쳐들어 보이고 있었다.

그레고르의 시선은 이어서 창 쪽으로 향했다. 칙칙한 날씨가 그를 온통 울적한 기분에 젖게 했다. 빗방울이 후둑후둑 창문의 함석판을 두드리는 소리가 들려왔다. '잠을 조금 더 자서 이 어처구니없는 상황을 잊어버리는 게 어떨까?' 하고 그는 생각했으나 그건 결코 실행할 수 없는 일이었다. 왜냐하면 그는 오른쪽으로 누워 자는 버릇이 있었는데, 지금 상태로는 도저히 그런 자세로 누울 수가 없었기 때문이다. 몸을 오른쪽으로 돌리려고 아무리 애를 써보아도 그는 번번이 등을 대고 누운 자세로 되돌아와 흔들거리기만 할 뿐이었다. 그러기를 한 백 번쯤 해보았고, 그는 버둥거리는 다리들을 보지 않으려고 두 눈을 감았다. 그리고 옆구리에서 아직까지 한 번도 느껴보지 못한 가볍고 둔한 통증이 느껴지기 시작하자 그제서야 그는 그러기를 그만두었다.

그는 생각에 잠겼다. '아아, 세상에! 나는 어쩌다 이런 고달픈 직업을 택했단 말인가. 허구헌 날 여행만 다녀야 하다니. 회사에 앉아 실제의 업무를 보는 일보다 스트레스가 훨씬 더 심하다. 게다가 여행할 때의 이런저런 피곤한 일들이 마음을 더 무겁게 한다. 가치를 제대로 갈아타기 위해 늘 신경을 써야 하는 일, 불규칙하고 형편없는 식사, 상대가 늘 바뀌어 결코 오래 갈 수 없는 만남과 결코 진실하게 이루어질 수 없는 인간적 교류 등등. 악마여, 제발 좀 이 모든 것들을 다 가져가다오.' 배 위쪽이 약간 가려운 느낌이 들었다. 머리를 조금 더 쳐들어 더 잘 볼 수 있도록 그는 등으로 몸을 밀어 천천히 침대 기둥 쪽으로 다가갔다. 그러다 마침내 가려운 곳을 발견했는데 그곳은 온통, 뭐라고 판단하기 어려운 깨알같이 작고 흰 반점들로 뒤덮여 있었다. 그는 다리 하나를 내밀어 그곳을 만져보려고 했으나 금세 다리를 뒤로 움츠려야 했다. 그 부위에 다리가 닿자마자 오싹하는 냉기가 그의 온 몸을 휘감았기 때문이다.

「변신」 에필로그

　"저녁때 할멈이 오면 내보내도록 합시다." 하고 잠자 씨가 말했으나 아내도 딸도 아무 대답이 없었다. 간신히 얻게 된 마음의 평온이 다시 깨져버린 것 같았던 것이다. 두 여자는 일어나 창가로 가서 서로 부둥켜안은 채 그대로 서 있었고, 잠자 씨는 안락의자에 앉은 채 그들 쪽으로 몸을 돌리고는 얼마간 조용히 그들을 지켜보았다. 그리곤 외쳤다. "자, 이리들 와요. 지난 일들은 그만 잊어버려요. 이젠 내 생각도 좀 해줘야지." 두 여자는 즉시 그에게로 달려와 그를 애무하고는 급히 각자의 편지를 마무리했다. 그러고 나서 세 사람은 다 함께 집을 나섰다. 몇 달 만에 처음으로 해보는 일이었다. 그들은 전차를 타고 교외로 나갔다. 그들이 탄 차량에는 오붓하게 그들 가족뿐이었는데, 따스한 햇살이 차 안 곳곳을 밝게 비추어 주었다. 그들은 좌석에 편안히 등을 기대고 앞으로의 전망에 대해 이야기를 나누었다. 잘 생각해보니 전망이 그리 어두운 것도 아니었다. 사실 지금까지는 서로 상세히 물어본 적이 없었지만 세 사람 모두 꽤 괜찮은 일자리를 얻은 데다, 특히 앞으로는 전망이 밝은 편이었기 때문이다. 지금 당장 상황을 개선하기 위한 가장 좋은 방법은 두말할 것도 없이 집을 옮기는 일일 것이다. 이제 그들은 그레고르가 고른 지금의 집보다 더 작긴 해도 더 싸고 위치도 좋은, 대체적으로 보다 실용적인 집을 얻고자 했다. 이렇게 이야기를 나누고 있는 동안, 잠자 씨 부부는 점점 생기가 도는 딸의 모습을 바라보며 그녀가 최근에 두 볼이 창백해질 정도로 갖은 고생을 다 했음에도 불구하고 아름답고 탐스러운 처녀로 피어났다는 것을 두 사람이 거의 동시에 느꼈다. 부부는 점점 말수가 적어지더니 거의 무의식적으로 눈길로 대화를 나누며 이제는 슬슬 딸에게 착실한 신랑감도 구해주어야 할 때가 된 것 같다고 생각했다. 목적지에 이르자 딸이 제일 먼저 일어나 젊은 몸을 쭉 펴며 기지개를 폈을 때, 그들에게는 그 모습이 그들의 새로운 꿈과 아름다운 계획의 보증처럼 여겨졌다.

▪▪▪▪▪ 작품의 프롤로그와 에필로그를 큰 소리로 읽어 보자.

▪▪▪▪▪ 이 소설의 핵심 이미지는 '벌레'이다. 작품의 내용을 해치지 않는 범위에서 연상되는 단어들을 계속 이어나가 보자.

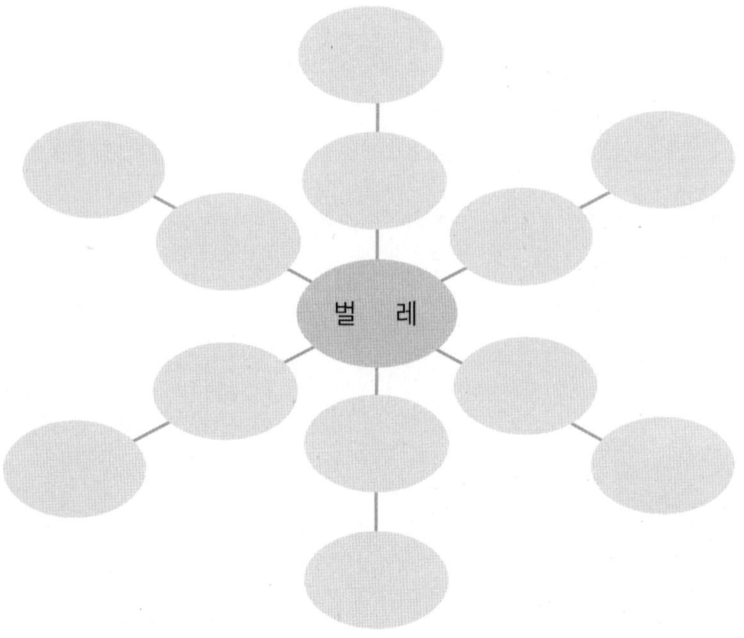

■■■■■ 다음 그림은 「변신」의 책표지이다. 그레고르 잠자가 벌레로 변신한 모습을 보고 놀라는 장면을 그린 것이다. 작품의 구도를 살리면서 새롭게 그려 보자.

■■■■■ 작품의 프롤로그와 에필로그에서 변신 전과 변신 후의 상황을 간결한 어구로 대비해 보자.

■■■■■■다음은 카프카의 「변신」에 대한 설명문이다. 밑줄 친 부분에 들어갈 적당한 말을 적어 넣은 다음, 50자 내외의 요약문을 작성해 보자.

■■■■■■「변신」에서 그레고르의 변신에 대한 가족들의 반응은 어떤가?

❏ 아버지

❏ 어머니

❏ 누이동생

어느 날 아침, 자고 일어나보니 자신이 벌레로 변해 있다면, 자신은 어떤 행동을 하고 무엇을 생각할지에 대해 글로 표현해 보자.

■■■■■■ 카프카에 관한 참고 자료(웹 사이트)를 안내합니다.

본 대학의 카프카 홈페이지   http://www.kafka.uni-bonn.de
피셔 출판사의 카프카 홈페이지   http://www.franzkafka.de
카프카와 프라하   http://www.kafkaesk.de
카프카 프로젝트   http://www.kafka.org

1. 작가 소개

(1) 괴테

괴테는 시인이었을 뿐만 아니라 학자 및 과학자였고 또한 정치가였다. 시인으로서 그는 서정시, 희곡, 소설, 자서전, 기행문, 서간집 등 모든 장르에 통달했고, 동시에 스케치 화가, 배우, 무대 연출가였으며, 정치가로서도 공국의 요직을 두루 거쳤다. 그는 이 같은 다양한 활동 및 경험을 작품화했고, 또한 중년 이후에는 자신이 산 거의 모든 순간들을 편지와 일기, 메모, 대화 속에 담아 후세에 남겼다. 이런 의미에서 괴테는 '포괄성' 및 '다양성'의 개념으로 특징지을 수 있다. 괴테의 문학 및 사상, 그의 삶과 인품 역시 '포괄적'이기 때문에 여러 관점에서 보아야 하고 또한 여러 관점에서 연구될 수 있다.

(2) 김소월

본명은 김정식(金廷湜)이지만, 호인 소월로 더 널리 알려져 있다. 1902년에 평안북도 구성군에서 태어났다. 서구 문학이 범람하던 시대에 민족 고유의 정서에 기반을 둔 시를 쓴 민족 시인으로 잘 알려져 있다. 남산보통학교를 졸업하고 1915년 오산학교에서 조만식과 평생 문학의 스승이 될 김억을 만났다. 김억의 격려를 받아 1920년 동인지 <창조> 5호에 처음으로 시를 발표했다. 오산학교를 다니는 동안 김소월은 왕성한 작품 활동을 했으며, 1925년에는 생전에 낸 유일한 시집인 『진달래꽃』을 발간했다. 초기에는 민요조의 여성적이고 서정적인 목소리의 시작활동을 하였으나 후기작에서는 민족 현실의 각성을 통해 남성적이며 참여적인 목소리를 냈다.

(3) 김춘수

1922년 경남 통영에서 태어났다. 통영보통학교를 졸업하고 경기중학에 입학했으나 중퇴하고 일본 동경의 예술대학 창작과에 입학했다. 1942년 일본 천황과 총독 정치를 비방했다는 혐의로 퇴학당하고 6개월간 유치되었다가 서울로 송치되었다. 통영중학과 마산 중·고교 교사를 거쳐 해인대학과 경북대, 영남대교수를 지냈으며, 국회의원을 역임했다. 시작 활동으로는 '통영문화협회'를 결성하면서 문화 계몽 운동을 하는 한편 본격적인 시 창작을 시작하였으며, 초기에는 유치환, 서정주, 청록파 등의 시에 영향을 받았으며 30세가 넘어 비로소 자신의 시를 쓰게 된다.

2. 작품 소개

(1) 괴테의 「들장미」(1770 / 1771), 「오랑캐꽃」(1775), 「발견」(1813)

모두 꽃이 시의 소재다. 하지만 주제는 다르다. 아무도 관심을 가져 주지 않는 오랑캐꽃은 죽더라도 좋으니 누군가 관심을 가져주길 바라지만, 나머지 두 시에서의 꽃은 자연 그대로의 아름다운 모습으로 살고 싶어 한다. 「들장미」의 소년은 결국 들장미를 꺾고 말지만, 「발견」에서 시의 화자는 산길에서 본 꽃을 뿌리째 옮겨 와 정원에 심어 살린다.

(2) 김소월의 「산유화」(1925)

우리의 전통예술에서 찾을 수 있는 여백의 미와 정중동(靜中動)의 멋을 표현한 작품으로 아름다운 시정과 민요적 율동을 담고 있다. 산에 피고 지는 꽃을 소재로 하여 삶과 자연 모두에 스며있는 근원적 고독을 노래한다.

(3) 김춘수의 「꽃」(1953)

이름이란 누군가가 사물과 관계를 맺으면서 그것을 다른 것들로부터 구별하고자 해서 붙이는 것이다. 이렇게 이름을 붙임으로 해서 사물과 거기에 이름을 붙인 사람 사이에는 어떤 관계가 생기고, 그 관계가 곧 그들 사이의 '의미'가 된다. 따라서 아직 이름이 붙여지지 않은 사물은 이름이 없는 동시에 어떤 다른 존재(사람)에게 아직 의미가 없다고 말할 수 있다. 그것은 단지 그 자체로 존재하는 사물에 지나지 않는다. 시인은 틀에 박힌 관습적 관계를 넘어서 사물과 사람 사이, 사람과 사람 사이에 맺어져야 할 진정한 의미 등에 대한 소망을 노래한다.

□ 괴테 「들장미」, 「오랑캐꽃」, 「발견」

들장미

한 소년이 장미 한 송이를 보았네,
들에 핀 어린 장미,
여리고 싱싱하고 어여쁜.
소년은 어린 장미에게 달려가,
기쁨에 겨운 듯 보았네.
장미, 장미, 빨간 장미,
들에 핀 어린 장미.

소년이 말했네, 너를 꺽을 거야!
들에 핀 어린 장미!
들장미가 말했네, 너를 찌를 거야!
영원히 나를 생각하게 할 거야!
부러지는 건 싫어!
장미, 장미, 빨간 장미,
들에 핀 어린 장미.

장난꾸러기 소년이 꺽었네,
들에 핀 어린 장미.
장미는 반항하며 찔렀네,
비명도 소용없고,
참을 수밖에 없었네.
장미, 장미, 빨간 장미,
들에 핀 어린 장미.

오랑캐꽃

초원에 한 송이 오랑캐꽃 서 있었네,
고개 숙이고 아무도 모르게.

사랑스러운 오랑캐꽃.
그때 양치기 아가씨가
사뿐사뿐 경쾌하게 걸어왔네.
그쪽으로, 그쪽으로,
초원으로 와서 노래했네.

오랑캐꽃은 생각했지, 아, 내가
이 세상에서 가장 아름다운 꽃이었으면!
아, 잠깐 동안만이라도,
사랑하는 이 나를 꺾어
그이 가슴에 안겨 시들 때 까지만이라도!
그저, 그저,
15분만이라도!

아! 소녀는 왔지만
오랑캐꽃에는 관심도 없어,
가엾은 오랑캐꽃을 짓밟았네.
오랑캐꽃은 노래하며 죽어갔지만 기뻐했지.
나는 죽네, 나는 죽네,
소녀 덕분에, 소녀 덕분에
그녀의 발밑에서.

발견
나는 그렇게 혼자서
숲 속을 걷고 있었지,
아무것도 찾지 않을
생각이었지.

그늘진 곳에서
조그만 꽃 한 송이를 발견했지,

별처럼 반짝이고,
눈동자처럼 아름다운.

내가 꽃을 꺾으려 하자
가냘픈 목소리가 말했지.
나를 꺾어
시들게 하시렵니까?

나는 꽃을 뿌리째
뽑아,
정원의
예쁜 집에 옮겨 놓았지.

꽃은 조용한 곳에서
다시 자라,
점점 더 번성하고
계속해서 꽃을 피워 냈지.

□김소월 「산유화」

산유화
산(山)에는 꽃피네
꽃이 피네
갈 봄 여름 없이
꽃이 피네
산(山)에
산(山)에
피는 꽃은
저만치 혼자서 피어 있네

산(山)에서 우는 작은 새요

꽃이 좋아
산(山)에서
사노라네

산(山)에는 꽃 지네
꽃이 지네
갈 봄 여름 없이
꽃이 지네

□김춘수 「꽃」

꽃
내가 그의 이름을 불러주기 전에는
그는 다만
하나의 몸짓에 지나지 않았다.

내가 그의 이름을 불러 주었을 때
그는 나에게로 와서
꽃이 되었다.

내가 그의 이름을 불러 준 것처럼
나의 이 빛깔과 향기에 알맞는
누가 나의 이름을 불러 다오.
그에게로 가서 나도
그의 꽃이 되고 싶다.

우리들은 모두
무엇이 되고 싶다.
나는 너에게 너는 나에게
잊혀지지 않는 하나의 눈짓이 되고 싶다.

■■■■■■시(詩)들을 큰 소리로 읽어 보자.

■■■■■■이 시들의 핵심 이미지는 '꽃'이다. 작품의 내용을 해치지 않는 범위에서 연상되는 단어들을 계속 이어나가 보자.

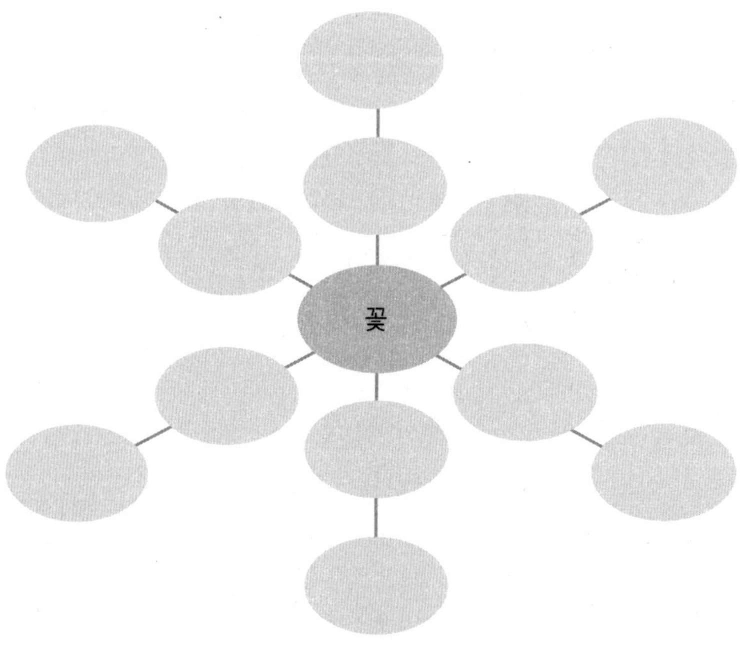

■■■■■■네모 안에 5편의 시에 들어 있는 이미지(심상(心象))들을 모두 찾아 적어 넣어 보자.

들장미

오랑캐꽃

산유화

■■■■■■ '꽃'을 소재로 시를 써 보자(분량은 자유, 단 한 줄도 무방합니다).

13 히로나카 헤이스케의 『학문의 즐거움』

1. 작가 소개

히로나카 헤이스케는 1931년 일본 야마구치현 출생이다. 그는 벽촌 장사꾼의 열다섯 남매의 일곱 번째 아들로 유년학교 입시에서 보기 좋게 물먹고, 한때는 피아니스트를 꿈꾸었던 곡절 많던 소년이었다. 대학 입시 일주일 전까지 밭에서 거름통을 들었고, 대학 3학년이 돼서야 수학의 길을 택한 늦깎이 수학자였던 그는 끈기 하나를 유일한 밑천으로, 미국 하버드로 건너가 박사를 따내고 수학의 노벨상이라는 필드상까지 받았다. 골치 아픈 수학에서 깨달음을 얻은, 즐겁게 공부하다 인생에도 도통한 평범하고 희한한 수학자인 것이다.

히로나카의 가장 유명하고도 중요한 업적은 1964년에 증명한 <위수 0인 체 상에

서 정의된 대수다양체의 특이점 해소 정리>로 프린스턴 대학교에서 발간하는 수학 연보(Annals of Mathematics)에 두 번에 나누어 출판되었다. 이 업적으로 히로나카는 1970년에 필즈 메달을 수상하게 된다. 일본인으로서는 고다이라 구니히코에 이어 두 번째로 필즈 메달 수상자가 되었다. 세 번째로 수상한 일본인은 모리 시게후미이며 1990년에 3차원 대수다양체의 최소모델에 대한 기여로 필즈 메달을 수상하였다. 세 일본인 수상자 모두 대수기하학을 공부한 수학자였다.

히로나카는 오랫동안 하버드 대학교의 교수로 재직하다 은퇴한 후 일본의 야마구치 대학교 학장을 거쳐, 현재는 소조가쿠엔 대학교의 이사장으로 있다. 일본으로 돌아온 이후에는 일본의 수학 교육에 많은 기여를 해서 일본 문화 훈장을 받기도 하였다. 2008년 3월 서울대학교 수리과학부 석좌교수로 초빙되었다.

2. 작품 소개

우리는 전기를 읽을 때 보통 주인공의 초인간적인 면에 감동을 받는다. 그리고 가끔 그의 평범한 면을 보고는 미소를 짓기도 한다. 그러나 이 히로나카 교수의 자서전은 그것과 반대이다.

모든 것이 평범하면서도 세계적인 수학 업적을 남기게 되었다는 것이 종전에 읽던 전기와 다른 점이다. 저자도 책에서 여러 번 강조하듯이 그의 어린 시절과 학창시절은 보통 사람과 별로 다르지 않다. 이 책은 보통 사람이면서 뭔가 하고 싶은 사람에게, 자신의 임무를 완수하려고 하는 모든 사람들에게 감동과 용기를 줄 것이다.

—역자 : 방승양

■■■■■ 다음 글들에 제목을 달고, 밑줄 친 곳에는 알맞은 문장을 써 넣어 보자.

① 현대 의학의 수준으로는 몇 퍼센트밖에 해명되지 않은 어떤 난치병일지라도 의사는 눈앞에서 고통 받는 환자에게 무엇인가 처방을 내려야만 하는 것처럼, 쉽게 해결할 수 없는 어떤 문제에 대해서도 어느 순간에는 결단을 내리지 않으면 안 된다. 그리고 한 단계 뛰어넘어 앞으로 나가는 비약을 해야 한다. 불연속적인 것을 연속적인 것으로 유도하는 두뇌의 관용성은 비약하는 것을 비약이 아닌 것같이 생각할 수 있게 한다. 따라서 사람은 비약할 수 있다. 이것은 컴퓨터나 로봇에는 없는 인간만이 가진 능력이다.

결단할 수 있는 힘, 어느 순간에 '앗!' 하고 비약할 수 있는 힘, 이러한 지혜의 힘은 인생과는 직접 관계가 없어 보이는 공부하는 가운데서 키워지는 것이다. 지혜에는 내가 말한 것 이외에도 몇 가지 측면이 더 있을 것이다. 어쨌든 "왜 배워야 하는가?"라는 질문에 대해서 나는 "_________________."라고 대답할 수밖에 없다.

② 사람은 어떤 길을 가든지 때때로 상쾌감과 만족감을 맛보는 일이 필요하다. 늘 고통과 좌절을 겪는다면 계속 그 길을 가기가 어려울 것이다. 그러면 이 상쾌함과 만족감은 어디에서 생길까? 작은 일이라도 그 일에 성공하는 데서 생긴다. 작으나마 그 일에서 성공을 거두고, 그것으로 인해 만족감을 느끼고 이런 체험이 쌓이면서 비로소 그 길이 자신의 길로 여겨지며 계속 걸을 수 있게 된다고 생각한다. 그런데 이와 같이 한 가지 일에 성공하기 위해서는 노력하는 힘과 끈기가 필요하다.

나는 원래 노력형은 아니었다. 학교 성적이 나쁜 편은 아니었지만 기복이 심한 편이었다. 할 때는 남보다 배나 더 하지만 안할 때는 전혀 안 하기도 했다. 그 때문인지 몰라도 초등학교 때는 한 번도 일등을 하지 못했다. 집중적으로 일을 하는 태도가 예술가에게는 좋은 방법이 될는지 몰라도 학자에게는 대단한 재능이 없는 한 적합한 방법이 아니다. 내가 그러한 기복 있는 학습 방법을 그대로 해왔다면 학자로서는 성공하지 못했을 것이다. 시간이 얼마나 걸리는가 하는 것보다는 끝까지 해내는 것이 더 중요하다는 게 나의 신조이다. 이러한 신조가 몸에 배어서인지 나는 한 가지 문제를 택하면 처음부터 남보다 두세 배의 시간을 들일 각오로 시작한다.

③ 심리학자는 질투는 인간 특유의 감정이며, 모든 사람에게 존재한다고 말한다. 실제로 학문의 세계에서뿐만 아니라 일상생활에서도 우리는 자칫 선망의 마음을 넘어서 남을 질투하는 경향이 있다. 전문가가 아니기 때문에 나는 그 이상한 감정에 대하여 더 이상 설명하지 못하지만, 어쨌든 질투는 무언가를 창조하려고 하는 사람에게는 정말 좋지 않은 감정

❏ ①의 제목 :

❏ ②의 제목 :

❏ ③의 제목 :

■■■■■■다음의 예들을 참조해서 『학문의 즐거움』이라는 책을 읽고 느낌을 작성해 보자(400자 내외).

〈예시 1〉

내 안의 무수히 잠들어 있는 재능을 깨워보자

어릴 적 기억을 더듬어 보면, 궁금한 것이 유난히도 많아 어른들을 여간 귀찮게 한 게 아니었다. 지금은 초등학교 1학년인 아들이 이것저것 묻고 싶은 게 그리도 많은가 보다. 어린 시절에 어머니께서는 항상 일관된 답만 해주셨다. "열심히 공부하면 많은 것을 배울 수 있단다." 하고 말이다. 지금의 나는 어머니의 시대보다 더 많이 배웠음에도 불구하고 아이에게 친절히 가르쳐 주지 못하고 "책을 많이 읽으면 많은 것을 배우고 알 수 있단다." 하고 대답해 준다.

자신의 내면에 있는 무궁무진한 가능성을 꺼내는 것 또한 학문을 통해서 가능하다. 이전의 1인 1색의 시대는 이미 오래된 이야기. 이젠 1인 10색의 재능을 갖고 살아가는 시대이다. 아니 사람에 따라 더 많은 능력을 갖고 있겠지. 배움을 통해 내가 모르고 있었던 나의 잠자고 있는 재능을 깨워보자.

—인터넷 교보문고 dani0349

〈예시 2〉

부단한 노력으로도 천재가 될 수 있음을 보여주는 예

평범한 저자가 수학계의 노벨상, 필즈상을 받기까지, 그렇게 되기까지 자신이 살아온 삶을 돌아보며 담담하게 자신의 학문—수학—에 대한 고집과 열정을 중심으로 인생관을 그려 놓은 책. 일반적으로 재미없고 어렵다고만 생각하는 '수학'이라는 분야에서 어떻게 『학문의 즐거움』이라는 책을 쓸 수 있을까라는 의문이 든다면 꼭 읽어 보시길! 소박한 일본 수학자의 공부에 대한 열정, 인생에 대한 열정, 꿈과 희망을 향한 노력과 포기하지 않는 끈기의 위대함을 만나게 된다. 책을 읽다보면 진정 공부하는 즐거움이 무엇인지, 즐겁게 공부할 수 있는 법은 무엇인지 자연스럽게 알 수 있다. 공부에 취미가 좀 있고 자신의 미래에 대해 고민하는 중고등학생들이라면 읽어도 좋을 책이다. 정작 나는 학부 1학년 땐가 이 책을 처음 읽었는데.

—인터넷 교보문고 banquet

14 게오르크 뷔히너의 「보이체크」

1. 작가 소개

20세기 초에 등장한 독일 표현주의 희곡의 선구자이다. 1830년 파리 봉기의 영향을 받아 시작된 혁명운동에 뛰어들어 1834년 경제·정치의 혁명을 촉구하는 소책자를 발간했으며, 급진단체를 조직하기도 했다. 경찰의 추적을 피해 취리히로 도피한다. 그곳에서 물고기의 신경조직에 관한 연구를 시작하여 취리히 대학에 박사 학위 논문을 제출한다.

3편의 희곡(「당통의 죽음」(1835), 「레옹세와 레나」(1836), 「보이체크」(1836))은 그 문체가 셰익스피어와 독일 낭만주의의 질풍노도운동으로부터 영향을 받았음을 분명하게 나타내고 있다. 내용과 형식은 시대를 훨씬 앞서 있으며, 짧은 장면들과 갑작스런 장면전환은 극단적인 자연주의와 상상력을 결합시킨 것이었다. 미완성에 그친 마

지막 작품 「보이체크」는 가난하고 억압받는 자들에 대한 동정심을 나타냄으로써
1890년대에 등장하게 될 사회극의 시작을 알리는 것이었다.

2. 작품 소개

　　가난한 병사 보이체크는 주위로부터 버림받은 인간이다. 가난 탓에 그는 정식 결
혼을 하지 못하고 마리와 두 사람 사이에서 태어난 아이와 함께 살고 있다. 보이체크
는 대위의 기분에 따라 희로애락이 좌우되는 비참한 삶을 살고 있다. 심지어 그는 돈
을 벌기 위해 의사의 임상 실험 대상이 된다. 그는 부도덕하고 무력한 인간으로 각인
되어 있다. 그의 유일한 삶의 의미는 마리이다. 그런 마리가 장교와 불륜을 저지르자
보이체크는 그녀를 살해한다.

　　1824년 라이프치히에서 보이체크라는 청년이 애인을 살해한 죄로 법정에 섰다.
이 청년이 과연 살해 행위에 대해 법적 책임을 질 만한 온전한 정신상태였는지에 대
해 논란이 있었다. 착란 상태에서 저지른 살인을 똑같이 벌할 수는 없기 때문이다.
결국 살인을 저질렀을 때 보이체크의 정신상태가 정상에 가까웠다는 결론이었고, 보
이체크는 처형당했다. 뷔히너는 가난한 사람들의 비극적 운명의 원인을 폭력적인 사
회구조에서 찾았다.

「보이체크」

〈장면 1〉

[방안]
마리와 고수장

고수장 마리!

마 리 (그를 쳐다보며 감정 담긴 목소리로) 앞으로 한번 걸어가 봐요. 딱 벌어진 가슴이 마치 황소 같네. 수염은 사자 같고. 이렇게 건장한 남자는 아마 없을 거예요. 세상 모든 여자들 앞에서 난 자랑을 해도 되겠는 걸요.

고수장 일요일에 내가 모자에 커다란 깃털을 달고 흰 장갑을 끼고 나타나 봐, 흥, 마리, 왕자님께서 뭐라고 하시는 줄 알아? 이 사람, 자네 정말 멋진 사내로군, 하신단 말이야.

마 리 (①) 아 그래요! (그 앞으로 다가선다) 사내하고는!

고수장 흥, 넌 역시 계집이로구나. 어때, 고수장 한번 길들여 보지 않겠어? (그녀를 껴안으려 한다)

마 리 (②) 이것 놔!

고수장 야생마로군!

마 리 (격한 음성으로) 건드리기만 해봐라!

고수장 넌 도깨비 같은 계집이구나?

마 리 마음대로 생각해요. 세상이란 어차피 매한가지니까.

〈장면 2〉
[저녁]
도시가 멀리 보인다
마리와 보이체크가 서 있다

마 리 그러니까 저쪽으로 나가면 시내가 되는군요. 어두워졌어요.

보이체크 당신 조금 더 있어 줘야겠어. 이리 와 앉지.

마 리 아니에요, 가야 해요.

보이체크 다리가 붓도록 달릴 필요도 없게 될 텐데, 뭘.

마 리 당신도 참, 여전하시군요.

보이체크   우리가 만난 것이 정확히 얼마나 됐는지 알아, 마리?

마 리   오순절이면 2년째에요.

보이체크   앞으로 얼마나 더 지속될지도 알고 있어?

마 리   가 봐야겠어요. 저녁을 준비해야 해요.

보이체크   추워, 마리? 하지만 당신 몸은 따뜻하군. 입술도 뜨겁게 이글거리고. 하지만
         몸이 차가와지면 더는 추위도 모르게 되지. 당신 말이야, 아침이슬을 맞아도
         춥지 않게 될 거야.

마 리   무슨 뜻이에요?

보이체크   아무 것도 아니야 (③).

마 리   달이 붉게 떠오르네요.

보이체크   피 묻은 낫 같군.

마리   당신 무슨 생각을 하고 있는 거예요? 프란츠, 당신 얼굴이 창백해졌어요. (보
         이체크가 단도를 꺼낸다) 그러지 말아요, 프란츠! 에그머니, 사……람 살려!

보이체크   이거 받아, 받으라고! 너, 죽을 수 없다고? 자! 자! 하, 이게 아직 움직이네,
         아직도 안 죽었어, 아직도? 여전히 살아 있네? (④) 이제 죽었니? 죽어라! 죽
         어! (사람들이 몰려온다. _________⑤_________)

〈장면 3〉

[거리]
아이들

아이 1   가보자! 마리 아줌마래.

아이 2   무슨 일이니?

아이 1   너 아직 모르고 있구나? 사람들이 모두 저쪽으로 갔단 말이야. 거기 어떤 여
         자가 쓰러져 있대!

아이 2   어디 말이야?

아이 1   저기 왼쪽 성벽 너머 숲속 붉은 십자가 옆에 있대.

아이 2   어서 보러 가자. 늦으면 사람들이 시체를 치울 거야.

포리(捕吏)와 공의 그리고 판사

포 리   아름다운 살인입니다. 진짜 살인이에요. 멋진 살인이라고요. 그런 식으로 살

인해 주십사고 부탁이라도 한 것처럼 멋들어져요. 이런 살인을 본 지도 꽤
오래된 것 같은데요.

백치와 아기 그리고 보이체크

칼　　　 (아기를 무릎 위에 안고 있다) 그 남자가 물에 빠졌다. 그 남자가 물에 빠졌어,
그렇지? 그 남자가 물에 빠졌어.

보이체크　 아가, 크리스티안!

칼　　　 (보이체크를 물끄러미 바라본다) 그 남자가 물에 빠졌어.

보이체크　 (아기의 뺨을 쓰다듬어 주려 하나 아기가 얼굴을 돌리며 울음을 터뜨린다) 하나님
맙소사!

칼　　　 （　⑥　）

보이체크　 크리스티안, 목마 사줄게. 자, 이리 와 봐. (아기가 계속 피한다. 칼을 향해) 아기
에게 목마 하나 사줘 (칼, 그를 물끄러미 바라본다).

보이체크　 달려라, 달려, 백마야!

칼　　　 (기뻐서 소리친다) 달려라, 달려, 백마야, 백마! (어린애를 안고 달려 나간다)

■■■■■ 위 장면들을 각각 산문으로 옮겨 적어 보자.

❏ 장면 1

❑ 장면 3

①

②

③

④

⑤

⑥

■■■■■ 이것은 이 작품에 삽입되어 있는 할머니의 동화이다. 이 동화는 일반 동화와는 달리 비극으로 끝을 맺는다. 이 동화가 비극임을 알려주는 단어나 구절을 모두 찾아내 적어 보자.

> 옛날 옛적에 불쌍한 아이가 살았단다. 아빠도 엄마도 없었지. 모두 다 돌아가셨어. 이 세상에 살아있는 사람은 한 사람도 없었어. 모두가 죽었어. 그래서 그 아이는 절망한 나머지 밤낮으로 울었단다. 이 지구에는 아무도 없었기 때문에 그 아이는 하늘나라로 가려고 했지. 그러던 어느 날 달님이 그 아이를 친절하게 쳐다보질 않았겠니. 그 애는 마침내 달나라에 갔어. 그런데 달님은 다름 아닌 썩은 나무 조각이었다. 그래서 다음엔 햇님에게로 갔었지. 햇님한테 가 보니까 햇님은 시들어버린 해바라기였다는구나. 마지막으로 그 애는 별나라로 갔어요. 그런데 별나라는 황금모기들이었다. 이 황금모기들은 마치 때까치가 그 것들을 찔레가시에다 꽂아 놓은 것 같은 그런 모양을 하고 있더래지 뭐냐. 그래서 그 애는 하는 수 없이 다시 지구로 돌아왔는데 지구는 엎질러진 요강이었어. 주위엔 여전히 아무도 없었고. 그래서 아이는 주저앉아 엉엉 울었단다. 아직도 그 애는 그렇게 앉아 있대. 외롭게 혼자서 말이야.

15 순수 문학이냐, 참여 문학이냐

1. 작가 소개

(1) 서정주

그는 생전에나 사후에나 한국문학이 도달한 최고의 미학적 형상력, 또는 후대에게 미치는 가장 강렬한 미학적 감화력의 주인공이라는 찬사를 받고 있다. 그럼에도 불구하고 일제 강점기 후반의 친일작품 발표 문제 및 독재정권 지지와 찬양 문제로 인해 문학계 안팎의 논쟁의 대상이 되기도 한다. '생명파'라는 이름을 얻은 미당의 초기 시의 탐미적 관능의 세계와 불교로 대표되는 동양정신을 추구한 후기 시 사이에는 적지 않은 차이가 존재하지만 미당 시를 관류하는 공통점은 우리말을 다루는 그의 천부적인 감각과 민족어의 가능성을 한껏 키운 그의 시언어적 특성이라고 평가된다.

2. 작품 소개

서정주는 순수문학과 참여문학을 선과 악의 이분법으로 나누어 순수문학은 선이고 참여문학은 악이라고 단정한다. 이형기는 문학의 본질적 기능을 강조하면서 순수문학을 옹호한다. 선우 휘는 문학이 특정한 목적을 위해 사용될 수 없으며, 문학의 자율성을 확립해야 한다고 생각했다. 반면 홍사중은 서정주의 순수문학론을 반박한다. 반박의 근거를 '현실'이라는 용어에서 찾는다. 김우종은 작가의 사명은 현실 참여라고 강조한다. 최일수는 참여문학은 문학의 정치 도구화를 말하는 것이 아니라고 항변한다.

순수 문학을 옹호하는 글

1-1. 경향문학(사회주의적 경향 또는 프로문학적 경향의 문학을 뜻함)에 반대하는 상대적 개념으로서의 순수문학이란 말 역시 일본문단에서 1930년대 전반기에 온 것임에 틀림없겠으나, 사회주의 문학정신이 한걸음 앞서 와서 저질적 해독만을 끼친 것과는 달리, 이 순수문학의 자각이 우리 신문학사에 크고 좋은 기여를 한 것은 당시 이후를 겪은 우리 현존 문인들이 두루 찬성할 것이다.

사회주의적 경향에 문단예술의 자유가 유린되는 것을 꺼려서 나타난 순수문학 혹은 순문학의 이름으로 표현된 이 주장은 ─주장이라 하기보다도 한 태도 표시는─ 이런 개념으로서는 일본문단이 세계문학사에 있어 맨 처음으로 세운 것이다. 그러나 종전 일본에서 출판된 문학사전들을 보면 그 이름이 잘 안 보이는 걸 봐서도 알 수 있는 것처럼 일본에서는 그 한때의 일부의 태도 표시에 그쳤을 뿐 문학조류적인 움직임으로까지 결과되지는 못하였다.

그것이 우리나라에 그 말이 옮겨져서는 이 말의 본산지에 있어서의 사용 예와는 엄청난 차이를 빚어내게 된 것이다. 순수란 말은 이 나라 문단에서는 1930년대 중기로부터 해방 전 사뭇 통속문학과 경향문학 ─그것도 주로 정치적 경향문학 이외의 모든 문학조류를 총칭하는 말로서 쓰여져 왔고 해방 후에 있어서도 그 말이 갖는 어의와 세력은 대차 없이 이어왔으니 말이다.

　　1930년대 중기로부터 오늘날에 이르기까지 그래도 문학역량이 있고 문학적 양심이 있는 문학인들은 늘 계속해서 이 순수란 말을 중심으로 해 문학을 해오고 있다. 한국의 이런 순수주의는 세계문학사에 있어서도 특기할 만한 것이 아닐 수 없다. (서정주)

1-2. 과연 '순수문학'과 '현실외면'은 등식으로 묶여질 수 있는 동의어인가. 적어도 내가 알기에 그것은 터무니없는 중상에 불과하다. '순수문학'을 체계화시킨 최초의 이론가가 김동리씨라는 뜻에서 그의 말을 인용한다면 순수문학은 '반정치주의 문학'일 수는 있다. 그러나 오늘날 순수를 부정하는 대부분의 사람들이 자기 논리의 바탕에 무의식적으로 깔고 있는바 '비현실'의 문학은 아니다. 김동리씨의 어떠한 글에도, 그리고 그 이후의 순수를 지지한 어떠한 사람도 '정치와의 절연'을 전제로 한 일은 없다고 나는 기억하고 있다. 그러나 17, 8년 후에 재론되는 순수가 뜻밖에도 정치와의 절연을 전제로 한 것처럼 변조되는 것은 놀라운 일이다. (이형기)

1-3. 문학은 문학 이외의 다른 무엇에 써먹는 것은 아니라는 생각이 날로 나의 마음속에서 신념화하여가는 것을 어찌할 수가 없다. 문학을 고상하다고 생각해서가 아니라 다른 무엇에 써질 값어치가 없다는 생각에서다.

　　정치적 효능에 있어서 베개만큼 한 장편소설이 수십 면의 얄팍한 선전 팸플릿만 할 수 없고, 실생활에 주는 도움은 분유나 모기약의 설명서에 미치지 못한다. 시 백 편의 선동성은 한마디 구호를 당하지 못한단 말이다.

　　작가는 오히려 문학이 그렇게 써먹어지지 않는다는 점을 기회 있을 때마다 주장하고 문학을 써먹으려고 드는 사람들에게 누누이 납득시킬 노력을 아끼지 말아야 할 것 같다. 그것이 문학의 자율성을 확립하고 부당한 간섭을 배제함으로써 문학창조에 있어 자유의 폭을 넓히는 길이 아닌가 한다. (……) 문학이란 극단적인 사견을 말하면 좋은 의미에서의 장난이다. 주제 발표에서 "의식적인 사회참여를 극단적으로 밀고 나가면 결국 프롤레타리아 혁명까지 가고야 만다."는 의견에 대해서는 반론도 나왔지만, 나는 비공산주의적 사회체제에 있어서라는 것과 사르트르를 추종할 때에라는 전제를 붙여서 그 의견에는 찬성이다. (선우 휘)

참여문학을 옹호하는 글

2-1. 그러니까 인간을 다루기 위해서는 우선 오늘의 현실부터 다루지 않고서는 불가능하

다는 얘기가 된다. 이것은 지극히도 상식적인 얘기로 되어 있다. 그리고 이것을 부정할 사람은 아무도 없는 것이다. 인간을 인간으로부터 가려놓고 인간의 자기 상실을 가져오게 하는 숱한 현실의 벽들을 어느 만큼이나 올바르게 침투하느냐에 따라서 인간에 대한 올바른 파악이 가능하게 된다는 것은 아무도 부정할 수 없는 얘기로 되어 있다. (……) 문제는 그뿐이 아니다. 우리가 현대의 시점에서 누구를 위한, 무엇을 위한 문학이냐 하는 가장 근본적인 문제로 되돌아갈 때에는 현실과 유리된 곳에서 문학한다는 것이 가능한 일인지 아닌지는 지극히도 명백하게 드러날 것으로 본다. 진실로 어떻게 살아가야 하는가 하는 인간의 가장 근원적인 문제 앞에 제시되는 일체의 것이 바로 '현실'이며, 이것이 또한 문학의 지상의 대상이 된다는 것을 잊어서는 안 될 것이다. (홍사중)

2-2. 그러므로 영원한 평화와 행복을 추구하려는 인류의 현실적인 고민, 그런 공동과제를 해결하려는 진실한 노력, 이런 것을 외면하여 오직 비단 옷만 걸치고 나와서 아양을 떠는 '순수'가 인간 정신의 내부에까지 깊이 파고들며 감동을 준다는 것은 생각할 수도 없는 일이다. (……) 한국의 '순수'가 이처럼 타락한 정신의 소산이라는 것은 우리의 문학사를 다시 더듬어보면 더욱 분명해질 것이다. 일제시대에 일본 경찰의 압력을 피해서 무사히 명철보신하던 유일한 문학이 이 '순수'였음을 보면 알 것이다. 민중이 처절한 신음소리를 내어도 귀를 막고 음풍영월만 즐기며 '창파에 조히 씻은 몸' 행여나 더럽힐세라 처신해 온 기피자의 문학이 곧 그 '순수'가 아니더냐?

그러므로 '순수' 문학이 그처럼 독점하려는 예술성을, 그 예술의 위대성을 살피려면, 현실을 기피할 것이 아니라 먼저 그 '까마귀 싸우는 골에' 뛰어들어 몸을 더럽힐 줄 알아야 한다. '일하는 손'은 언제나 '더러운 손'이라는 진리를 그대들은 알지 못하는가? (김우종)

2-3. 물고기가 바다 속에서 살 듯 인간은 사회 속에서 살고 있는 것이다. 정신은 이 사회의 발전과정에서 자각을 하고 향상을 하면서 원리를 터득하는 것이다. 이를 가리켜 사회성 위주라든가 편향이라고 규정할 수 없으며, 사회 속에서 문학을 한다 해서 사회에 의존하여 주체성 없는 시녀라고 탓할 수 없는 것이다. (……) 그리고 문학의 정치적 도구화를 지적하여 참여문학이 마치 그런 것처럼 비판한다는 것은 당치도 않은 기우에 불과하다. '참여문학', '참여문학' 하지만 김현승 시인의 말대로 문학이 문학을 버리고 남을 돕기 위해 어느 집단에 예속되어 들어가는 것이 아니다.

문학이 사회를 의식하면서 불의에 짓밟힌 사회를 바로잡기 위한 대중들의 역사적인 자각과 호흡을 함께하고 대중과 더불어 행동을 같이 하면서 새롭고 바른 '삶의 원리'를 창조하려는 것이지, 결코 어느 정치적 집단의 도구가 되기 위해 문학을 짊어지고 들어가는 것이 아니다. 문학의 사회참여는 사회의 한 요원으로서 자체의 바른 길을 확립하고 다른 장르와 더불어 각기 지닌 주체와 주체끼리 사회라는 공동의 광장에 모여 바르고 새로운 삶을 창조하기 위한 역사적인 행위인 것이며 '삶의 원리'와 '정신의 자각'을 참되게 이루려는 문학의 사회적 작업인 것이다. (최일수)

■■■■■ 서정주(1-1)는 경향문학과 대립되는 의미의 순수문학을 극단적으로 옹호하고 있다. 서정주가 주장하는 참여문학의 폐해를 짤막하게 적어 보자(100자 내외).

■■■■■ 이형기(1-2)는 순수문학이 비현실의 문학이 아니라고 주장하고 있다. 그 이유를 본문에서 찾아써 보자(100자 내외).

■■■■■ 선우 휘(1-3)는 문학이 특정한 목적을 위해 사용될 수 없으며, 문학에 부당한 간섭을 배제해야 한다고 주장한다. 선우 휘의 문학관을 드러내는 어구를 본문에서 찾아보자.

■■■■■ 홍사중(2-1)의 글에서 가장 핵심적인 단어 한 개를 고른다면?

■■■■■ 김우종(2-2)이 비판하는 순수문학론자들의 문학관을 잘 드러내는 단어 한 개를 고른다면?

■■■■■ 최일수 (2-3)의 참여문학론을 짧게 요약해 보자(100자 내외).

■■■■■■윗글들과 특히 다음 글에 기대어 자신의 문학을 바라보는 입장을 밝히자.

> 브레히트는 현대의 비인간화에 대항하여 인간을 '완전'하며 '조화롭고' 통합된 인격체로 처리하는 것은 단순한 탁상공론일 뿐이라고 주장한다. 모순을 조화롭게 구조화해서 화해시키는 것은 특히 관객들의 카타르시스적 성취감을 용이하게 해 줌으로써 정치 행위를 불필요한 것으로 만든다. 브레히트는 관객들에게 극장 밖에서 행동하기를 희망했다. 예술은 열려져 있어 관객에 의해 완성되어야 할 것이지, 작가가 모순을 화해하려 시도함으로써 닫혀서는 안 된다.

❏ 순수문학론에 동조하는 경우

❏ 제3의 경우

부록

제1장 총 칙

제1항 한글 맞춤법은 표준어를 소리대로 적되, 어법에 맞도록 함을 원칙으로 한다.

제2항 문장의 각 단어는 띄어 씀을 원칙으로 한다.

제3항 외래어는 '외래어 표기법'에 따라 적는다.

제2장 자 모

제4항 한글 자모의 수는 스물넉 자로 하고, 그 순서와 이름은 다음과 같이 정한다.

ㄱ(기역)	ㄴ(니은)	ㄷ(디귿)	ㄹ(리을)	ㅁ(미음)
ㅂ(비읍)	ㅅ(시옷)	ㅇ(이응)	ㅈ(지읒)	ㅊ(치읓)
ㅋ(키읔)	ㅌ(티읕)	ㅍ(피읖)	ㅎ(히읗)	
ㅏ(아)	ㅑ(야)	ㅓ(어)	ㅕ(여)	ㅗ(오)
ㅛ(요)	ㅜ(우)	ㅠ(유)	ㅡ(으)	ㅣ(이)

[붙임 1] 위의 자모로써 적을 수 없는 소리는 두 개 이상의 자모를 어울러서 적되, 그 순서와 이름은 다음과 같이 정한다.

ㄲ(쌍기역)	ㄸ(쌍디귿)	ㅃ(쌍비읍)	ㅆ(쌍시옷)	ㅉ(쌍지읒)
ㅐ(애)	ㅒ(얘)	ㅔ(에)	ㅖ(예)	ㅘ(와) ㅙ(왜)
ㅚ(외)	ㅝ(워)	ㅞ(웨)	ㅟ(위)	ㅢ(의)

[붙임 2] 사전에 올릴 적의 자모 순서는 다음과 같이 정한다.

자 음 : ㄱ   ㄲ   ㄴ   ㄷ   ㄸ   ㄹ   ㅁ   ㅂ
         ㅃ   ㅅ   ㅆ   ㅇ   ㅈ   ㅉ   ㅊ   ㅋ
         ㅌ   ㅍ   ㅎ

모 음 : ㅏ   ㅐ   ㅑ   ㅒ   ㅓ   ㅔ   ㅕ   ㅖ
         ㅗ   ㅘ   ㅙ   ㅚ   ㅛ   ㅜ   ㅝ   ㅞ
         ㅟ   ㅠ   ㅡ   ㅢ   ㅣ

제3장 소리에 관한 것

제1절 된소리

제5항   한 단어 안에서 뚜렷한 까닭 없이 나는 된소리는 다음 음절의 첫소리를 된소리로 적는다.

1. 두 모음 사이에서 나는 된소리

소쩍새	어깨	오빠	으뜸	아끼다
기쁘다	깨끗하다	어떠하다	해쓱하다	가끔
거꾸로	부썩	어찌	이따금	

2. 'ㄴ, ㄹ, ㅁ, ㅇ' 받침 뒤에서 나는 된소리

산뜻하다	잔뜩	살짝	훨씬	담뿍
움찔	몽땅	엉뚱하다		

다만, 'ㄱ, ㅂ' 받침 뒤에서 나는 된소리는, 같은 음절이나 비슷한 음절이 겹쳐 나는 경우가 아니면 된소리로 적지 아니한다.

국수	깍두기	딱지	색시	싹둑(~싹둑)
법석	갑자기	몹시		

제 2 절 구개음화

제6항　'ㄷ, ㅌ' 받침 뒤에 종속적 관계를 가진 '-이(-)'나 '-히-'가 올 적에는, 그 'ㄷ, ㅌ'이 'ㅈ, ㅊ'으로 소리나더라도 'ㄷ, ㅌ'으로 적는다.(ㄱ을 취하고, ㄴ을 버림.)

ㄱ	ㄴ		ㄱ	ㄴ
맏이	마지	|	핥이다	할치다
해돋이	해도지	|	걷히다	거치다
굳이	구지	|	닫히다	다치다
같이	가치	|	묻히다	무치다
끝이	끄치	|		

제 3 절 'ㄷ' 소리 받침

제7항　'ㄷ' 소리로 나는 받침 중에서 'ㄷ'으로 적을 근거가 없는 것은 'ㅅ'으로 적는다.

덧저고리	돗자리	엇셈	웃어른	핫옷
무릇	사뭇	얼핏	자칫하면	뭇[衆]
옛	첫	헛		

제 4 절 모음

제8항 '계, 례, 몌, 폐, 혜'의 'ㅖ'는 'ㅔ'로 소리나는 경우가 있더라도 'ㅖ'로 적는
다.(ㄱ을 취하고, ㄴ을 버림.)

ㄱ	ㄴ		ㄱ	ㄴ
계수(桂樹)	게수		혜택(惠澤)	헤택
사례(謝禮)	사레		계집	게집
연몌(連袂)	연메		핑계	핑게
폐품(廢品)	페품		계시다	게시다

다만, 다음 말은 본음대로 적는다.

게송(偈頌)   게시판(揭示板) 휴게실(休憩室)

제9항 '의'나, 자음을 첫소리로 가지고 있는 음절의 'ㅢ'는 'ㅣ'로 소리나는 경우
가 있더라도 'ㅢ'로 적는다.(ㄱ을 취하고, ㄴ을 버림.)

ㄱ	ㄴ		ㄱ	ㄴ
의의(意義)	의이		닁큼	닝큼
본의(本義)	본이		띄어쓰기	띠어쓰기
무늬[紋]	무니		씌어	씨어
보늬	보니		틔어	티어
오늬	오니		희망(希望)	히망
하늬바람	하니바람		희다	히다
닁리리	닁리리		유희(遊戱)	유히

제 5 절 두음 법칙

제10항 한자음 '녀, 뇨, 뉴, 니'가 단어 첫머리에 올 적에는, 두음 법칙에 따라 '여, 요, 유, 이'로 적는다.(ㄱ을 취하고, ㄴ을 버림.)

ㄱ	ㄴ		ㄱ	ㄴ
여자(女子)	녀자		유대(紐帶)	뉴대
연세(年歲)	년세		이토(泥土)	니토
요소(尿素)	뇨소		익명(匿名)	닉명

다만, 다음과 같은 의존 명사에서는 '냐, 녀' 음을 인정한다.

냥(兩)　　　　냥쭝(兩─)　　　년(年)(몇 년)

[붙임 1] 단어의 첫머리 이외의 경우에는 본음대로 적는다.

남녀(男女)　　　당뇨(糖尿)　　　결뉴(結紐)　　　은닉(隱匿)

[붙임 2] 접두사처럼 쓰이는 한자가 붙어서 된 말이나 합성어에서, 뒷말의 첫소리가 'ㄴ' 소리로 나더라도 두음 법칙에 따라 적는다.

신여성(新女性)　　　공염불(空念佛)　　　남존여비(男尊女卑)

[붙임 3] 둘 이상의 단어로 이루어진 고유 명사를 붙여 쓰는 경우에도 붙임 2에 준하여 적는다.

한국여자대학　　　　　　대한요소비료회사

제11항 한자음 '랴, 려, 례, 료, 류, 리'가 단어의 첫머리에 올 적에는, 두음 법칙에 따라 '야, 여, 예, 요, 유, 이'로 적는다.(ㄱ을 취하고, ㄴ을 버림.)

ㄱ	ㄴ		ㄱ	ㄴ
양심(良心)	량심		용궁(龍宮)	룡궁
역사(歷史)	력사		유행(流行)	류행
예의(禮儀)	례의		이발(理髮)	리발

다만, 다음과 같은 의존 명사는 본음대로 적는다.

리(里) : 몇 리냐?

리(理) : 그럴 리가 없다.

[붙임 1] 단어의 첫머리 이외의 경우에는 본음대로 적는다.

개량(改良)	선량(善良)	수력(水力)	협력(協力)
사례(謝禮)	혼례(婚禮)	와룡(臥龍)	쌍룡(雙龍)
하류(下流)	급류(急流)	도리(道理)	진리(眞理)

다만, 모음이나 ‘ㄴ’ 받침 뒤에 이어지는 ‘렬, 률’은 ‘열, 율’로 적는다.(ㄱ을 취하고, ㄴ을 버림.)

ㄱ	ㄴ		ㄱ	ㄴ
나열(羅列)	나렬		분열(分裂)	분렬
치열(齒列)	치렬		선열(先烈)	선렬
비열(卑劣)	비렬		진열(陳列)	진렬
규율(規律)	규률		선율(旋律)	선률
비율(比率)	비률		전율(戰慄)	전률
실패율(失敗率)	실패률		백분율(百分率)	백분률

[붙임 2] 외자로 된 이름을 성에 붙여 쓸 경우에도 본음대로 적을 수 있다.

신립(申砬)   최린(崔麟)   채륜(蔡倫)   하륜(河崙)

[붙임 3] 준말에서 본음으로 소리나는 것은 본음대로 적는다.

국련(국제연합)   대한교련(대한교육연합회)

[붙임 4] 접두사처럼 쓰이는 한자가 붙어서 된 말이나 합성어에서, 뒷말의 첫소
리가 'ㄴ' 또는 'ㄹ' 소리로 나더라도 두음 법칙에 따라 적는다.

역이용(逆利用)   연이율(年利率)   열역학(熱力學)
해외여행(海外旅行)

[붙임 5] 둘 이상의 단어로 이루어진 고유 명사를 붙여 쓰는 경우나 십진법에 따
라 쓰는 수(數)도 붙임 4에 준하여 적는다.

서울여관   신흥이발관   육천육백육십육(六千六百六十六)

제12항 한자음 '라, 래, 로, 뢰, 루, 르'가 단어의 첫머리에 올 적에는, 두음 법칙에
따라 '나, 내, 노, 뇌, 누, 느'로 적는다.(ㄱ을 취하고, ㄴ을 버림.)

ㄱ	ㄴ		ㄱ	ㄴ
낙원(樂園)	락원		뇌성(雷聲)	뢰성
내일(來日)	래일		누각(樓閣)	루각
노인(老人)	로인		능묘(陵墓)	릉묘

[붙임 1] 단어의 첫머리 이외의 경우에는 본음대로 적는다.

쾌락(快樂)	극락(極樂)	거래(去來)	왕래(往來)
부로(父老)	연로(年老)	지뢰(地雷)	낙뢰(落雷)
고루(高樓)	광한루(廣寒樓)	동구릉(東九陵)	가정란(家庭欄)

[붙임 2] 접두사처럼 쓰이는 한자가 붙어서 된 단어는 뒷말을 두음 법칙에 따라
　　적는다.

　　　내내월(來來月)　　　　상노인(上老人)　　　　중노동(重勞動)
　　　비논리적(非論理的)

제6절 겹쳐 나는 소리

제13항 한 단어 안에서 같은 음절이나 비슷한 음절이 겹쳐 나는 부분은 같은 글자
　　로 적는다.(ㄱ을 취하고, ㄴ을 버림.)

ㄱ	ㄴ		ㄱ	ㄴ
딱딱	딱닥		꼿꼿하다	꼿곳하다
쌕쌕	쌕색		놀놀하다	놀롤하다
씩씩	씩식		눅눅하다	능눅하다
똑딱똑딱	똑닥똑닥		밋밋하다	민밋하다
쓱싹쓱싹	쓱삭쓱삭		싹싹하다	싹삭하다
연연불망(戀戀不忘)	연련불망		쌉쌀하다	쌉살하다
유유상종(類類相從)	유류상종		씁쓸하다	씁슬하다
누누이(屢屢-)	누루이		짭짤하다	짭잘하다

제4장 형태에 관한 것

제1절 체언과 조사

제14항 체언은 조사와 구별하여 적는다.

떡이	떡을	떡에	떡도	떡만
손이	손을	손에	손도	손만
팔이	팔을	팔에	팔도	팔만
밤이	밤을	밤에	밤도	밤만
집이	집을	집에	집도	집만
옷이	옷을	옷에	옷도	옷만
콩이	콩을	콩에	콩도	콩만
낮이	낮을	낮에	낮도	낮만
꽃이	꽃을	꽃에	꽃도	꽃만
밭이	밭을	밭에	밭도	밭만
앞이	앞을	앞에	앞도	앞만
밖이	밖을	밖에	밖도	밖만
넋이	넋을	넋에	넋도	넋만
흙이	흙을	흙에	흙도	흙만
삶이	삶을	삶에	삶도	삶만
여덟이	여덟을	여덟에	여덟도	여덟만
곬이	곬을	곬에	곬도	곬만
값이	값을	값에	값도	값만

제 2 절 어간과 어미

제15항 용언의 어간과 어미는 구별하여 적는다.

먹다	먹고	먹어	먹으니
신다	신고	신어	신으니
믿다	믿고	믿어	믿으니
울다	울고	울어	(우니)
넘다	넘고	넘어	넘으니
입다	입고	입어	입으니
웃다	웃고	웃어	웃으니
찾다	찾고	찾아	찾으니
좇다	좇고	좇아	좇으니
같다	같고	같아	같으니
높다	높고	높아	높으니
좋다	좋고	좋아	좋으니
깎다	깎고	깎아	깎으니
앉다	앉고	앉아	앉으니
많다	많고	많아	많으니
늙다	늙고	늙어	늙으니
젊다	젊고	젊어	젊으니
넓다	넓고	넓어	넓으니
훑다	훑고	훑어	훑으니
읊다	읊고	읊어	읊으니
옳다	옳고	옳아	옳으니
없다	없고	없어	없으니

있다   있고   있어   있으니

[붙임 1] 두 개의 용언이 어울려 한 개의 용언이 될 적에, 앞말의 본뜻이 유지되
고 있는 것은 그 원형을 밝히어 적고, 그 본뜻에서 멀어진 것은 밝히어 적지
아니한다.

(1) 앞말의 본뜻이 유지되고 있는 것

넘어지다   늘어나다   늘어지다   돌아가다   되짚어가다
들어가다   떨어지다   벌어지다   엎어지다   접어들다
틀어지다   흩어지다

(2) 본뜻에서 멀어진 것

드러나다   사라지다   쓰러지다

[붙임 2] 종결형에서 사용되는 어미 '-오'는 '요'로 소리나는 경우가 있더라도
그 원형을 밝혀 '오'로 적는다.(ㄱ을 취하고, ㄴ을 버림.)

ㄱ	ㄴ
이것은 책이오.	이것은 책이요.
이리로 오시오.	이리로 오시요.
이것은 책이 아니오.	이것은 책이 아니요.

[붙임 3] 연결형에서 사용되는 '이요'는 '이요'로 적는다.(ㄱ을 취하고, ㄴ을 버림.)

ㄱ	ㄴ
이것은 책이요, 저것은 붓이요,	이것은 책이오, 저것은 붓이오,
또 저것은 먹이다.	또 저것은 먹이다.

제16항 어간의 끝음절 모음이 'ㅏ, ㅗ'일 때에는 어미를 '-아'로 적고, 그 밖의 모음일 때에는 '-어'로 적는다.

1. '-아'로 적는 경우

나아	나아도	나아서
막아	막아도	막아서
얇아	얇아도	얇아서
돌아	돌아도	돌아서
보아	보아도	보아서

2. '-어'로 적는 경우

개어	개어도	개어서
겪어	겪어도	겪어서
되어	되어도	되어서
베어	베어도	베어서
쉬어	쉬어도	쉬어서
저어	저어도	저어서
주어	주어도	주어서
피어	피어도	피어서
희어	희어도	희어서

제17항 어미 뒤에 덧붙는 조사 '-요'는 '-요'로 적는다.

읽어	읽어요
참으리	참으리요
좋지	좋지요

제18항 다음과 같은 용언들은 어미가 바뀔 경우, 그 어간이나 어미가 원칙에 벗어 나면 벗어나는 대로 적는다.

1. 어간의 끝 '르'이 줄어질 적

갈다 :	가니	간	갑니다	가시다	가오
놀다 :	노니	논	놉니다	노시다	노오
불다 :	부니	분	붑니다	부시다	부오
둥글다 :	둥그니	둥근	둥급니다	둥그시다	둥그오
어질다 :	어지니	어진	어집니다	어지시다	어지오

[붙임] 다음과 같은 말에서도 '르'이 준 대로 적는다.

마지못하다   마지않다   (하)다마다   (하)자마자

(하)지 마라   (하)지 마(아)

2. 어간의 끝 'ㅅ'이 줄어질 적

긋다 :	그어	그으니	그었다
낫다 :	나아	나으니	나았다
잇다 :	이어	이으니	이었다
짓다 :	지어	지으니	지었다

3. 어간의 끝 'ㅎ'이 줄어질 적[1]

그렇다 :	그러니	그럴	그러면	그러오

---

[1] 고시본에서 보였던 용례 중 '그럽니다, 까맙니다, 동그랍니다, 퍼럽니다, 하얍니다'는 1994년 12월 16일에 열린 국어 심의회의 결정에 따라 삭제하기로 하였다. '표준어 규정' 제17항이 자음 뒤의 '-습니다'를 표준어로 정함에 따라 '그렇습니다, 까맣습니다, 동그랗습니다, 퍼렇습니다, 하얗습니다'가 표준어가 되는 것과 상충하기 때문이다.

까맣다 :   까마니   까말   까마면   까마오

동그랗다 :   동그라니   동그랄   동그라면   동그라오

퍼렇다 :   퍼러니   퍼럴   퍼러면   퍼러오

하얗다 :   하야니   하얄   하야면   하야오

4. 어간의 끝 'ㅜ, ㅡ'가 줄어질 적

푸다 :	퍼	펐다	|	뜨다 :	떠	떴다
끄다 :	꺼	껐다	|	크다 :	커	컸다
담그다 :	담가	담갔다	|	고프다 :	고파	고팠다
따르다 :	따라	따랐다	|	바쁘다 :	바빠	바빴다

5. 어간의 끝 'ㄷ'이 'ㄹ'로 바뀔 적

걷다[步] :	걸어	걸으니	걸었다
듣다[聽] :	들어	들으니	들었다
묻다[問] :	물어	물으니	물었다
싣다[載] :	실어	실으니	실었다

6. 어간의 끝 'ㅂ'이 'ㅜ'로 바뀔 적

깁다 :	기워	기우니	기웠다
굽다[炙] :	구워	구우니	구웠다
가깝다 :	가까워	가까우니	가까웠다
괴롭다 :	괴로워	괴로우니	괴로웠다
맵다 :	매워	매우니	매웠다
무겁다 :	무거워	무거우니	무거웠다
밉다 :	미워	미우니	미웠다

쉽다 :　　　　　쉬워　　　　쉬우니　　　　쉬웠다

다만, '돕-, 곱-'과 같은 단음절 어간에 어미 '-아'가 결합되어 '와'로 소리나는
것은 '-와'로 적는다.

돕다[助] :　　　도와　　　　도와서　　　　도와도　　　　도왔다
곱다[麗] :　　　고와　　　　고와서　　　　고와도　　　　고왔다

7. '하다'의 활용에서 어미 '-아'가 '-여'로 바뀔 적

하다 :　　　하여　　　하여서　　　하여도　　　하여라　　　하였다

8. 어간의 끝음절 '르' 뒤에 오는 어미 '-어'가 '-러'로 바뀔 적

이르다[至] :　　이르러　　　이르렀다
노르다 :　　　노르러　　　노르렀다
누르다 :　　　누르러　　　누르렀다
푸르다 :　　　푸르러　　　푸르렀다

9. 어간의 끝음절 '르'의 'ㅡ'가 줄고, 그 뒤에 오는 어미 '-아 / -어'가 '-라 / -러'
　　로 바뀔 적

가르다 :　갈라　　　갈랐다　　|　부르다 :　불러　　　불렀다
거르다 :　걸러　　　걸렀다　　|　오르다 :　올라　　　올랐다
구르다 :　굴러　　　굴렀다　　|　이르다 :　일러　　　일렀다
벼르다 :　별러　　　별렀다　　|　지르다 :　질러　　　질렀다

제 3 절 접미사가 붙어서 된 말

제19항 어간에 '-이'나 '-음 / -ㅁ'이 붙어서 명사로 된 것과 '-이'나 '-히'가 붙어서 부사로 된 것은 그 어간의 원형을 밝히어 적는다.

1. '-이'가 붙어서 명사로 된 것

길이	깊이	높이	다듬이	땀받이	달맞이
먹이	미닫이	벌이	벼훑이	살림살이	쇠붙이

2. '-음 / -ㅁ'이 붙어서 명사로 된 것

걸음	묶음	믿음	얼음	엮음	울음
웃음	졸음	죽음	앎	만듦	

3. '-이'가 붙어서 부사로 된 것

같이	굳이	길이	높이	많이	실없이
좋이	짓궂이				

4. '-히'가 붙어서 부사로 된 것

밝히	익히	작히

다만, 어간에 '-이'나 '-음'이 붙어서 명사로 바뀐 것이라도 그 어간의 뜻과 멀어진 것은 원형을 밝히어 적지 아니한다.

굽도리	다리[髢]	목거리(목병)	무녀리
코끼리	거름(비료)	고름[膿]	노름(도박)

[붙임] 어간에 '-이'나 '-음' 이외의 모음으로 시작된 접미사가 붙어서 다른 품

사로 바뀐 것은 그 어간의 원형을 밝히어 적지 아니한다.

(1) 명사로 바뀐 것

귀머거리	까마귀	너머	뜨더귀	마감
마개	마중	무덤	비렁뱅이	쓰레기
올가미	주검			

(2) 부사로 바뀐 것

거뭇거뭇	너무	도로	뜨덤뜨덤	바투
불긋불긋	비로소	오긋오긋	자주	차마

(3) 조사로 바뀌어 뜻이 달라진 것

나마	부터	조차

제20항 명사 뒤에 '-이'가 붙어서 된 말은 그 명사의 원형을 밝히어 적는다.

1. 부사로 된 것

곳곳이	낱낱이	몫몫이	샅샅이	앞앞이	집집이

2. 명사로 된 것

곰배팔이	바둑이	삼발이	애꾸눈이
육손이	절뚝발이 / 절름발이		

[붙임] '-이' 이외의 모음으로 시작된 접미사가 붙어서 된 말은 그 명사의 원형
을 밝히어 적지 아니한다.

꼬락서니	끄트머리	모가치	바가지	바깥
사타구니	싸라기	이파리	지붕	지푸라기
짜개				

제21항 명사나 혹은 용언의 어간 뒤에 자음으로 시작된 접미사가 붙어서 된 말은 그 명사나 어간의 원형을 밝히어 적는다.

1. 명사 뒤에 자음으로 시작된 접미사가 붙어서 된 것

| 값지다 | 홑지다 | 넋두리 | 빛깔 | 옆댕이 | 잎사귀 |

2. 어간 뒤에 자음으로 시작된 접미사가 붙어서 된 것

낚시	늙정이	덮개	뜯게질	
갉작갉작하다	갉작거리다	뜯적거리다	뜯적뜯적하다	굵다랗다
굵직하다	깊숙하다	넓적하다	높다랗다	늙수그레하다
얽죽얽죽하다				

다만, 다음과 같은 말은 소리대로 적는다.

(1) 겹받침의 끝소리가 드러나지 아니하는 것

할짝거리다	널따랗다	널찍하다	말끔하다	말쑥하다
말짱하다	실쭉하다	실큼하다	얄따랗다	얄팍하다
짤따랗다	짤막하다	실컷		

(2) 어원이 분명하지 아니하거나 본뜻에서 멀어진 것

| 넙치 | 올무 | 골막하다 | 납작하다 |

제22항 용언의 어간에 다음과 같은 접미사들이 붙어서 이루어진 말들은 그 어간을
밝히어 적는다.

1. '-기-, -리-, -이-, -히-, -구-, -우-, -추-, -으키-, -이키-, -애-'가 붙는 것

맡기다	옮기다	웃기다	쫓기다	뚫리다
울리다	낚이다	쌓이다	핥이다	굳히다
굽히다	넓히다	앉히다	얽히다	잡히다
돋구다	솟구다	돋우다	갖추다	곧추다
맞추다	일으키다	돌이키다	없애다	

다만, '-이-, -히-, -우-'가 붙어서 된 말이라도 본뜻에서 멀어진 것은 소리대로
적는다.

도리다(칼로 ~)	드리다(용돈을 ~)	고치다
바치다(세금을 ~)	부치다(편지를 ~)	거두다
미루다	이루다	

2. '-치-, -뜨리-, -트리-'가 붙는 것

놓치다	덮치다	떠받치다	받치다	밭치다
부딪치다	뻗치다	엎치다	부딪뜨리다 / 부딪트리다	
쏟뜨리다 / 쏟트리다	젖뜨리다 / 젖트리다			
찢뜨리다 / 찢트리다	흩뜨리다 / 흩트리다			

[붙임] '-업-, -읍-, -브-'가 붙어서 된 말은 소리대로 적는다.

미덥다	우습다	미쁘다

제23항 '-하다'나 '-거리다'가 붙는 어근에 '-이'가 붙어서 명사가 된 것은 그 원
형을 밝히어 적는다.(ㄱ을 취하고, ㄴ을 버림.)

ㄱ	ㄴ		ㄱ	ㄴ
깔쭉이	깔쭈기		살살이	살사리
꿀꿀이	꿀꾸리		쌕쌕이	쌕쌔기
눈깜짝이	눈깜짜기		오뚝이	오뚜기
더펄이	더퍼리		코납작이	코납자기
배불뚝이	배불뚜기		푸석이	푸서기
삐죽이	삐주기		홀쭉이	홀쭈기

[붙임] '-하다'나 '-거리다'가 붙을 수 없는 어근에 '-이'나 또는 다른 모음으로
시작되는 접미사가 붙어서 명사가 된 것은 그 원형을 밝히어 적지 아니한다.

개구리	귀뚜라미	기러기	깍두기	꽹과리
날라리	누더기	동그라미	두드러기	딱따구리
매미	부스러기	뻐꾸기	얼루기	칼싹두기

제24항 '-거리다'가 붙을 수 있는 시늉말 어근에 '-이다'가 붙어서 된 용언은 그
어근을 밝히어 적는다.(ㄱ을 취하고, ㄴ을 버림.)

ㄱ	ㄴ		ㄱ	ㄴ
깜짝이다	깜짜기다		속삭이다	속사기다
꾸벅이다	꾸버기다		숙덕이다	숙더기다
끄덕이다	끄더기다		울먹이다	울머기다
뒤척이다	뒤처기다		움직이다	움지기다
들먹이다	들머기다		지껄이다	지꺼리다

망설이다	망서리다	|	퍼덕이다	퍼더기다
번득이다	번드기다	|	허덕이다	허더기다
번쩍이다	번쩌기다	|	헐떡이다	헐떠기다

제25항 ‘-하다’가 붙는 어근에 ‘-히’나 ‘-이’가 붙어서 부사가 되거나, 부사에 ‘-이’가 붙어서 뜻을 더하는 경우에는 그 어근이나 부사의 원형을 밝히어 적는다.

1. ‘-하다’가 붙는 어근에 ‘-히’나 ‘-이’가 붙는 경우

급히　　　꾸준히　　　도저히　　　딱히　　　어렴풋이　　깨끗이

[붙임] ‘-하다’가 붙지 않는 경우에는 소리대로 적는다.

갑자기　　　　반드시(꼭)　　　슬며시

2. 부사에 ‘-이’가 붙어서 역시 부사가 되는 경우

곰곰이　　　더욱이　　　생긋이　　　오뚝이　　　일찍이　　　해죽이

제26항 ‘-하다’나 ‘-없다’가 붙어서 된 용언은 그 ‘-하다’나 ‘-없다’를 밝히어 적는다.

1. ‘-하다’가 붙어서 용언이 된 것

딱하다　　　숱하다　　　착하다　　　텁텁하다　　　푹하다

2. ‘-없다’가 붙어서 용언이 된 것

부질없다　　　상없다　　　시름없다　　　열없다　　　하염없다

제4절 합성어 및 접두사가 붙은 말

제27항 둘 이상의 단어가 어울리거나 접두사가 붙어서 이루어진 말은 각각 그 원형을 밝히어 적는다.

국말이	꺾꽂이	꽃잎	끝장	물난리
밑천	부엌일	싫증	옷안	웃옷
젖몸살	첫아들	칼날	팥알	헛웃음
홀아비	홑몸	흙내		
값없다	겉늙다	굶주리다	낮잡다	맞먹다
받내다	벋놓다	빗나가다	빛나다	새파랗다
샛노랗다	시꺼멓다	싯누렇다	엇나가다	엎누르다
엿듣다	옻오르다	짓이기다	헛되다	

[붙임 1] 어원은 분명하나 소리만 특이하게 변한 것은 변한 대로 적는다.

할아버지	할아범

[붙임 2] 어원이 분명하지 아니한 것은 원형을 밝히어 적지 아니한다.

골병	골탕	끌탕	며칠	아재비
오라비	업신여기다	부리나케		

[붙임 3] '이[齒, 虱]'가 합성어나 이에 준하는 말에서 '니' 또는 '리'로 소리날 때에는 '니'로 적는다.

간니	덧니	사랑니	송곳니	앞니
어금니	윗니	젖니	톱니	틀니
가랑니	머릿니			

제28항 끝소리가 ‘ㄹ’인 말과 딴 말이 어울릴 적에 ‘ㄹ’ 소리가 나지 아니하는 것은 아니 나는 대로 적는다.

다달이(달-달-이)	따님(딸-님)	마되(말-되)
마소(말-소)	무자위(물-자위)	바느질(바늘-질)
부나비(불-나비)	부삽(불-삽)	부손(불-손)
소나무(솔-나무)	싸전(쌀-전)	여닫이(열-닫이)
우짖다(울-짖다)	화살(활-살)	

제29항 끝소리가 ‘ㄹ’인 말과 딴 말이 어울릴 적에 ‘ㄹ’ 소리가 ‘ㄷ’ 소리로 나는 것은 ‘ㄷ’으로 적는다.

반짇고리(바느질~)	사흗날(사흘~)	삼짇날(삼질~)
섣달(설~)	숟가락(술 ~)	이튿날(이틀 ~)
잗주름(잘~)	푿소(풀~)	섣부르다(설~)
잗다듬다(잘~)	잗다랗다(잘~)	

제30항 사이시옷은 다음과 같은 경우에 받치어 적는다.

1. 순 우리말로 된 합성어로서 앞말이 모음으로 끝난 경우

    (1) 뒷말의 첫소리가 된소리로 나는 것

고랫재	귓밥	나룻배	나뭇가지	냇가
댓가지	뒷갈망	맷돌	머릿기름	모깃불
못자리	바닷가	뱃길	볏가리	부싯돌
선짓국	쇳조각	아랫집	우렁잇속	잇자국
잿더미	조갯살	찻집	쳇바퀴	킷값

   핏대   햇볕   혓바늘

(2) 뒷말의 첫소리 'ㄴ, ㅁ' 앞에서 'ㄴ' 소리가 덧나는 것

  멧나물   아랫니   텃마당   아랫마을   뒷머리
  잇몸   깻묵   냇물   빗물

(3) 뒷말의 첫소리 모음 앞에서 'ㄴㄴ' 소리가 덧나는 것

  도리깻열   뒷윷   두렛일   뒷일   뒷입맛
  베갯잇   욧잇   깻잎   나뭇잎   댓잎

2. 순 우리말과 한자어로 된 합성어로서 앞말이 모음으로 끝난 경우

(1) 뒷말의 첫소리가 된소리로 나는 것

  귓병   머릿방   뱃병   봇둑   사잣밥
  샛강   아랫방   자릿세   전셋집   찻잔
  찻종   촛국   콧병   탯줄   텃세
  핏기   햇수   횟가루   횟배

(2) 뒷말의 첫소리 'ㄴ, ㅁ' 앞에서 'ㄴ' 소리가 덧나는 것

  곗날   제삿날   훗날   툇마루   양칫물

(3) 뒷말의 첫소리 모음 앞에서 'ㄴㄴ' 소리가 덧나는 것

  가윗일   사삿일   예삿일   훗일

3. 두 음절로 된 다음 한자어

곳간(庫間)　　　셋방(貰房)　　　숫자(數字)　　　찻간(車間)　　　툇간(退間)

횟수(回數)

제31항 두 말이 어울릴 적에 'ㅂ' 소리나 'ㅎ' 소리가 덧나는 것은 소리대로 적는다.

1. 'ㅂ' 소리가 덧나는 것

댑싸리(대ㅂ싸리)　　　멥쌀(메ㅂ쌀)　　　볍씨(벼ㅂ씨)

입때(이ㅂ때)　　　입쌀(이ㅂ쌀)　　　접때(저ㅂ때)

좁쌀(조ㅂ쌀)　　　햅쌀(해ㅂ쌀)

2. 'ㅎ' 소리가 덧나는 것

머리카락(머리ㅎ가락)　　　살코기(살ㅎ고기)　　　수캐(수ㅎ개)

수컷(수ㅎ것)　　　수탉(수ㅎ닭)　　　안팎(안ㅎ밖)

암캐(암ㅎ개)　　　암컷(암ㅎ것)　　　암탉(암ㅎ닭)

제 5 절 준말

제32항 단어의 끝모음이 줄어지고 자음만 남은 것은 그 앞의 음절에 받침으로 적
는다.[2]

(본말)	(준말)
기러기야	기럭아
어제그저께	엊그저께

---

2) 고시본에서 보였던 '온갖, 온가지' 중 '온가지'는 '표준어 규정' 제14항에서 비표준어로 처리하였으므로
　삭제하였다.

어제저녁   엊저녁

가지고, 가지지   갖고, 갖지

디디고, 디디지   딛고, 딛지

제33항 체언과 조사가 어울려 줄어지는 경우에는 준 대로 적는다.

(본말)	(준말)
그것은	그건
그것이	그게
그것으로	그걸로
나는	난
나를	날
너는	넌
너를	널
무엇을	뭣을 / 무얼 / 뭘
무엇이	뭣이 / 무에

제34항 모음 'ㅏ, ㅓ'로 끝난 어간에 '-아/-어, -았-/-었-'이 어울릴 적에는 준 대로 적는다.

(본말)	(준말)		(본말)	(준말)
가아	가		가았다	갔다
나아	나		나았다	났다
타아	타		타았다	탔다
서어	서		서었다	섰다
켜어	켜		켜었다	켰다
펴어	펴		펴었다	폈다

[붙임 1] 'ㅐ, ㅔ' 뒤에 '-어, -었-'이 어울려 줄 적에는 준 대로 적는다.

(본말)	(준말)		(본말)	(준말)
개어	개		개었다	갰다
내어	내		내었다	냈다
베어	베		베었다	벴다
세어	세		세었다	셌다

[붙임 2] '하여'가 한 음절로 줄어서 '해'로 될 적에는 준 대로 적는다.

(본말)	(준말)		(본말)	(준말)
하여	해		하였다	했다
더하여	더해		더하였다	더했다
흔하여	흔해		흔하였다	흔했다

제35항 모음 'ㅗ, ㅜ'로 끝난 어간에 '-아 / -어, -았- / -었-'이 어울려 '과 / ㅝ, 았 / 었'으로 될 적에는 준 대로 적는다.

(본말)	(준말)		(본말)	(준말)
꼬아	꽈		꼬았다	꽜다
보아	봐		보았다	봤다
쏘아	쏴		쏘았다	쐈다
두어	둬		두었다	뒀다
쑤어	쒀		쑤었다	쒔다
주어	줘		주었다	줬다

[붙임 1] '놓아'가 '놔'로 줄 적에는 준 대로 적는다.

[붙임 2] 'ㅚ' 뒤에 '-어, -었-'이 어울려 'ㅙ, ㅙㅆ'으로 될 적에도 준 대로 적는다.

(본말)	(준말)	(본말)	(준말)
괴어	괘	괴었다	괬다
되어	돼	되었다	됐다
뵈어	봬	뵈었다	뵀다
쇠어	쇄	쇠었다	쇘다
쐬어	쐐	쐬었다	쐤다

제36항 'ㅣ' 뒤에 '-어'가 와서 'ㅕ'로 줄 적에는 준 대로 적는다.

(본말)	(준말)	(본말)	(준말)
가지어	가져	가지었다	가졌다
견디어	견뎌	견디었다	견뎠다
다니어	다녀	다니었다	다녔다
막히어	막혀	막히었다	막혔다
버티어	버텨	버티었다	버텼다
치이어	치여	치이었다	치였다

제37항 'ㅏ, ㅕ, ㅗ, ㅜ, ㅡ'로 끝난 어간에 '-이-'가 와서 각각 'ㅐ, ㅖ, ㅚ, ㅟ, ㅢ'로 줄 적에는 준 대로 적는다.

(본말)	(준말)	(본말)	(준말)
싸이다	쌔다	누이다	뉘다
펴이다	폐다	뜨이다	띄다
보이다	뵈다	쓰이다	씌다

제38항 'ㅏ, ㅗ, ㅜ, ㅡ' 뒤에 '-이어'가 어울려 줄어질 적에는 준 대로 적는다.

(본말)	(준말)			(본말)	(준말)	
싸이어	쌔어	싸여	|	뜨이어	띄어	
보이어	뵈어	보여	|	쓰이어	씌어	쓰여
쏘이어	쐬어	쏘여	|	트이어	틔어	트여
누이어	뉘어	누여	|			

제39항 어미 '-지' 뒤에 '않-'이 어울려 '-잖-'이 될 적과 '-하지' 뒤에 '않-'이 어울려 '-찮-'이 될 적에는 준 대로 적는다.

(본말)	(준말)		(본말)	(준말)
그렇지 않은	그렇잖은	|	만만하지 않다	만만찮다
적지 않은	적잖은	|	변변하지 않다	변변찮다

제40항 어간의 끝음절 '하'의 'ㅏ'가 줄고 'ㅎ'이 다음 음절의 첫소리와 어울려 거센소리로 될 적에는 거센소리로 적는다.

(본말)	(준말)		(본말)	(준말)
간편하게	간편케	|	다정하다	다정타
연구하도록	연구토록	|	정결하다	정결타
가하다	가타	|	흔하다	흔타

[붙임 1] 'ㅎ'이 어간의 끝소리로 굳어진 것은 받침으로 적는다.

않다	않고	않지	않든지
그렇다	그렇고	그렇지	그렇든지
아무렇다	아무렇고	아무렇지	아무렇든지
어떻다	어떻고	어떻지	어떻든지
이렇다	이렇고	이렇지	이렇든지

저렇다   저렇고   저렇지   저렇든지

[붙임 2] 어간의 끝음절 '하'가 아주 줄 적에는 준 대로 적는다.

(본말)	(준말)		(본말)	(준말)
거북하지	거북지	|	넉넉하지 않다	넉넉지 않다
생각하건대	생각건대	|	못하지 않다	못지않다
생각하다 못해	생각다 못해	|	섭섭하지 않다	섭섭지 않다
깨끗하지 않다	깨끗지 않다	|	익숙하지 않다	익숙지 않다

[붙임 3] 다음과 같은 부사는 소리대로 적는다.

결단코	결코	기필코	무심코	아무튼
요컨대	정녕코	필연코	하마터면	하여튼
한사코				

제5장 띄어쓰기

제1절 조사

제41항 조사는 그 앞말에 붙여 쓴다.

꽃이	꽃마저	꽃밖에	꽃에서부터	꽃으로만
꽃이나마	꽃이다	꽃입니다	꽃처럼	어디까지나
거기도	멀리는	웃고만		

제2절 의존 명사, 단위를 나타내는 명사 및 열거하는 말 등

제42항 의존 명사는 띄어 쓴다.

아는 **것**이 힘이다.	나도 할 **수** 있다.
먹을 **만큼** 먹어라.	아는 **이**를 만났다.
네가 뜻한 **바**를 알겠다.	그가 떠난 **지**가 오래다.

제43항 단위를 나타내는 명사는 띄어 쓴다.

한 **개**	차 한 **대**	금 서 **돈**	소 한 **마리**
옷 한 **벌**	열 **살**	조기 한 **손**	연필 한 **자루**
버선 한 **죽**	집 한 **채**	신 두 **켤레**	북어 한 **쾌**

다만, 순서를 나타내는 경우나 숫자와 어울리어 쓰이는 경우에는 붙여 쓸 수 있다.

두시 삼십분 오초	제일과	삼학년
육층	1446년 10월 9일	2대대
16동 502호	제1실습실	80원
10개	7미터	

제44항 수를 적을 적에는 '만(萬)' 단위로 띄어 쓴다.

십이억 삼천사백오십육만 칠천팔백구십팔

12억 3456만 7898

제45항 두 말을 이어 주거나 열거할 적에 쓰이는 다음의 말들은 띄어 쓴다.

국장 **겸** 과장	열 **내지** 스물	청군 **대** 백군
책상, 걸상 **등**이 있다	이사장 **및** 이사들	사과, 배, 귤 **등등**

사과, 배 **등속**　　　　　부산, 광주 **등지**

제46항 단음절로 된 단어가 연이어 나타날 적에는 붙여 쓸 수 있다.

그때 그곳　　좀더 큰것　　이말 저말　　한잎 두잎

제 3 절 보조 용언

제47항 보조 용언은 띄어 씀을 원칙으로 하되, 경우에 따라 붙여 씀도 허용한다.(ㄱ을 원칙으로 하고, ㄴ을 허용함.)

ㄱ	ㄴ
불이 꺼져 **간다**.	불이 **꺼져간다**.
내 힘으로 막아 **낸다**.	내 힘으로 **막아낸다**.
어머니를 도와 **드린다**.	어머니를 **도와드린다**.
그릇을 깨뜨려 **버렸다**.	그릇을 깨뜨려**버렸다**.
비가 올 **듯하다**.	비가 올**듯하다**.
그 일은 할 **만하다**.	그 일은 할**만하다**.
일이 될 **법하다**.	일이 될**법하다**.
비가 올 **성싶다**.	비가 올**성싶다**.
잘 아는 **척한다**.	잘 아는**척한다**.

다만, 앞말에 조사가 붙거나 앞말이 합성 동사인 경우, 그리고 중간에 조사가 들어갈 적에는 그 뒤에 오는 보조 용언은 띄어 쓴다.

잘도 놀아만 **나는구나**!　　　　책을 읽어도 **보고**…….
네가 덤벼들어 **보아라**.　　　　강물에 떠내려가 **버렸다**.
그가 올 듯도 **하다**.　　　　　잘난 체를 **한다**.

제 4 절 고유 명사 및 전문 용어

제48항 성과 이름, 성과 호 등은 붙여 쓰고, 이에 덧붙는 호칭어, 관직명 등은 띄어 쓴다.

김양수(金良洙)	서화담(徐花潭)	채영신 씨
최치원 선생	박동식 박사	충무공 이순신 장군

다만, 성과 이름, 성과 호를 분명히 구분할 필요가 있을 경우에는 띄어 쓸 수 있다.

남궁억 / 남궁 억	독고준 / 독고 준
황보지봉(皇甫芝峰) / 황보 지봉	

제49항 성명 이외의 고유 명사는 단어별로 띄어 씀을 원칙으로 하되, 단위별로 띄어 쓸 수 있다.(ㄱ을 원칙으로 하고, ㄴ을 허용함.)

ㄱ	ㄴ
대한 중학교	대한중학교
한국 대학교 사범 대학	한국대학교 사범대학

제50항 전문 용어는 단어별로 띄어 씀을 원칙으로 하되, 붙여 쓸 수 있다.(ㄱ을 원칙으로 하고, ㄴ을 허용함.)

ㄱ	ㄴ
만성 골수성 백혈병	만성골수성백혈병
중거리 탄도 유도탄	중거리탄도유도탄

제6장 그 밖의 것

제51항 부사의 끝음절이 분명히 '이'로만 나는 것은 '-이'로 적고, '히'로만 나거나 '이'나 '히'로 나는 것은 '-히'로 적는다.

1. '이'로만 나는 것

가붓이	깨끗이	나붓이	느긋이	둥긋이
따뜻이	반듯이	버젓이	산뜻이	의젓이
가까이	고이	날카로이	대수로이	번거로이
많이	적이	헛되이	겹겹이	번번이
일일이	집집이	틈틈이		

2. '히'로만 나는 것

극히	급히	딱히	속히	작히
족히	특히	엄격히	정확히	

3. '이, 히'로 나는 것

솔직히	가만히	간편히	나른히	무단히
각별히	소홀히	쓸쓸히	정결히	과감히
꼼꼼히	심히	열심히	급급히	답답히
섭섭히	공평히	능히	당당히	분명히
상당히	조용히	간소히	고요히	도저히

제52항 한자어에서 본음으로도 나고 속음으로도 나는 것은 각각 그 소리에 따라 적는다.

(본음으로 나는 것)	(속음으로 나는 것)
승낙(承諾)	수락(受諾), 쾌락(快諾), 허락(許諾)
만난(萬難)	곤란(困難), 논란(論難)
안녕(安寧)	의령(宜寧), 회령(會寧)
분노(忿怒)	대로(大怒), 희로애락(喜怒哀樂)
토론(討論)	의논(議論)
오륙십(五六十)	오뉴월, 유월(六月)
목재(木材)	모과(木瓜)
십일(十日)	시방정토(十方淨土), 시왕(十王), 시월(十月)
팔일(八日)	초파일(初八日)

제53항 다음과 같은 어미는 예사소리로 적는다.(ㄱ을 취하고, ㄴ을 버림.)

ㄱ	ㄴ
-(으)ㄹ거나	-(으)ㄹ꺼나
-(으)ㄹ걸	-(으)ㄹ껄
-(으)ㄹ게	-(으)ㄹ께
-(으)ㄹ세	-(으)ㄹ쎄
-(으)ㄹ세라	-(으)ㄹ쎄라
-(으)ㄹ수록	-(으)ㄹ쑤록
-(으)ㄹ시	-(으)ㄹ씨
-(으)ㄹ지	-(으)ㄹ찌
-(으)ㄹ지니라	-(으)ㄹ찌니라
-(으)ㄹ지라도	-(으)ㄹ찌라도
-(으)ㄹ지어다	-(으)ㄹ찌어다
-(으)ㄹ지언정	-(으)ㄹ찌언정

-(으)ㄹ진대   -(으)ㄹ찐대

-(으)ㄹ진저   -(으)ㄹ찐저

-올시다   -올씨다

다만, 의문을 나타내는 다음 어미들은 된소리로 적는다.

-(으)ㄹ까?   -(으)ㄹ꼬?   -(스)ㅂ니까?   -(으)리까?   -(으)ㄹ쏘냐?

제54항 다음과 같은 접미사는 된소리로 적는다.(ㄱ을 취하고, ㄴ을 버림.)

ㄱ	ㄴ		ㄱ	ㄴ
심부름꾼	심부름군		귀때기	귓대기
익살꾼	익살군		볼때기	볼대기
일꾼	일군		판자때기	판잣대기
장꾼	장군		뒤꿈치	뒷굼치
장난꾼	장난군		팔꿈치	팔굼치
지게꾼	지겟군		이마빼기	이맛배기
때깔	땟갈		코빼기	콧배기
빛깔	빛갈		객쩍다	객적다
성깔	성갈		겸연쩍다	겸연적다

제55항 두 가지로 구별하여 적던 다음 말들은 한 가지로 적는다.(ㄱ을 취하고, ㄴ을 버림.)

ㄱ	ㄴ
맞추다(입을 맞춘다. 양복을 맞춘다.)	마추다
뻗치다(다리를 뻗친다. 멀리 뻗친다.)	뻐치다

제56항 '-더라, -던'과 '-든지'는 다음과 같이 적는다.

1. 지난 일을 나타내는 어미는 '-더라, -던'으로 적는다.(ㄱ을 취하고, ㄴ을 버림.)

ㄱ	ㄴ
지난 겨울은 몹시 춥더라.	지난 겨울은 몹시 춥드라.
깊던 물이 얕아졌다.	깊든 물이 얕아졌다.
그렇게 좋던가?	그렇게 좋든가?
그 사람 말 잘하던데!	그 사람 말 잘하든데!
얼마나 놀랐던지 몰라.	얼마나 놀랐든지 몰라.

2. 물건이나 일의 내용을 가리지 아니하는 뜻을 나타내는 조사와 어미는 '(-)든지'로 적는다.(ㄱ을 취하고, ㄴ을 버림.)

ㄱ	ㄴ
배든지 사과든지 마음대로 먹어라	배던지 사과던지 마음대로 먹어라
가든지 오든지 마음대로 해라.	가던지 오던지 마음대로 해라.

제57항 다음 말들은 각각 구별하여 적는다.

가름	둘로 가름.
갈음	새 책상으로 갈음하였다.

거름	풀을 썩인 거름.
걸음	빠른 걸음.

거치다	영월을 거쳐 왔다.
걷히다	외상값이 잘 걷힌다.

걷잡다   걷잡을 수 없는 상태.

겉잡다   겉잡아서 이틀 걸릴 일.

그러므로(그러니까)   그는 부지런하다. 그러므로 잘 산다.

그럼으로(써)   그는 열심히 공부한다. 그럼으로(써)

(그렇게 하는 것으로)   은혜에 보답한다.

노름   노름판이 벌어졌다.

놀음(놀이)   즐거운 놀음.

느리다   진도가 너무 느리다.

늘이다   고무줄을 늘인다.

늘리다   수출량을 더 늘린다.

다리다   옷을 다린다.

달이다   약을 달인다.

다치다   부주의로 손을 다쳤다.

닫히다   문이 저절로 닫혔다.

닫치다   문을 힘껏 닫쳤다.

마치다   벌써 일을 마쳤다.

맞히다   여러 문제를 더 맞혔다.

목거리   목거리가 덧났다.

목걸이   금 목걸이, 은 목걸이.

바치다   나라를 위해 목숨을 바쳤다.

받치다   우산을 받치고 간다.

	책받침을 받친다.
받히다	쇠뿔에 받혔다.
밭치다	술을 체에 밭친다.

| 반드시 | 약속은 반드시 지켜라. |
| 반듯이 | 고개를 반듯이 들어라. |

| 부딪치다 | 차와 차가 마주 부딪쳤다. |
| 부딪히다 | 마차가 화물차에 부딪혔다. |

부치다	힘이 부치는 일이다.
	편지를 부친다.
	논밭을 부친다.
	빈대떡을 부친다.
	식목일에 부치는 글.
	회의에 부치는 안건.
	인쇄에 부치는 원고.
	삼촌 집에 숙식을 부친다.
붙이다	우표를 붙인다.
	책상을 벽에 붙였다.
	흥정을 붙인다.
	불을 붙인다.
	감시원을 붙인다.
	조건을 붙인다.
	취미를 붙인다.
	별명을 붙인다.

| 시키다 | 일을 시킨다. |
| 식히다 | 끓인 물을 식힌다. |

아름	세 아름 되는 둘레.
알음	전부터 알음이 있는 사이.
앎	앎이 힘이다.

| 안치다 | 밥을 안친다. |
| 앉히다 | 윗자리에 앉힌다. |

| 어름 | 두 물건의 어름에서 일어난 현상. |
| 얼음 | 얼음이 얼었다. |

| 이따가 | 이따가 오너라. |
| 있다가 | 돈은 있다가도 없다. |

| 저리다 | 다친 다리가 저린다. |
| 절이다 | 김장 배추를 절인다. |

| 조리다 | 생선을 조린다. 통조림, 병조림. |
| 졸이다 | 마음을 졸인다. |

| 주리다 | 여러 날을 주렸다. |
| 줄이다 | 비용을 줄인다. |

| 하노라고 | 하노라고 한 것이 이 모양이다. |
| 하느라고 | 공부하느라고 밤을 새웠다. |

-느니보다(어미)   나를 찾아오느니보다 집에 있거라.

-는 이보다(의존 명사)   오는 이가 가는 이보다 많다.

-(으)리만큼(어미)   나를 미워하리만큼 그에게 잘못한 일이 없다.

-(으)ㄹ 이만큼(의존 명사)   찬성할 이도 반대할 이만큼이나 많을 것이다.

-(으)러(목적)   공부하러 간다.

-(으)려(의도)   서울 가려 한다.

-(으)로서(자격)   사람으로서 그럴 수는 없다.

-(으)로써(수단)   닭으로써 꿩을 대신했다.

-(으)므로(어미)   그가 나를 믿으므로 나도 그를 믿는다.

(-ㅁ, -음)으로(써)(조사)   그는 믿음으로(써) 산 보람을 느꼈다.

문장 부호

문장 부호의 이름과 그 사용법은 다음과 같이 정한다.

Ⅰ. 마침표[終止符]

1. 온점(.), 고리점(˚)

   가로쓰기에는 온점, 세로쓰기에는 고리점을 쓴다.

   (1) 서술, 명령, 청유 등을 나타내는 문장의 끝에 쓴다.

      젊은이는 나라의 기둥이다.

      황금 보기를 돌같이 하라.

      집으로 돌아가자.

   다만, 표제어나 표어에는 쓰지 않는다.

      압록강은 흐른다(표제어)

      꺼진 불도 다시 보자(표어)

   (2) 아라비아 숫자만으로 연월일을 표시할 적에 쓴다.

      1919. 3. 1. (1919 년 3 월 1 일)

   (3) 표시 문자 다음에 쓴다.

      1. 마침표   ㄱ. 물음표   가. 인명

(4) 준말을 나타내는 데 쓴다.

　　서. 1987. 3. 5. (서기)

2. 물음표(?)

의심이나 물음을 나타낸다.

(1) 직접 질문할 때에 쓴다.

　　이제 가면 언제 돌아오니?
　　이름이 뭐지?

(2) 반어나 수사 의문(修辭疑問)을 나타낼 때 쓴다.

　　제가 감히 거역할 리가 있습니까?
　　이게 은혜에 대한 보답이냐?
　　남북 통일이 되면 얼마나 좋을까?

(3) 특정한 어구 또는 그 내용에 대하여 의심이나 빈정거림, 비웃음등을 표시할
　　때, 또는 적절한 말을 쓰기 어려운 경우에 소괄호 안에 쓴다.

　　그것 참 훌륭한(?) 태도야.
　　우리 집 고양이가 가출(?)을 했어요.

[붙임 1] 한 문장에서 몇 개의 선택적인 물음이 겹쳤을 때에는 맨 끝의 물음에만
　　쓰지만, 각각 독립된 물음인 경우에는 물음마다 쓴다.

　　너는 한국인이냐, 중국인이냐?
　　너는 언제 왔니? 어디서 왔니? 무엇하러?

[붙임 2] 의문형 어미로 끝나는 문장이라도 의문의 정도가 약할 때에는 물음표 대신 온점(또는 고리점)을 쓸 수도 있다.

이 일을 도대체 어쩐단 말이냐.

아무도 그 일에 찬성하지 않을 거야. 혹 미친 사람이면 모를까.

3. 느낌표(!)

감탄이나 놀람, 부르짖음, 명령 등 강한 느낌을 나타낸다.

(1) 느낌을 힘차게 나타내기 위해 감탄사나 감탄형 종결 어미 다음에 쓴다.

앗!

아, 달이 밝구나!

(2) 강한 명령문 또는 청유문에 쓴다.

지금 즉시 대답해!

부디 몸조심하도록!

(3) 감정을 넣어 다른 사람을 부르거나 대답할 적에 쓴다.

춘향아!

예, 도련님!

(4) 물음의 말로써 놀람이나 항의의 뜻을 나타내는 경우에 쓴다.

이게 누구야!

내가 왜 나빠!

[붙임] 감탄형 어미로 끝나는 문장이라도 감탄의 정도가 약할 때에는 느낌표 대

신 온점(또는 고리점)을 쓸 수도 있다.

개구리가 나온 것을 보니, 봄이 오긴 왔구나.

Ⅱ. 쉼표[休止符]

1. 반점(,), 모점(、)
가로쓰기에는 반점, 세로쓰기에는 모점을 쓴다.
문장 안에서 짧은 휴지를 나타낸다.

(1) 같은 자격의 어구가 열거될 때에 쓴다.

근면, 검소, 협동은 우리 겨레의 미덕이다.
충청도의 계룡산, 전라도의 내장산, 강원도의 설악산은 모두 국립 공원이다.

다만, 조사로 연결될 적에는 쓰지 않는다.

매화와 난초와 국화와 대나무를 사군자라고 한다.

(2) 짝을 지어 구별할 필요가 있을 때에 쓴다.

닭과 지네, 개와 고양이는 상극이다.

(3) 바로 다음의 말을 꾸미지 않을 때에 쓴다.

슬픈 사연을 간직한, 경주 불국사의 무영탑.
성질 급한, 철수의 누이동생이 화를 내었다.

(4) 대등하거나 종속적인 절이 이어질 때에 절 사이에 쓴다.

콩 심으면 콩 나고, 팥 심으면 팥 난다.

흰 눈이 내리니, 경치가 더욱 아름답다.

(5) 부르는 말이나 대답하는 말 뒤에 쓴다.

애야, 이리 오너라.
예, 지금 가겠습니다.

(6) 제시어 다음에 쓴다.

빵, 빵이 인생의 전부이더냐?
용기, 이것이야말로 무엇과도 바꿀 수 없는 젊은이의 자산이다.

(7) 도치된 문장에 쓴다.

이리 오세요, 어머님.
다시 보자, 한강수야.

(8) 가벼운 감탄을 나타내는 말 뒤에 쓴다.

아, 깜빡 잊었구나.

(9) 문장 첫머리의 접속이나 연결을 나타내는 말 다음에 쓴다.

첫째, 몸이 튼튼해야 된다.
아무튼, 나는 집에 돌아가겠다.

다만, 일반적으로 쓰이는 접속어(그러나, 그러므로, 그리고, 그런데 등) 뒤에는 쓰지 않음을 원칙으로 한다.

그러나 너는 실망할 필요가 없다.

(10) 문장 중간에 끼어든[1] 구절 앞뒤에 쓴다.

　　나는, 솔직히 말하면, 그 말이 별로 탐탁하지 않소.
　　철수는 미소를 띠고, 속으로는 화가 치밀었지만, 그들을 맞았다.

(11) 되풀이를 피하기 위하여 한 부분을 줄일 때에 쓴다.

　　여름에는 바다에서, 겨울에는 산에서 휴가를 즐겼다.

(12) 문맥상 끊어 읽어야 할 곳에 쓴다.

　　갑돌이가 울면서, 떠나는 갑순이를 배웅했다.
　　갑돌이가, 울면서 떠나는 갑순이를 배웅했다.
　　철수가, 내가 제일 좋아하는 친구이다.
　　남을 괴롭히는 사람들은, 만약 그들이 다른 사람에게 괴롭힘을 당해 본다
　　면, 남을 괴롭히는 일이 얼마나 나쁜 일인지 깨달을 것이다.

(13) 숫자를 나열할 때에 쓴다.

　　1, 2, 3, 4

(14) 수의 폭이나 개략의 수를 나타낼 때에 쓴다.

　　5, 6 세기　　　　　　　　　6, 7 개

(15) 수의 자릿점을 나타낼 때에 쓴다.

　　14,314

---

1) 이 경우, '끼어들다'냐 '끼여들다'냐에 대하여 논란의 여지가 있으나, 여기에서는 고시본대로 두기로 한
　다. 이하 같다.

2. 가운뎃점(·)

열거된 여러 단위가 대등하거나 밀접한 관계임을 나타낸다.

(1) 쉼표로 열거된 어구가 다시 여러 단위로 나누어질 때에 쓴다.

철수·영이, 영수·순이가 서로 짝이 되어 윷놀이를 하였다.
공주·논산, 천안·아산·천원 등 각 지역구에서 2명씩 국회 의원을 뽑는다.
시장에 가서 사과·배·복숭아, 고추·마늘·파, 조기·명태·고등어를 샀다.

(2) 특정한 의미를 가지는 날을 나타내는 숫자에 쓴다.

3·1 운동　　　　　　　　8·15 광복

(3) 같은 계열의 단어 사이에 쓴다.

경북 방언의 조사·연구
충북·충남 두 도를 합하여 충청도라고 한다.
동사·형용사를 합하여 용언이라고 한다.

3. 쌍점(:)

(1) 내포되는 종류를 들 적에 쓴다.

문장 부호 : 마침표, 쉼표, 따옴표, 묶음표 등.
문방 사우 : 붓, 먹, 벼루, 종이.

(2) 소표제 뒤에 간단한 설명이 붙을 때에 쓴다.

일시 : 1984 년 10 월 15 일 10 시.
마침표 : 문장이 끝남을 나타낸다.

(3) 저자명 다음에 저서명을 적을 때에 쓴다.

　　　정약용 : 목민심서, 경세유표.

　　　주시경 : 국어 문법, 서울 박문 서관, 1910.

(4) 시(時)와 분(分), 장(章)과 절(節) 따위를 구별할 때나, 둘 이상을 대비할 때에 쓴다.

　　　오전 10 : 20 (오전 10 시 20 분)

　　　요한　3 : 16 (요한 복음 3 장 16 절)[2]

　　　대비 65 : 60 (65 대 60)

4. 빗금(/)

(1) 대응, 대립되거나 대등한 것을 함께 보이는 단어와 구, 절 사이에 쓴다.

　　　남궁만 / 남궁 만　　　　　백이십오 원 / 125 원

　　　착한 사람 / 악한 사람　　　맞닥뜨리다 / 맞닥트리다

(2) 분수를 나타낼 때에 쓰기도 한다.

　　　3 / 4 분기　　　　　　　3 / 20

Ⅲ. 따옴표[引用符]

1. 큰따옴표(" "), 겹낫표(『 』)

가로쓰기에는 큰따옴표, 세로쓰기에는 겹낫표를 쓴다.

대화, 인용, 특별 어구 따위를 나타낸다.

----

2) 이 규정집에서 '편(編)·부(部)·장(章)·항(項)'이 아라비아 숫자와 결합하여 쓰이는 경우 등은 편의상 띄어
쓰기의 허용 쪽을 따라 붙여 썼으나,(일러두기의 3번을 참조함.) 이 용례는 고시본대로 보이기로 한다.

(1) 글 가운데서 직접 대화를 표시할 때에 쓴다.

    "전기가 없었을 때는 어떻게 책을 보았을까?"
    "그야 등잔불을 켜고 보았겠지."

(2) 남의 말을 인용할 경우에 쓴다.

    예로부터 "민심은 천심이다."라고 하였다.
    "사람은 사회적 동물이다."라고 말한 학자가 있다.

2. 작은따옴표(' '), 낫표(「 」)
   가로쓰기에는 작은따옴표, 세로쓰기에는 낫표를 쓴다.

   (1) 따온 말 가운데 다시 따온 말이 들어 있을 때에 쓴다.

    "여러분! 침착해야 합니다. '하늘이 무너져도 솟아날 구멍이 있다.'고 합니다."

   (2) 마음 속으로 한 말을 적을 때에 쓴다.

    '만약 내가 이런 모습으로 돌아간다면, 모두들 깜짝 놀라겠지.'

   [붙임] 문장에서 중요한 부분을 두드러지게 하기 위해 드러냄표 대신에 쓰기도
       한다.

    지금 필요한 것은 '지식'이 아니라 '실천'입니다.
    '배부른 돼지'보다는 '배고픈 소크라테스'가 되겠다.

Ⅳ. 묶음표[括弧符]

1. 소괄호(( ))

  (1) 원어, 연대, 주석, 설명 등을 넣을 적에 쓴다.

      커피(coffee)는 기호 식품이다.
      3·1 운동(1919) 당시 나는 중학생이었다.
      '무정(無情)'은 춘원(6·25 때 납북)의 작품이다.
      니체(독일의 철학자)는 이렇게 말했다.

  (2) 특히 기호 또는 기호적인 구실을 하는 문자, 단어, 구에 쓴다.

      (1) 주어   (ㄱ) 명사   (라) 소리에 관한 것

  (3) 빈 자리임을 나타낼 적에 쓴다.

      우리나라의 수도는 (   )이다.

2. 중괄호({ })
   여러 단위를 동등하게 묶어서 보일 때에 쓴다.

$$\text{주격 조사} \left\{ \begin{array}{l} \text{이} \\ \text{가} \end{array} \right\} \qquad \text{국가의 3요소} \left\{ \begin{array}{l} \text{국토} \\ \text{국민} \\ \text{주민} \end{array} \right\}$$

3. 대괄호([ ])

  (1) 묶음표 안의 말이 바깥 말과 음이 다를 때에 쓴다.

      나이[年歲]   낱말[單語]   手足[손발]

(2) 묶음표 안에 또 묶음표가 있을 때에 쓴다.

> 명령에 있어서의 불확실[단호(斷乎)하지 못함]은 복종에 있어서의 불확실[모호(模糊)함]을 낳는다.

Ⅴ. 이음표[連結符]

1. 줄표(―)

이미 말한 내용을 다른 말로 부연하거나 보충함을 나타낸다.

(1) 문장 중간에 앞의 내용에 대해 부연하는 말이 끼여들 때 쓴다.

> 그 신동은 네 살에 ― 보통 아이 같으면 천자문도 모를 나이에 ― 벌써 시를 지었다.

(2) 앞의 말을 정정 또는 변명하는 말이 이어질 때 쓴다.

> 어머님께 말했다가 ― 아니, 말씀드렸다가 ― 꾸중만 들었다.
> 이건 내 것이니까 ― 아니, 내가 처음 발견한 것이니까 ― 절대로 양보할 수가 없다.

2. 붙임표(-)

(1) 사전, 논문 등에서 합성어를 나타낼 적에, 또는 접사나 어미임을 나타낼 적에 쓴다.

> 겨울-나그네   불-구경   손-발
> 휘-날리다   슬기-롭다   -(으)ㄹ걸

(2) 외래어와 고유어 또는 한자어가 결합되는 경우에 쓴다.

　　　나일론-실　　　디-장조　　　빛-에너지　　　염화-칼륨

3. 물결표(~)

(1) '내지'라는 뜻에 쓴다.

　　　9월 15일 ~ 9월 25일

(2) 어떤 말의 앞이나 뒤에 들어갈 말 대신 쓴다.

　　　새마을 :　　　~ 운동　　　~ 노래
　　　-가(家) :　　　음악~　　　미술~

VI. 드러냄표[顯在符]

1. 드러냄표(˙, ˚)[3]

　˙이나 ˚을 가로쓰기에는 글자 위에, 세로쓰기에는 글자 오른쪽에 쓴다.
　문장 내용 중에서 주의가 미쳐야 할 곳이나 중요한 부분을 특별히 드러내 보일
　때 쓴다.

　　　한글의 본 이름은 훈민정음이다.
　　　중요한 것은 왜 사느냐가 아니라 어떻게 사느냐 하는 문제이다.

　[붙임] 가로쓰기에서는 밑줄(＿＿, ……)을 치기도 한다.

　　　다음 보기에서 명사가 <u>아닌</u> 것은?

---

3) 고시본에는 (˚, ˙)의 순으로 되어 있으나, 사용법에 대한 규정문이나 용례에서 ' ˙ '을 앞세웠으므로 이와
　같이 제시하였다.

Ⅶ. 안드러냄표[潛在符]

1. 숨김표(××, ○○)

알면서도 고의로 드러내지 않음을 나타낸다.

(1) 금기어나 공공연히 쓰기 어려운 비속어의 경우, 그 글자의 수효만큼 쓴다.

> 배운 사람 입에서 어찌 ○○○란 말이 나올 수 있느냐?
> 그 말을 듣는 순간 ×××란 말이 목구멍까지 치밀었다.

(2) 비밀을 유지할 사항일 경우, 그 글자의 수효만큼 쓴다.

> 육군 ○○ 부대 ○○○ 명이 작전에 참가하였다.
> 그 모임의 참석자는 김×× 씨, 정×× 씨 등 5 명이었다.

2. 빠짐표(□)

글자의 자리를 비워 둠을 나타낸다.

(1) 옛 비문이나 서적 등에서 글자가 분명하지 않을 때에 그 글자의 수효만큼 쓴다.

> 大師爲法主□□賴之大□薦 (옛 비문)

(2) 글자가 들어가야 할 자리를 나타낼 때 쓴다.

> 훈민정음의 초성 중에서 아음(牙音)은 □□□의 석 자다.

3. 줄임표(……)

(1) 할 말을 줄였을 때에 쓴다.

> "어디 나하고 한번……." 하고 철수가 나섰다.

(2) 말이 없음을 나타낼 때에 쓴다.

"빨리 말해!"
"……."

"빨리 말해!"
"……."

제1부 표준어 사정 원칙

제1장 총 칙

제1항   표준어는 교양 있는 사람들이 두루 쓰는 현대 서울말로 정함을 원칙으로 한다.

제2장   외래어는 따로 사정한다.

제2장 발음 변화에 따른 표준어 규정

제1절 자음

제3항   다음 단어들은 거센소리를 가진 형태를 표준어로 삼는다.(ㄱ을 표준어로 삼고, ㄴ을 버림.)

ㄱ	ㄴ	비 고
끄나풀	끄나불	
나팔-꽃	나발-꽃	
녘	녁	동~, 들~, 새벽~, 동 틀 ~.
부엌	부억	
살-쾡이	삵-괭이	
칸	간	1. ~막이, 빈~, 방 한~. 2. '초가 삼간, 윗간'의 경우에는 '간'임.
털어-먹다	떨어-먹다	재물을 다 없애다.

제4항 다음 단어들은 거센소리로 나지 않는 형태를 표준어로 삼는다.(ㄱ을 표준어로 삼고, ㄴ을 버림.)

ㄱ	ㄴ	비 고
가을-갈이	가을-카리	
거시기	거시키	
분침	푼침	

제5항 어원에서 멀어진 형태로 굳어져서 널리 쓰이는 것은, 그것을 표준어로 삼는다.(ㄱ을 표준어로 삼고, ㄴ을 버림.)

ㄱ	ㄴ	비 고
강낭-콩	강남-콩	
고삿	고샅	겉~, 속~.
사글-세	삭월-세	'월세'는 표준어임.
울력-성당	위력-성당	떼를 지어서 으르고 협박하는 일.

다만, 어원적으로 원형에 더 가까운 형태가 아직 쓰이고 있는 경우에는, 그것을 표준어로 삼는다.(ㄱ을 표준어로 삼고, ㄴ을 버림.)

ㄱ	ㄴ	비 고
갈비	가리	~구이, ~찜, 갈빗-대.
갓모	갈모	1. 사기 만드는 물레 밑고리.
		2. '갈모'는 갓 위에 쓰는, 유지로 만든 우비.
굴-젓	구-젓	
말-곁	말-겻	
물-수란	물-수랄	
밀-뜨리다	미-뜨리다	
적-이	저으기	적이-나, 적이나-하면.
휴지	수지	

제6항 다음 단어들은 의미를 구별함이 없이, 한 가지 형태만을 표준어로 삼는다.

(ㄱ을 표준어로 삼고, ㄴ을 버림.)

ㄱ	ㄴ	비 고
돌	돐	생일, 주기.
둘-째	두-째	'제2, 두 개째'의 뜻.
셋-째	세-째	'제3, 세 개째'의 뜻.
넷-째	네-째	'제4, 네 개째'의 뜻.
빌리다	빌다	1. 빌려 주다, 빌려 오다.
		2. '용서를 빌다'는 '빌다'임.

다만, '둘째'는 십 단위 이상의 서수사에 쓰일 때에 '두째'로 한다.

ㄱ	ㄴ	비 고
열두-째		열두 개째의 뜻은 '열둘째'로.
스물두-째		스물두 개째의 뜻은 '스물둘째'로.

제7항 수컷을 이르는 접두사는 '수-'로 통일한다.(ㄱ을 표준어로 삼고, ㄴ을 버림.)

ㄱ	ㄴ	비 고
수-꿩	수-퀑 / 숫-꿩	'장끼'도 표준어임.
수-나사	숫-나사	
수-놈	숫-놈	
수-사돈	숫-사돈	
수-소	숫-소	'황소'도 표준어임.
수-은행나무	숫-은행나무	

다만 1. 다음 단어에서는 접두사 다음에서 나는 거센소리를 인정한다. 접두사 '암-'
이 결합되는 경우에도 이에 준한다.(ㄱ을 표준어로 삼고, ㄴ을 버림.)

ㄱ	ㄴ	비 고
수-캉아지	숫-강아지	
수-캐	숫-개	
수-컷	숫-것	

ㄱ	ㄴ	비 고
수-키와	숫-기와	
수-탉	숫-닭	
수-탕나귀	숫-당나귀	
수-톨쩌귀	숫-돌쩌귀	
수-퇘지	숫-돼지	
수-평아리	숫-병아리	

다만 2. 다음 단어의 접두사는 '숫-'으로 한다.(ㄱ을 표준어로 삼고, ㄴ을 버림.)

ㄱ	ㄴ	비 고
숫-양	수-양	
숫-염소	수-염소	
숫-쥐	수-쥐	

제 2 절 모음

제8항　양성 모음이 음성 모음으로 바뀌어 굳어진 다음 단어는 음성 모음 형태를 표준어로 삼는다.(ㄱ을 표준어로 삼고, ㄴ을 버림.)

ㄱ	ㄴ	비 고
깡충-깡충	깡총-깡총	큰말은 '껑충껑충'임.
-둥이	-동이	←童-이. 귀-, 막-, 선-, 쌍-, 검-, 바람-, 흰-.
발가-숭이	발가-송이	센말은 '빨가숭이', 큰말은 '벌거숭이, 뻘거숭이'임.
보퉁이	보통이	
봉죽	봉족	←奉足. ~꾼, ~ 들다.
뻗정-다리	뻗장-다리	
아서, 아서라	앗아, 앗아라	하지 말라고 금지하는 말.
오뚝-이	오똑-이	부사도 '오뚝-이'임.
주추	주초	←柱礎. 주춧-돌.

다만, 어원 의식이 강하게 작용하는 다음 단어에서는 양성 모음 형태를 그대로 표준어로 삼는다.(ㄱ을 표준어로 삼고, ㄴ을 버림.)

ㄱ	ㄴ	비 고
부조(扶助)	부주	~금, 부좃-술.
사돈(査頓)	사둔	밭~, 안~.
삼촌(三寸)	삼춘	시~, 외~, 처~.

제9항 'ㅣ' 역행 동화 현상에 의한 발음은 원칙적으로 표준 발음으로 인정하지 아니하되, 다만 다음 단어들은 그러한 동화가 적용된 형태를 표준어로 삼는다.(ㄱ을 표준어로 삼고, ㄴ을 버림.)

ㄱ	ㄴ	비 고
-내기	-나기	서울-, 시골-, 신출-, 풋-.
냄비	남비	
동댕이-치다	동당이-치다	

[붙임 1] 다음 단어는 'ㅣ' 역행 동화가 일어나지 아니한 형태를 표준어로 삼는다.(ㄱ을 표준어로 삼고, ㄴ을 버림.)

ㄱ	ㄴ	비 고
아지랑이	아지랭이	

[붙임 2] 기술자에게는 '-장이', 그 외에는 '-쟁이'가 붙는 형태를 표준어로 삼는다.(ㄱ을 표준어로 삼고, ㄴ을 버림.)

ㄱ	ㄴ	비 고
미장이	미장이	
유기장이	유기쟁이	
멋쟁이	멋장이	

ㄱ	ㄴ	비 고
소금쟁이	소금장이	
담쟁이-덩굴	담장이-덩굴	
골목쟁이	골목장이	
발목쟁이	발목장이	

제10항 다음 단어는 모음이 단순화한 형태를 표준어로 삼는다.(ㄱ을 표준어로 삼고, ㄴ을 버림.)

ㄱ	ㄴ	비 고
괴팍-하다	괴퍅-하다 / 괴팩-하다	
-구먼	-구면	
미루-나무	미류-나무	←美柳 ∼.
미륵	미력	←彌勒. ∼ 보살, ∼불, 돌∼.
여느	여늬	
온-달	왼-달	만 한 달.
으레	으례	
케케-묵다	켸켸-묵다	
허우대	허위대	
허우적-허우적	허위적-허위적	허우적-거리다.

제11항 다음 단어에서는 모음의 발음 변화를 인정하여, 발음이 바뀌어 굳어진 형태를 표준어로 삼는다.(ㄱ을 표준어로 삼고, ㄴ을 버림.)

ㄱ	ㄴ	비 고
-구려	-구료	
깍쟁이	깍정이	1. 서울 ∼, 알∼, 찰∼.
		2. 도토리, 상수리 등의 받침은 '깍정이'임.
나무라다	나무래다	
미수	미시	미숫-가루.
바라다	바래다	'바램[所望]'은 비표준어임.
상추	상치	∼쌈.
시러베-아들	실업의-아들	
주책	주착	←主着. ∼망나니, ∼없다.

ㄱ	ㄴ	비 고
지루-하다	지리-하다	←支離.
튀기	트기	
허드레	허드래	허드렛-물, 허드렛-일.
호루라기	호루루기	

제12항 '웃-' 및 '윗-'은 명사 '위'에 맞추어 '윗-'으로 통일한다.(ㄱ을 표준어로 삼고, ㄴ을 버림.)

ㄱ	ㄴ	비 고
윗-넓이	웃-넓이	
윗-눈썹	웃-눈썹	
윗-니	웃-니	
윗-당줄	웃-당줄	
윗-덧줄	웃-덧줄	
윗-도리	웃-도리	
윗-동아리	웃-동아리	준말은 '윗동'임.
윗-막이	웃-막이	
윗-머리	웃-머리	
윗-목	웃-목	
윗-몸	웃-몸	~ 운동.
윗-바람	웃-바람	
윗-배	웃-배	
윗-벌	웃-벌	
윗-변	웃-변	수학 용어.
윗-사랑	웃-사랑	
윗-세장	웃-세장	
윗-수염	웃-수염	
윗-입술	웃-입술	
윗-잇몸	웃-잇몸	
윗-자리	웃-자리	
윗-중방	웃-중방	

다만 1. 된소리나 거센소리 앞에서는 '위-'로 한다.(ㄱ을 표준어로 삼고, ㄴ을 버림.)

ㄱ	ㄴ	비 고
위-짝	웃-짝	
위-쪽	웃-쪽	
위-채	웃-채	
위-층	웃-층	
위-치마	웃-치마	
위-턱	웃-턱	～ 구름[上層雲].
위-팔	웃-팔	

다만 2. '아래, 위'의 대립이 없는 단어는 '웃-'으로 발음되는 형태를 표준어로
삼는다.(ㄱ을 표준어로 삼고, ㄴ을 버림.)

ㄱ	ㄴ	비 고
웃-국	윗-국	
웃-기	윗-기	
웃-돈	윗-돈	
웃-비	윗-비	～ 걷다.
웃-어른	윗-어른	
웃-옷	윗-옷	

제13항 한자 '구(句)'가 붙어서 이루어진 단어는 '귀'로 읽는 것을 인정하지 아니하
고, '구'로 통일한다.(ㄱ을 표준어로 삼고, ㄴ을 버림.)

ㄱ	ㄴ	비 고
구법(句法)	귀법	
구절(句節)	귀절	
구점(句點)	귀점	
결구(結句)	결귀	
경구(警句)	경귀	
경인구(警人句)	경인귀	
난구(難句)	난귀	
단구(短句)	단귀	
단명구(短命句)	단명귀	
대구(對句)	대귀	～법(對句法).

ㄱ	ㄴ	비 고
문구(文句)	문귀	
성구(成句)	성귀	~어(成句語).
시구(詩句)	시귀	
어구(語句)	어귀	
연구(聯句)	연귀	
인용구(引用句)	인용귀	
절구(絕句)	절귀	

다만, 다음 단어는 '귀'로 발음되는 형태를 표준어로 삼는다.(ㄱ을 표준어로 삼고, ㄴ을 버림.)

ㄱ	ㄴ	비 고
귀-글	구-글	
글-귀	글-구	

제 3 절 준말

제14항 준말이 널리 쓰이고 본말이 잘 쓰이지 않는 경우에는, 준말만을 표준어로 삼는다.(ㄱ을 표준어로 삼고, ㄴ을 버림.)

ㄱ	ㄴ	비 고
귀찮다	귀치 않다	
김	기음	~ 매다.
똬리	또아리	
무	무우	~강즙, ~말랭이, ~생채, 가랑~, 갓~, 왜~, 총각~.
미다	무이다	1. 털이 빠져 살이 드러나다. 2. 찢어지다.
뱀	배암	
뱀-장어	배암-장어	
빔	비음	설~, 생일~.
샘	새암	~바르다, ~바리.

ㄱ	ㄴ	비 고
생-쥐	새앙-쥐	
솔개	소리개	
온-갖	온-가지	
장사-치	장사-아치	

제15항 준말이 쓰이고 있더라도, 본말이 널리 쓰이고 있으면 본말을 표준어로 삼는다.(ㄱ을 표준어로 삼고, ㄴ을 버림.)

ㄱ	ㄴ	비 고
경황-없다	경-없다	
궁상-떨다	궁-떨다	
귀이-개	귀-개	
낌새	낌	
낙인-찍다	낙-하다 / 낙-치다	
내왕-꾼	냉-꾼	
돗-자리	돗	
뒤웅-박	뒹-박	
뒷물-대야	뒷-대야	
마구-잡이	막-잡이	
맵자-하다	맵자다	모양이 제격에 어울리다.
모이	모	
벽-돌	벽	
부스럼	부럼	정월 보름에 쓰는 '부럼'은 표준어임.
살얼음-판	살-판	
수두룩-하다	수둑-하다	
암-죽	암	
어음	엄	
일구다	일다	
죽-살이	죽-살	
퇴박-맞다	퇴-맞다	
한통-치다	통-치다	

[붙임] 다음과 같이 명사에 조사가 붙은 경우에도 이 원칙을 적용한다.(ㄱ을 표준어로 삼고, ㄴ을 버림.)

ㄱ	ㄴ	비 고
아래-로	알-로	

제16항 준말과 본말이 다 같이 널리 쓰이면서 준말의 효용이 뚜렷이 인정되는 것
은, 두 가지를 다 표준어로 삼는다.(ㄱ은 본말이며, ㄴ은 준말임.)

ㄱ	ㄴ	비 고
거짓-부리	거짓-불	작은말은 '가짓부리, 가짓불'임.
노을	놀	저녁~.
막대기	막대	
망태기	망태	
머무르다	머물다	모음 어미가 연결될 때에는 준말의 활용형
서두르다	서둘다	을 인정하지 않음.
서투르다	서툴다	
석새-삼베	석새-베	
시-누이	시-뉘 / 시-누	
오-누이	오-뉘 / 오-누	
외우다	외다	외우며, 외워 : 외며, 외어.
이기죽-거리다	이죽-거리다	
찌꺼기	찌끼	'찌꺽지'는 비표준어임.

제 4 절 단수 표준어

제17항 비슷한 발음의 몇 형태가 쓰일 경우, 그 의미에 아무런 차이가 없고, 그 중
하나가 더 널리 쓰이면, 그 한 형태만을 표준어로 삼는다.(ㄱ을 표준어로 삼고, ㄴ
을 버림.)

ㄱ	ㄴ	비 고
거든-그리다	거둥-그리다	1. 거든하게 거두어 싸다.
		2. 작은말은 '가든-그리다'임.
구어-박다	구워-박다	사람이 한 군데에서만 지내다.
귀-고리	귀엣-고리	

ㄱ	ㄴ	비 고
귀-띔	귀-틤	
귀-지	귀에-지	
까딱-하면	까땍-하면	
꼭두-각시	꼭둑-각시	
내색	나색	감정이 나타나는 얼굴빛.
내숭-스럽다	내흉-스럽다	
냠냠-거리다	얌냠-거리다	냠냠-하다.
냠냠-이	얌냠-이	
너[四]	네	~ 돈, ~ 말, ~ 발, ~ 푼.
넉[四]	너 / 네	~ 냥, ~ 되, ~ 섬, ~ 자.
다다르다	다닫다	
댑-싸리	대-싸리	
더부룩-하다	더뿌룩-하다 / 듬뿌룩-하다	
-던	-든	선택, 무관의 뜻을 나타내는 어미는 '-든'임. 가-든(지) 말-든(지), 보-든(가) 말-든(가).
-던가	-든가	
-던걸	-든걸	
-던고	-든고	
-던데	-든데	
-던지	-든지	
-(으)려고	-(으)ㄹ려고 / -(으)ㄹ라고	
-(으)려야	-(으)ㄹ려야 / -(으)ㄹ래야	
망가-뜨리다	망그-뜨리다	
멸치	며루치 / 메리치	
반빗-아치	반비-아치	'반빗' 노릇을 하는 사람. 찬비(饌婢). '반비'는 밥짓는 일을 맡은 계집종.
보습	보십 / 보섭	
본새	본새	
봉숭아	봉숭화	'봉선화'도 표준어임.
뺨-따귀	뺨-따귀 / 뺨-따구니	'뺨'의 비속어임.
뻐개다[斫]	뻐기다	두 조각으로 가르다.
뻐기다[誇]	뻐개다	뽐내다.
사자-탈	사지-탈	
상-판대기¹⁾	쌍-판대기	

ㄱ	ㄴ	비 고
서[三]	세 / 석	~ 돈, ~ 말, ~ 발, ~ 푼.
석[三]	세	~ 냥, ~ 되, ~ 섬, ~ 자.
설령(設令)	서령	
-습니다	-읍니다	먹습니다, 갔습니다, 없습니다, 있습니다, 좋습니다. 모음 뒤에는 '-ㅂ니다'임.
시름-시름	시늠-시늠	
씀벅-씀벅	썸벅-썸벅	
아궁이	아궁지	
아내	안해	
어-중간	어지-중간	
오금-팽이	오금-탱이	
오래-오래	도래-도래	돼지 부르는 소리.
-올시다	-올습니다	
옹골-차다	공골-차다	
우두커니	우두머니	작은말은 '오도카니'임.
잠-투정	잠-투세 / 잠-주정	
재봉-틀	자봉-틀	발~, 손~.
짓-무르다	짓-물다	
짚-북데기	짚-북세기	'짚북더기'도 비표준어임.
쪽	짝	편(便). 이~, 그~, 저~. 다만, '아무-짝'은 '짝'임.
천장(天障)	천정	'천정부지(天井不知)'는 '천정'임.
코-맹맹이	코-맹녕이	
흉-업다	흉-헙다	

제 5 절 복수 표준어

제18항 다음 단어는 ㄱ을 원칙으로 하고, ㄴ도 허용한다.

ㄱ	ㄴ	비 고
네	예	
쇠-	소-	-가죽, -고기, -기름, -머리, -뼈.

---

1) 이 예를 '상판때기'로 적고, '상판-때기'로 분석한다고 생각할 수도 있으나, 고시본대로 둔다.

ㄱ	ㄴ	비 고
괴다	고이다	물이 ~, 밑을 ~.
꾀다	꼬이다	어린애를 ~, 벌레가 ~.
쐬다	쏘이다	바람을 ~.
죄다	조이다	나사를 ~.
쬐다	쪼이다	볕을 ~.

제19항 어감의 차이를 나타내는 단어 또는 발음이 비슷한 단어들이 다 같이 널리 쓰이는 경우에는, 그 모두를 표준어로 삼는다.(ㄱ, ㄴ을 모두 표준어로 삼음.)

ㄱ	ㄴ	비 고
거슴츠레-하다	게슴츠레-하다	
고까	꼬까	~신, ~옷.
고린-내	코린-내	
교기(驕氣)	갸기	교만한 태도.
구린-내	쿠린-내	
꺼림-하다	께름-하다	
나부랭이	너부렁이	

제3장 어휘 선택의 변화에 따른 표준어 규정

제1절 고어

제20항 사어(死語)가 되어 쓰이지 않게 된 단어는 고어로 처리하고, 현재 널리 사용되는 단어를 표준어로 삼는다.(ㄱ을 표준어로 삼고, ㄴ을 버림.)

ㄱ	ㄴ	비 고
난봉	봉	
낭떠러지	낭	
설거지-하다	설겆다	

ㄱ	ㄴ	비 고
애달프다	애닯다	
오동-나무	머귀-나무	
자두	오얏	

제 2 절 한자어

제21항 고유어 계열의 단어가 널리 쓰이고 그에 대응되는 한자어 계열의 단어가 용도를 잃게 된 것은, 고유어 계열의 단어만을 표준어로 삼는다.(ㄱ을 표준어로 삼고, ㄴ을 버림.)

ㄱ	ㄴ	비 고
가루-약	말-약	
구들-장	방-돌	
길품-삯	보행-삯	
까막-눈	맹-눈	
꼭지-미역	총각-미역	
나뭇-갓	시장-갓	
늙-다리	노닥다리	
두껍-닫이	두껍-창	
떡-암죽	병-암죽	
마른-갈이	건-갈이	
마른-빨래	건-빨래	
메-찰떡	반-찰떡	
박달-나무	배달-나무	
밥-소라	식-소라	큰 놋그릇.
사래-논	사래-답	묘지기나 마름이 부쳐 먹는 땅.
사래-밭	사래-전	
삯-말	삯-마	
성냥	화곽	
솟을-무늬	솟을-문(~紋)	
외-지다	벽-지다	
움-파	동-파	
잎-담배	잎-초	
잔-돈	잔-전	

ㄱ	ㄴ	비 고
조-당수	조-당죽	
죽데기	피-죽	'죽더기'도 비표준어임.
지겟-다리	목-발	지게 동발의 양쪽 다리.
짐-꾼	부지-군(負持-)	
푼-돈	분-전 / 푼-전	
흰-말	백-말 / 부루-말	'백마'는 표준어임.
흰-죽	백-죽	

제22항 고유어 계열의 단어가 생명력을 잃고 그에 대응되는 한자어 계열의 단어가 널리 쓰이면, 한자어 계열의 단어를 표준어로 삼는다.(ㄱ을 표준어로 삼고, ㄴ을 버림.)

ㄱ	ㄴ	비 고
개다리-소반	개다리-밥상	
겸-상	맞-상	
고봉-밥	높은-밥	
단-벌	홑-벌	
마방-집	마바리-집	馬房~.
민망-스럽다 / 면구-스럽다	민주-스럽다	
방-고래	구들-고래	
부항-단지	뜸-단지	
산-누에	멧-누에	
산-줄기	멧-줄기 / 멧-발	
수-삼	무-삼	
심-돋우개	불-돋우개	
양-파	둥근-파	
어질-병	어질-머리	
윤-달	군-달	
장력- 세다	장성-세다	
제석	젯-돗	
총각-무	알-무 / 알타리-무	
칫-솔	잇-솔	
포수	총-댕이	

제 3 절 방언

제23항 방언이던 단어가 표준어보다 더 널리 쓰이게 된 것은, 그것을 표준어로 삼는다. 이 경우, 원래의 표준어는 그대로 표준어로 남겨 두는 것을 원칙으로 한다. (ㄱ을 표준어로 삼고, ㄴ도 표준어로 남겨 둠.)

ㄱ	ㄴ	비 고
멍게	우렁쉥이	
물-방개	선두리	
애-순	어린-순	

제24항 방언이던 단어가 널리 쓰이게 됨에 따라 표준어이던 단어가 안 쓰이게 된 것은, 방언이던 단어를 표준어로 삼는다.(ㄱ을 표준어로 삼고, ㄴ을 버림.)

ㄱ	ㄴ	비 고
귀밑-머리	귓-머리	
까-뭉개다	까-무느다	
막상	마기	
빈대-떡	빈자-떡	
생인-손	생안-손	준말은 '생-손'임.
역-겹다	역-스럽다	
코-주부	코-보	

제 4 절 단수 표준어

제25항 의미가 똑같은 형태가 몇 가지 있을 경우, 그 중 어느 하나가 압도적으로 널리 쓰이면, 그 단어만을 표준어로 삼는다.(ㄱ을 표준어로 삼고, ㄴ을 버림.)

ㄱ	ㄴ	비 고
-게끔	-게시리	
겸사-겸사	겸지-겸지	

ㄱ	ㄴ	비 고
	/ 겸두-겸두	
고구마	참-감자	
고치다	낫우다	병을 ~.
골목-쟁이	골목-자기	
광주리	광우리	
괴통	호구	자루를 박는 부분.
국-물	멀-국 / 말-국	
군-표	군용-어음	
길-잡이	길-앞잡이	'길라잡이'도 표준어임.
까다롭다	까닭-스럽다 / 까탈-스럽다	
까치-발	까치-다리	선반 따위를 받치는 물건.
꼬창-모	말뚝-모	꼬창이로 구멍을 뚫으면서 심는 모.
나룻-배	나루	'나루[津]'는 표준어임.
납-도리	민-도리	
농-지거리	기롱-지거리	다른 의미의 '기롱지거리'는 표준어임.
다사-스럽다	다사-하다	간섭을 잘 하다.
다오	다구	이리 ~.
담배-꽁초	담배-꼬투리 / 담배-꽁치 / 담배-꽁추	
담배-설대	대-설대	
대장-일	성냥- 일	
뒤져-내다	뒤어-내다	
뒤통수-치다	뒤꼭지-치다	
등-나무	등-칡	
등-때기	등-떠리	'등'의 낮은 말.
등잔-걸이	등경-걸이	
떡-보	떡-충이	
똑딱-단추	딸꼭-단추	
매-만지다	우미다	
먼-발치	먼-발치기	
며느리-발톱	뒷-발톱	
명주-붙이	주- 사니	
목-메다	목-맺히다	
밀짚-모자	보릿짚-모자	
바가지	열-바가지/ 열-박	
바람-꼭지	바람-고다리	튜브의 바람을 넣는 구멍에 붙은, 쇠로 만든 꼭지.

ㄱ	ㄴ	비 고
반-나절	나절-가웃	
반두	독대	그물의 한 가지.
버젓-이	뉘연-히	
본-받다	법-받다	
부각	다시마-자반	
부끄러워-하다	부끄리다	
부스러기	부스럭지	
부지깽이	부지팽이	
부항-단지	부항-항아리	부스럼에서 피고름을 빨아 내기 위하여 부항을 붙이는 데 쓰는, 자그마한 단지.
붉으락-푸르락	푸르락-붉으락	
비켜-덩이	옆-사리미	김맬 때에 흙덩이를 옆으로 빼내는 일, 또는 그 흙덩이.
빙충-이	빙충-맞이	작은말은 '뱅충이'.
빠-뜨리다	빠-치다	'빠트리다'도 표준어임.
뻣뻣-하다	왜긋다	
뽐-내다	느물다	
사로-잠그다	사로-채우다	자물쇠나 빗장 따위를 반 정도만 걸어 놓다.
살-풀이	살-막이	
상투-쟁이	상투-꼬부랑이	상투 튼 이를 놀리는 말.
새앙-손이	생강-손이	
샛-별	새벽-별	
선-머슴	풋-머슴	
섭섭-하다	애운-하다	
속-말	속-소리	국악 용어 '속소리'는 표준어임.
손목-시계	팔목-계 / 팔뚝-시계	
손-수레	손-구루마	'구루마'는 일본어임.
쇠-고랑	고랑-쇠	
수도-꼭지	수도-고동	
숙성-하다	숙-지다	
순대	골집	
술-고래	술-꾸러기 / 술-부대 / 술-보 / 술-푸대	
식은-땀	찬-땀	
신기-롭다	신기-스럽다	'신기하다'도 표준어임.
쌍동-밤	쪽-밤	

ㄱ	ㄴ	비 고
쏜살-같이	쏜살-로	
아주	영판	
안-걸이	안-낚시	씨름 용어.
안다미-씌우다	안다미-시키다	제가 담당할 책임을 남에게 넘기다.
안쓰럽다	안-슬프다	
안절부절-못하다	안절부절-하다	
앉은뱅이-저울	앉은-저울	
알-사탕	구슬-사탕	
암-내	곁땀-내	
앞-지르다	따라-먹다	
애-벌레	어린-벌레	
얕은-꾀	물탄-꾀	
언뜻	펀뜻	
언제나	노다지	
얼룩-말	워라-말	
-에는	-엘랑	
열심-히	열심-로	
입-담	말-담	
자배기	너벅지	
전봇-대	전선-대	
주책-없다	주책-이다	'주착→주책'은 제11항 참조.
쥐락-펴락	펴락-쥐락	
-지만	-지만서도	←지마는.
짓고-땡	지어-땡 / 짓고-땡이	
짧은-작	짜른-작	
찹-쌀	이-찹쌀	
청대-콩	푸른-콩	
칡-범	갈-범	

제 5 절 복수 표준어

제26항 한 가지 의미를 나타내는 형태 몇 가지가 널리 쓰이며 표준어 규정에 맞으면, 그 모두를 표준어로 삼는다.

복수 표준어	비 고
가는-허리 / 잔-허리	
가락-엿 / 가래-엿	
가뭄 / 가물	
가엾다 / 가엽다	가엾어 / 가여워, 가엾은 / 가여운.
감감-무소식 / 감감-소식	
개수-통 / 설거지-통	'설겆다'는 '설거지-하다'로.
개숫-물 / 설거지-물	
갱-엿 / 검은-엿	
-거리다 / -대다	가물-, 출렁-.
거위-배 / 횟-배	
것 / 해	내 ~, 네 ~, 뉘 ~.
게을러-빠지다 / 게을러-터지다	
고깃-간 / 푸줏-간	'고깃-관, 푸줏-관, 다림-방'은 비표준 어임.
곰곰 / 곰곰-이	
관계-없다 / 상관-없다	
교정-보다 / 준 -보다	
구들-재 / 구재	
귀퉁-머리 / 귀퉁-배기	'귀퉁이'의 비어임.
극성-떨다 / 극성-부리다	
기세-부리다 / 기세-피우다	
기승-떨다 / 기승-부리다	
깃-저고리 / 배내-옷 / 배냇-저고리	
꼬까 / 때때 / 고까	~신, ~옷.
꼬리-별 / 살-별	
꽃-도미 / 붉-돔	
나귀 / 당-나귀	
날-걸 / 세-뿔	윷판의 쨀밭 다음의 셋째 밭.
내리-글씨 / 세로-글씨	
넝쿨 / 덩굴	'덩쿨'은 비표준어임.
녘 / 쪽	동~, 서~.
눈-대중 / 눈-어림 / 눈-짐작	
느리-광이 / 느림-보 / 늘-보	
늦-모 / 마냥-모	←만이앙-모.
다기-지다 / 다기-차다	
다달-이 / 매-달	
-다마다 / -고말고	
다박-나룻 / 다박-수염	

복수 표준어	비　고
닭의-장 / 닭-장	
댓-돌 / 툇-돌	
덧-창 / 겉-창	
독장-치다 / 독판-치다	
동자-기둥 / 쪼구미	
돼지-감자 / 뚱딴지	
되우 / 된통 / 되게	
두동-무니 / 두동-사니	윷놀이에서, 두 동이 한데 어울려 가는 말.
뒷-갈망 / 뒷-감당	
뒷-말 / 뒷-소리	
들락-거리다 / 들랑-거리다	
들락-날락 / 들랑-날랑	
딴-전 / 딴-청	
땅-콩 / 호-콩	
땔-감 / 땔-거리	
-뜨리다 / -트리다	깨-, 떨어-, 쏟-.
뜬-것 / 뜬-귀신	
마룻-줄 / 용총-줄	돛대에 매어 놓은 줄. '이어줄'은 비표준어임.
마-파람 / 앞-바람	
만장-판 / 만장-중(滿場中)	
만큼 / 만치	
말-동무 / 말-벗	
매-갈이 / 매-조미	
매-통 / 목-매	
먹-새 / 먹음-새	'먹음-먹이'는 비표준어임.
멀찌감치 / 멀찌가니 / 멀찍이	
멱통 / 산-멱 / 산-멱통	
면-치레 / 외면-치레	
모-내다 / 모-심다	모-내기, 모-심기.
모쪼록 / 아무쪼록	
목판-되 / 모-되	
목화-씨 / 면화-씨	
무심-결 / 무심-중	
물-봉숭아 / 물-봉선화	
물-부리 / 빨-부리	
물-심부름 / 물-시중	
물추리-나무 / 물추리-막대	
물-타작 / 진-타작	

복수 표준어	비 고
민둥-산 / 벌거숭이-산	
밑-층 / 아래-층	
바깥-벽 / 밭-벽	
바른 / 오른[右]	~손, ~쪽, ~편.
발-모가지 / 발-목쟁이	'발목'의 비속어임.
버들-강아지 / 버들-개지	
벌레 / 버러지	'벌거지, 벌러지'는 비표준어임.
변덕-스럽다 / 변덕-맞다	
보-조개 / 볼-우물	
보통-내기 / 여간-내기 / 예사-내기	'행-내기'는 비표준어임.
볼-따구니 / 볼-퉁이 / 볼-때기	'볼'의 비속어임.
부침개-질 / 부침-질 / 지짐-질	'부치개-질'은 비표준어임.
불똥-앉다 / 등화-지다 / 등화-앉다	
불-사르다 / 사르다	
비발 / 비용(費用)	
뽀두라지 / 뽀루지	
살-쾡이 / 삵	삵-피.
삽살-개 / 삽사리	
상두-꾼 / 상여-꾼	'상도-꾼, 향도-꾼'은 비표준어임.
상-씨름 / 소-걸이	
생 / 새앙 / 생강	
생-뿔 / 새앙-뿔 / 생강-뿔	'쇠뿔'의 형용.
생-철 / 양-철	1. '서양철'은 비표준어임.
	2. '生鐵'은 '무쇠'임.
서럽다 / 섧다	'설다'는 비표준어임.
서방-질 / 화냥-질	
성글다 / 성기다	
-(으)세요 / -(으)셔요	
송이 / 송이-버섯	
수수-깡 / 수숫-대	
술-안주 / 안주	
-스레하다 / -스름하다	거무-, 발그-.
시늉-말 / 흉내-말	
시새 / 세사(細沙)	
신 / 신발	
신주-보 / 독보(櫝褓)	
심술-꾸러기 / 심술-쟁이	
씁쓰레-하다 / 씁쓰름-하다	

복수 표준어	비 고
아귀-세다 / 아귀-차다	
아래-위 / 위-아래	
아무튼 / 어떻든 / 어쨌든 / 하여튼 / 여하튼	
앉음-새 / 앉음-앉음	
알은-척 / 알은-체	
애-갈이 / 애벌-갈이	
애꾸눈-이 / 외눈-박이	'외대-박이, 외눈-퉁이'는 비표준어임.
양념-감 / 양념-거리	
어금버금-하다 / 어금지금-하다	
어기여차 / 어여차	
어림-잡다 / 어림-치다	
어이-없다 / 어처구니-없다	
어저께 / 어제	
언덕-바지 / 언덕-배기	
얼렁-뚱땅 / 엄벙-뗑	
여왕-벌 / 장수-벌	
여쭈다 / 여쭙다	
여태 / 입때	'여직'은 비표준어임.
여태-껏 / 이제-껏 / 입때-껏	'여직-껏'은 비표준어임.
역성-들다 / 역성-하다	'편역-들다'는 비표준어임.
연-달다 / 잇-달다	
엿-가락 / 엿-가래	
엿-기름 / 엿-길금	
엿-반대기 / 엿-자박	
오사리-잡놈 / 오색-잡놈	'오합-잡놈'은 비표준어임.
옥수수 / 강냉이	∼떡, ∼묵, ∼밥, ∼튀김.
왕골-기직 / 왕골-자리	
외겹-실 / 외올-실 / 홑-실	'홑겹-실, 올-실'은 비표준어임.
외손-잡이 / 한손-잡이	
욕심-꾸러기 / 욕심-쟁이	
우레 / 천둥	우렛-소리, 천둥-소리.
우지 / 울-보	
을러-대다 / 을러-메다	
의심-스럽다 / 의심-쩍다	
-이에요 / -이어요	
이틀-거리 / 당-고금	학질의 일종임.
일일-이 / 하나-하나	
일찌감치 / 일찌거니	
입찬-말 / 입찬-소리	

복수 표준어	비 고
자리-옷 / 잠-옷	
자물-쇠 / 자물-통	
장가-가다 / 장가-들다	'서방-가다'는 비표준어임.
재롱-떨다 / 재롱-부리다	
제-가끔 / 제-각기	
좀-처럼 / 좀-체	'좀-체로, 좀-해선, 좀-해'는 비표준어임.
줄-꾼 / 줄-잡이	
중신 / 중매	
짚-단 / 짚-뭇	
쪽 / 편	오른~, 왼~.
차차 / 차츰	
책-씻이 / 책-거리	
적 / 체	모르는 ~, 잘난 ~.
천연덕-스럽다 / 천연-스럽다	
철-따구니 / 철-딱서니 / 철-딱지	'철-때기'는 비표준어임.
추어-올리다 / 추어-주다	'추켜-올리다'는 비표준어임.
축-가다 / 축-나다	
침-놓다 / 침-주다	
통-꼭지 / 통-젖	통에 붙은 손잡이.
파자-쟁이 / 해자-쟁이	점치는 이.
편지-투 / 편지-틀	
한턱-내다 / 한턱-하다	
해웃-값 / 해웃-돈	'해우-차'는 비표준어임.
혼자-되다 / 홀로-되다	
흠-가다 / 흠-나다 / 흠-지다	

제2부 표준 발음법

제1장 총　칙

제1항　표준 발음법은 표준어의 실제 발음을 따르되, 국어의 전통성과 합리성을 고려하여 정함을 원칙으로 한다.

제2장 자음과 모음

제2항 표준어의 자음은 다음 19개로 한다.

ㄱ ㄲ ㄴ ㄷ ㄸ ㄹ ㅁ ㅂ ㅃ ㅅ ㅆ
ㅇ ㅈ ㅉ ㅊ ㅋ ㅌ ㅍ ㅎ

제3항 표준어의 모음은 다음 21개로 한다.

ㅏ ㅐ ㅑ ㅒ ㅓ ㅔ ㅕ ㅖ ㅗ ㅘ ㅙ
ㅚ ㅛ ㅜ ㅝ ㅞ ㅟ ㅠ ㅡ ㅢ ㅣ

제4항 'ㅏ ㅐ ㅓ ㅔ ㅗ ㅚ ㅜ ㅟ ㅡ ㅣ'는 단모음(單母音)으로 발음한다.

[붙임] 'ㅚ, ㅟ'는 이중 모음으로 발음할 수 있다.

제5항 'ㅑ ㅒ ㅕ ㅖ ㅘ ㅙ ㅛ ㅝ ㅞ ㅠ ㅢ'는 이중 모음으로 발음한다.

다만 1. 용언의 활용형에 나타나는 '져, 쪄, 쳐'는 [저, 쩌, 처]로 발음한다.

가지어 → 가져[가저]   찌어 → 쪄[쩌]   다치어 → 다쳐[다처]

다만 2. '예, 례' 이외의 'ㅖ'는 [ㅔ]로도 발음한다.

계집[계 : 집 / 게 : 집]   계시다[계 : 시다 / 게 : 시다]

시계[시계 / 시게](時計)   연계[연계 / 연게](連繫)

메별[몌별 / 메별](袂別)   개폐[개폐 / 개페](開閉)

혜택[혜 : 택 / 혜 : 택](惠澤)   지혜[지혜 / 지혜](智慧)

다만 3. 자음을 첫소리로 가지고 있는 음절의 'ㅢ'는 [ㅣ]로 발음한다.

늴리리   닁큼   무늬   띄어쓰기   씌어

틔어   희어   희떱다   희망   유희

다만 4. 단어의 첫음절 이외의 '의'는 [ㅣ]로, 조사 '의'는 [ㅔ]로 발음함도 허용한다.

주의[주의 / 주이]   협의[혀븨 / 혀비]

우리의[우리의 / 우리에]   강의의[강 : 의의 / 강 : 이에]

제3장 음의 길이

제6항   모음의 장단을 구별하여 발음하되, 단어의 첫음절에서만 긴소리가 나타나는 것을 원칙으로 한다.

(1) 눈보라[눈 : 보라]   말씨[말 : 씨]   밤나무[밤 : 나무]

  많다[만 : 타]   멀리[멀 : 리]   벌리다[벌 : 리다]

(2) 첫눈[천눈]   참말[참말]   쌍동밤[쌍동밤]

  수많이[수 : 마니]   눈멀다[눈멀다]   떠벌리다[떠벌리다]

다만, 합성어의 경우에는 둘째 음절 이하에서도 분명한 긴소리를 인정한다.

반신반의[반 : 신 바 : 늬 / 반 : 신 바 : 니]

재삼재사[재 : 삼 재 : 사]

[붙임]   용언의 단음절 어간에 어미 '-아 / -어'가 결합되어 한 음절로 축약되는 경우에도 긴소리로 발음한다.

보아 → 봐[봐 :]　　　기어 → 겨[겨 :]　　　되어 → 돼[돼 :]

두어 → 둬[둬 :]　　　하여 → 해[해 :]

다만, '오아 → 와, 지어 → 져, 찌어 → 쪄, 치어 → 쳐' 등은 긴소리로 발음하지 않는다.

제7항　긴소리를 가진 음절이라도, 다음과 같은 경우에는 짧게 발음한다.

1. 단음절인 용언 어간에 모음으로 시작된 어미가 결합되는 경우

감다[감 : 따] — 감으니[가므니]　　　밟다[밥 : 따] — 밟으면[발브면]

신다[신 : 따] — 신어[시너]　　　알다[알 : 다] — 알아[아라]

다만, 다음과 같은 경우에는 예외적이다.

끌다[끌 : 다] — 끌어[끄 : 러]　　　떫다[떨 : 따] — 떫은[떨 : 븐]

벌다[벌 : 다] — 벌어[버 : 러]　　　썰다[썰 : 다] — 썰어[써 : 러]

없다[업 : 따] — 없으니[업 : 쓰니]

2. 용언 어간에 피동, 사동의 접미사가 결합되는 경우

감다[감 : 따] — 감기다[감기다]　　　꼬다[꼬 : 다] — 꼬이다[꼬이다]

밟다[밥 : 따] — 밟히다[발피다]

다만, 다음과 같은 경우에는 예외적이다.

끌리다[끌 : 리다]　　　벌리다[벌 : 리다]　　　없애다[업 : 쌔다]

[붙임]　다음과 같은 복합어[2)에서는 본디의 길이에 관계없이 짧게 발음한다.

———————————————

2) 학교 문법 용어에 따른다면 이 '복합어'는 '합성어'가 된다.

밀-물   썰-물   쏜-살-같이3) 작은-아버지

제4장 받침의 발음

제8항 받침소리로는 'ㄱ, ㄴ, ㄷ, ㄹ, ㅁ, ㅂ, ㅇ'의 7 개 자음만 발음한다.

제9항 받침 'ㄲ, ㅋ', 'ㅅ, ㅆ, ㅈ, ㅊ, ㅌ', 'ㅍ'은 어말 또는 자음 앞에서 각각 대표
음 [ㄱ, ㄷ, ㅂ]으로 발음한다.

        닦다[닥따]　　　키읔[키윽]　　　키읔과[키윽꽈]　　옷[옫]

        웃다[욷 : 따]　　있다[읻따]　　　젖[젇]　　　　　빗다[빋따]

        꽂[꼳]　　　　　쫓다[쫃따]　　　솥[솓]　　　　　뱉다[밷 : 따])

        앞[압]　　　　　덮다[덥따]

제10항 겹받침 'ㄳ', 'ㄵ', 'ㄼ, ㄽ, ㄾ', 'ㅄ'은 어말 또는 자음 앞에서 각각 [ㄱ, ㄴ,
ㄹ, ㅂ]으로 발음한다.

        넋[넉]　　　　　넋과[넉꽈]　　　앉다[안따]　　　여덟[여덜]

        넓다[널따]　　　외곬[외골]　　　핥다[할따]　　　값[갑]

        없다[업 : 따]

다만, '밟-'은 자음 앞에서 [밥]으로 발음하고, '넓-'은 다음과 같은 경우에 [넙]으
로 발음한다.

       (1) 밟다[밥 : 따]　　　　　　밟소[밥 : 쏘]　　　밟지[밥 : 찌]

          밟는[밥 : 는 → 밤 : 는]　　밟게[밥 : 께]　　　밟고[밥 : 꼬]

---

3) 이를 '쏜살같-이'로 분석한다고 생각할 수 있으나, 고시본대로 둔다.

(2) 넓-죽하다[넙쭈카다]   넓-둥글다[넙뚱글다]

제11항 겹받침 'ㄺ, ㄻ, ㄿ'은 어말 또는 자음 앞에서 각각 〔ㄱ, ㅁ, ㅂ〕으로 발음한다.

닭[닥]   흙과[흑꽈]   맑다[막따]   늙지[늑찌]

삶[삼ː]   젊다[점ː따]   읊고[읍꼬]   읊다[읍따]

다만, 용언의 어간 말음 'ㄺ'은 'ㄱ' 앞에서 [ㄹ]로 발음한다.

맑게[말게]   묽고[물꼬]   얽거나[얼꺼나]

제12항 받침 'ㅎ'의 발음은 다음과 같다.

1. 'ㅎ(ㄶ, ㅀ)' 뒤에 'ㄱ, ㄷ, ㅈ'이 결합되는 경우에는, 뒤 음절 첫소리와 합쳐서 [ㅋ, ㅌ, ㅊ]으로 발음한다.

놓고[노코]   좋던[조ː턴]   쌓지[싸치]   많고[만ː코]
않던[안턴]   닳지[달치]

[붙임 1] 받침 'ㄱ(ㄺ), ㄷ, ㅂ(ㄼ), ㅈ(ㄵ)'이 뒤 음절 첫소리 'ㅎ'과 결합되는 경우에도, 역시 두 음을 합쳐서 [ㅋ, ㅌ, ㅍ, ㅊ]으로 발음한다.

각하[가카]   먹히다[머키다]   밝히다[발키다]
맏형[마텽]   좁히다[조피다]   넓히다[널피다]
꽂히다[꼬치다]   앉히다[안치다]

[붙임 2] 규정에 따라 'ㄷ'으로 발음되는 'ㅅ, ㅈ, ㅊ, ㅌ'의 경우에도 이에 준한다.

옷 한 벌[오탄벌]   낮 한때[나탄때]   꽃 한 송이[꼬탄송이]

숱하다[수타다]

2. 'ㅎ(ㄶ, ㅀ)' 뒤에 'ㅅ'이 결합되는 경우에는, 'ㅅ'을 [ㅆ]으로 발음한다.

닿소[다쏘]　　　　　많소[만ː쏘]　　　　　싫소[실쏘]

3. 'ㅎ' 뒤에 'ㄴ'이 결합되는 경우에는, [ㄴ]으로 발음한다.

놓는[논는]　　　　　쌓네[싼네]

[붙임] 'ㄶ, ㅀ' 뒤에 'ㄴ'이 결합되는 경우에는, 'ㅎ'을 발음하지 않는다.

않네[안네]　　　않는[안는]　　　뚫네[뚤네 → 뚤레]　　　뚫는[뚤는 → 뚤른]

* '뚫네[뚤네 → 뚤레], 뚫는[뚤는 → 뚤른]'에 대해서는 제20항 참조.

4. 'ㅎ(ㄶ, ㅀ)' 뒤에 모음으로 시작된 어미나 접미사가 결합되는 경우에는, 'ㅎ'을
　발음하지 않는다.

낳은[나은]　　　놓아[노아]　　　쌓이다[싸이다]　　많아[마ː나]
않은[아는]　　　닳아[다라]　　　싫어도[시러도]

제13항　홑받침이나 쌍받침이 모음으로 시작된 조사나 어미, 접미사와 결합되는 경
　우에는, 제 음가대로 뒤 음절 첫소리로 옮겨 발음한다.

깎아[까까]　　　옷이[오시]　　　있어[이써]　　　낮이[나지]
꽂아[꼬자]　　　꽃을[꼬츨]　　　쫓아[쪼차]　　　밭에[바테]
앞으로[아프로]　　덮이다[더피다]

제14항　겹받침이 모음으로 시작된 조사나 어미, 접미사와 결합되는 경우에는, 뒤엣
　것만을 뒤 음절 첫소리로 옮겨 발음한다.(이 경우, 'ㅅ'은 된소리로 발음함.)

넋이[넉씨]　　　앉아[안자]　　　닭을[달글]　　　젊어[절머]

곬이[골씨]　　　핥아[할타]　　　읊어[을퍼]　　　값을[갑쓸]

없어[업 : 써]

제15항 받침 뒤에 모음 '　ㅏ, ㅓ, ㅗ, ㅜ, ㅟ'들로 시작되는 실질 형태소가 연결되는 경우에는, 대표음으로 바꾸어서 뒤 음절 첫소리로 옮겨 발음한다.

밭 아래[바다래]　　　늪 앞[느밥]　　　젖어미[저더미]

맛없다[마덥따]　　　겉옷[거돋]　　　헛웃음[허두슴]

꽃 위[꼬뒤]

다만, '맛있다, 멋있다'는 [마싣따], [머싣따]로도 발음할 수 있다.

[붙임]　겹받침의 경우에는, 그 중 하나만을 옮겨 발음한다.

넋없다[너겁따]　　　닭 앞에[다가페]　　　값어치[가버치]

값있는[가빈는]

제16항 한글 자모의 이름은 그 받침소리를 연음하되, 'ㄷ, ㅈ, ㅊ, ㅋ, ㅌ, ㅍ, ㅎ'의 경우에는 특별히 다음과 같이 발음한다.

디귿이[디그시]　　　디귿을[디그슬]　　　디귿에[디그세]

지읒이[지으시]　　　지읒을[지으슬]　　　지읒에[지으세]

치읓이[치으시]　　　치읓을[치으슬]　　　치읓에[치으세]

키읔이[키으기]　　　키읔을[키으글]　　　키읔에[키으게]

티읕이[티으시]　　　티읕을[티으슬]　　　티읕에[티으세]

피읖이[피으비]　　　피읖을[피으블]　　　피읖에[피으베]

히읗이[히으시]　　　히읗을[히으슬]　　　히읗에[히으세]

제5장 음의 동화

제17항 받침 'ㄷ, ㅌ(ㄾ)'이 조사나 접미사의 모음 'ㅣ'와 결합되는 경우에는, [ㅈ, ㅊ]으로 바꾸어서 뒤 음절 첫소리로 옮겨 발음한다.

곧이듣다[고지듣따]　　굳이[구지]　　　　미닫이[미다지]

땀받이[땀바지]　　　　밭이[바치]　　　　벼훑이[벼훌치]

[붙임] 'ㄷ' 뒤에 접미사 '히'가 결합되어 '티'를 이루는 것은 [치]로 발음한다.

굳히다[구치다]　　　　닫히다[다치다]　　　　묻히다[무치다]

제18항 받침 'ㄱ(ㄲ, ㅋ, ㄳ, ㄺ), ㄷ(ㅅ, ㅆ, ㅈ, ㅊ, ㅌ, ㅎ), ㅂ(ㅍ, ㄼ, ㄿ, ㅄ)'은 'ㄴ, ㅁ' 앞에서 [ㅇ, ㄴ, ㅁ]으로 발음한다.

먹는[멍는]　　　　국물[궁물]　　　　깎는[깡는]　　　　키읔만[키응만]

몫몫이[몽목씨]　　　읽는[잉는]　　　흙만[흥만]　　　닫는[단는]

짓는[진 : 는]　　　옷맵시[온맵씨]　　　있는[인는]　　　맞는[만는]

젖멍울[전멍울]　　　쫓는[쫀는]　　　꽃망울[꼰망울]　　붙는[분는]

놓는[논는]　　　　잡는[잠는]　　　밥물[밤물]　　　앞마당[암마당]

밟는[밤 : 는]　　　읊는[음는]　　　없는[엄 : 는]　　　값매다[감매다]

[붙임] 두 단어를 이어서 한 마디로 발음하는 경우에도 이와 같다.

책 넣는다[챙넌는다]　　　흙 말리다[흥말리다]　　　옷 맞추다[온마추다]

밥 먹는다[밤멍는다]　　　값 매기다[감매기다]

제19항 받침 'ㅁ, ㅇ' 뒤에 연결되는 'ㄹ'은 [ㄴ]으로 발음한다.

담력[담 : 녁]　　침략[침냑]　　강릉[강능]　　항로[항 : 노]

대통령[대 : 통녕]

[붙임]　받침 'ㄱ, ㅂ' 뒤에 연결되는 'ㄹ'도 [ㄴ]으로 발음한다.4)

막론[막논 → 망논]　　백리[백니 → 뱅니]　　협력[협녁 → 혐녁]

십리[십니 → 심니]

제20항　'ㄴ'은 'ㄹ'의 앞이나 뒤에서 [ㄹ]로 발음한다.

(1) 난로[날 : 로]　　　신라[실라]　　　천리[철리]

광한루[광 : 할루]　　대관령[대 : 괄령]

(2) 칼날[칼랄]　　　물난리[물랄리]　　　줄넘기[줄럼끼]

할는지[할른지]

[붙임]　첫소리 'ㄴ'이 'ㅀ', 'ㄾ' 뒤에 연결되는 경우에도 이에 준한다.

닳는[달른]　　　　뚫는[뚤른]　　　　핥네[할레]

다만, 다음과 같은 단어들은 'ㄹ'을 [ㄴ]으로 발음한다.

의견란[의 : 견난]　　임진란[임 : 진난]　　생산량[생산냥]

결단력[결딴녁]　　　공권력[공꿘녁]　　　동원령[동 : 원녕]

상견례[상견녜]　　　횡단로[횡단노]　　　이원론[이 : 원논]

입원료[이붠뇨]　　　구근류[구근뉴]

제21항　위에서 지적한 이외의 자음 동화는 인정하지 않는다.

---

4) 예시어 중 '백리', '십리'를 '백 리', '십 리'처럼 띄어 쓸 수 있겠으나, 현용 사전에서 이들을 하나의 단
　어로 처리한 것도 있으므로, 고시본대로 두기로 한다.

감기[감 : 기](×[강 : 기])　　옷감[옫깜](×[옥깜])

있고[읻꼬](×[익꼬])　　　꽃길[꼳낄](×[꼭낄])

젖먹이[전머기](×[점머기])　문법[문뻡](×[뭄뻡])

꽃밭[꼳빧](×[꼽빧])

제22항 다음과 같은 용언의 어미는 [어]로 발음함을 원칙으로 하되, [여]로 발음함
도 허용한다.

　　되어[되어 / 되여]　　　　　피어[피어 / 피여]

[붙임]　'이오, 아니오'도 이에 준하여 [이요, 아니요]로 발음함을 허용한다.

제6장 경음화

제23항 받침 'ㄱ(ㄲ, ㅋ, ㄳ, ㄺ), ㄷ(ㅅ, ㅆ, ㅈ, ㅊ, ㅌ), ㅂ(ㅍ, ㄼ, ㄿ, ㅄ)' 뒤에 연결
되는 'ㄱ, ㄷ, ㅂ, ㅅ, ㅈ'은 된소리로 발음한다.

국밥[국빱]	깎다[깍따]	넋받이[넉빠지]
삯돈[삭똔]	닭장[닥짱]	칡범[칙뻠]
뻗대다[뻗때다]	옷고름[옫꼬름]	있던[읻떤]
꽂고[꼳꼬]	꽃다발[꼳따발]	낯설다[낟썰다]
밭갈이[받까리]	솥전[솓쩐]	곱돌[곱똘]
덮개[덥깨]	옆집[엽찝]	넓죽하다[넙쭈카다]
읊조리다[읍쪼리다]	값지다[갑찌다]	

제24항 어간 받침 'ㄴ(ㄵ), ㅁ(ㄻ)' 뒤에 결합되는 어미의 첫소리 'ㄱ, ㄷ, ㅅ, ㅈ'은

된소리로 발음한다.

신고[신 : 꼬]	껴안다[껴안따]	앉고[안꼬]
얹다[언따]	삼고[삼 : 꼬]	더듬지[더듬찌]
닮고[담 : 꼬]	젊지[점 : 찌]	

다만, 피동, 사동의 접미사 '-기-'는 된소리로 발음하지 않는다.

안기다	감기다	굶기다	옮기다

제25항 어간 받침 'ㄼ, ㄾ' 뒤에 결합되는 어미의 첫소리 'ㄱ, ㄷ, ㅅ, ㅈ'은 된소리로 발음한다.

넓게[널께]	핥다[할따]	훑소[훌쏘]	떫지[떨 : 찌]

제26항 한자어에서, 'ㄹ' 받침 뒤에 연결되는 'ㄷ, ㅅ, ㅈ'은 된소리로 발음한다.

갈등[갈뜽]	발동[발똥]	절도[절또]
말살[말쌀]	불소[불쏘](弗素)	일시[일씨]
갈증[갈쯩]	물질[물찔]	발전[발쩐]
몰상식[몰쌍식]	불세출[불쎄출]	

다만, 같은 한자가 겹쳐진 단어의 경우에는 된소리로 발음하지 않는다.

허허실실[허허실실](虛虛實實) 절절-하다[절절하다](切切ーー)

제27항 관형사형 '-(으)ㄹ' 뒤에 연결되는 'ㄱ, ㄷ, ㅂ, ㅅ, ㅈ'은 된소리로 발음한다.

할 것을[할꺼슬]	갈 데가[갈떼가]	할 바를[할빠를]
할 수는[할쑤는]	할 적에[할쩨게]	갈 곳[갈꼳]

할 도리[할또리]　　　만날 사람[만날싸람]

다만, 끊어서 말할 적에는 예사소리로 발음한다.

[붙임] ‘-(으)ㄹ’로 시작되는 어미의 경우에도 이에 준한다.

할걸[할껄]　　　　할밖에[할빠께]　　　할세라[할쎄라]

할수록[할쑤록]　　　할지라도[할찌라도]　　할지언정[할찌언정]

할진대[할찐대]

제28항 표기상으로는 사이시옷이 없더라도, 관형격 기능을 지니는 사이시옷이 있어야 할(휴지가 성립되는) 합성어의 경우에는, 뒤 단어의 첫소리 ‘ㄱ, ㄷ, ㅂ, ㅅ, ㅈ’을 된소리로 발음한다.

문-고리[문꼬리]　　　눈-동자[눈똥자]　　　신-바람[신빠람]

산-새[산쌔]　　　　손-재주[손째주]　　　길-가[길까]

물-동이[물똥이]　　　발-바닥[발빠닥]　　　굴-속[굴 : 쏙]

술-잔[술짠]　　　　바람-결[바람껼]　　　그믐-달[그믐딸]

아침-밥[아침빱]　　　잠-자리[잠짜리]　　　강-가[강까]

초승-달[초승딸]　　　등-불[등뿔]　　　　창-살[창쌀]

강-줄기[강쭐기]

제7장 음의 첨가

제29항 합성어 및 파생어에서, 앞 단어나 접두사의 끝이 자음이고 뒤 단어나 접미사의 첫음절이 ‘이, 야, 여, 요, 유’인 경우에는, ‘ㄴ’ 음을 첨가하여 [니, 냐, 녀, 뇨,

뉴]로 발음한다.

솜-이불[솜 : 니불]	홑-이불[혼니불]	막-일[망닐]
삯-일[상닐]	맨-입[맨닙]	꽃-잎[꼰닙]
내복-약[내 : 봉냑]	한-여름[한녀름]	남존-여비[남존녀비]
신-여성[신녀성]	색-연필[생년필]	직행-열차[지캥녈차]
늑막-염[능망념]	콩-엿[콩녇]	담-요[담 : 뇨]
눈-요기[눈뇨기]	영업-용[영엄뇽]	식용-유[시굥뉴]
국민-윤리[궁민뉼리]	밤-윷[밤 : 뉻]	

다만, 다음과 같은 말들은 'ㄴ' 음을 첨가하여 발음하되, 표기대로 발음할 수 있다.

이죽-이죽[이중니죽 / 이주기죽]	야금-야금[야금냐금 / 야그먀금]
검열[검 : 녈 / 거 : 멸]	욜랑-욜랑[욜랑놀랑 / 욜랑욜랑]
금융[금늉 / 그뮹]	

[붙임 1] 'ㄹ' 받침 뒤에 첨가되는 'ㄴ' 음은 [ㄹ]로 발음한다.

들-일[들 : 릴]	솔-잎[솔립]	설-익다[설릭따]
물-약[물략]	불-여우[불려우]	서울-역[서울력]
물-엿[물렫]	휘발-유[휘발류]	유들-유들[유들류들]

[붙임 2] 두 단어를 이어서 한 마디로 발음하는 경우에도 이에 준한다.[5]

한 일[한닐]	옷 입다[온닙따]	서른여섯[서른녀섣]
3 연대[삼년대]	먹은 엿[머근녇]	

---

5) 예시어 중 '서른여섯[서른녀섣]', '스물여섯[스물려섣]'을 한 단어로 보느냐 두 단어로 보느냐에 대하여 논란의 여지가 있으나, 여기에서는 고시본에서 제시한 대로 두기로 한다.

할 일[할릴]　　　　잘 입다[잘립따]　　　　스물여섯[스물려섣]

1 연대[일련대]　　　　먹을 엿[머글렫]

다만, 다음과 같은 단어에서는 '니(리)' 음을 첨가하여 발음하지 않는다.

6·25[유기오]　　　　3·1절[사밀쩔]　　　　송별-연[송ː벼련]

등-용문[등용문]6)

제30항 사이시옷이 붙은 단어는 다음과 같이 발음한다.

1. 'ㄱ, ㄷ, ㅂ, ㅅ, ㅈ'으로 시작하는 단어 앞에 사이시옷이 올 때는 이들 자음만
   을 된소리로 발음하는 것을 원칙으로 하되, 사이시옷을 [ㄷ]으로 발음하는 것
   도 허용한다.

   냇가[내ː까 / 낻ː까]　　　　샛길[새ː낄 / 샏ː낄]

   빨랫돌[빨래똘 / 빨랟똘]　　　　콧등[코뜽 / 콛뜽]

   깃발[기빨 / 긷빨]　　　　대팻밥[대ː패빱 / 대ː팯빱]

   햇살[해쌀 / 핻쌀]　　　　뱃속[배쏙 / 밷쏙]

   뱃전[배쩐 / 밷쩐]　　　　고갯짓[고개찓 / 고갣찓]

2. 사이시옷 뒤에 'ㄴ, ㅁ'이 결합되는 경우에는 [ㄴ]으로 발음한다.

   콧날[콛날 → 콘날]　　　　아랫니[아랟니 → 아랜니]

   툇마루[퇻ː마루 → 퇸ː마루]　　　　뱃머리[밷머리 → 밴머리]

3. 사이시옷 뒤에 '이' 음이 결합되는 경우에는 [ㄴㄴ]으로 발음한다.

   베갯잇[베갣닏 → 베갠닏]　　　　깻잎[깯닙 → 깬닙]

---

6) 고시본에서 '등용-문[등용문]'으로 보인 것을 위와 같이 바로잡았다.

나뭇잎[나묻닙 → 나문닙]　　　도리깻열[도리깯녈 → 도리깬녈]
뒷윷[뒫 : 늅 → 된 : 늅]

국어의 로마자 표기법

제1장 표기의 기본 원칙

제1항 국어의 로마자 표기는 국어의 표준 발음법에 따라 적는 것을 원칙으로 한다.

제2항 로마자 이외의 부호는 되도록 사용하지 않는다.

제2장 표기 일람

제1항 모음은 다음 각 호와 같이 적는다.

1. 단모음

ㅏ	ㅓ	ㅗ	ㅜ	ㅡ	ㅣ	ㅐ	ㅔ	ㅚ	ㅟ
a	eo	o	u	eu	i	i	e	oe	wi

2. 이중 모음

ㅑ	ㅕ	ㅛ	ㅠ	ㅒ	ㅖ	ㅘ	ㅙ	ㅝ	ㅞ	ㅢ
ya	yeo	yo	yu	yae	ye	wa	wae	wo	we	ui

[붙임 1] 'ㅢ'는 'ㅣ'로 소리 나더라도 'ui'로 적는다.

(보기)

광희문   Gwanghuimun

[붙임 2] 장모음의 표기는 따로 하지 않는다.

제2항 자음은 다음 각 호와 같이 적는다.

1. 파열음

ㄱ	ㄲ	ㅋ	ㄷ	ㄸ	ㅌ	ㅂ	ㅃ	ㅍ
g, k	kk	k	d, t	tt	t	b, p	pp	p

2. 파찰음

ㅈ	ㅉ	ㅊ
j	jj	ch

3. 마찰음

ㅅ	ㅆ	ㅎ
s	ss	h

4. 비음

ㄴ	ㅁ	ㅇ
n	m	ng

5. 유음

ㄹ
r, l

[붙임 1] 'ㄱ, ㄷ, ㅂ'은 모음 앞에서는 'g, d, b'로, 자음 앞이나 어말에서는
'k, t, p'로 적는다.([ ] 안의 발음에 따라 표기함.)

(보기)

구미 Gumi	영동 Yeongdong	백암 Baegam
옥천 Okcheon	합덕 Hapdeok	호법 Hobeop
월곶[월곧] Wolgot	벗꽃[벋꼳] beotkkot	
한밭[한받] Hanbat		

[붙임 2] '르'은 모음 앞에서는 'r'로, 자음 앞이나 어말에서는 'l'로 적는다. 단, '르르'은 'll'로 적는다.

(보기)

| 구리 Guri | 설악 Seorak | 칠곡 Chilgok |
| 임실 Imsil | 울릉 Ulleung | 대관령[대괄령] Daegwallyeong |

제3장 표기상의 유의점

제1항　음운 변화가 일어날 때에는 변화의 결과에 따라 다음 각 호와 같이 적는다.

1. 자음 사이에서 동화 작용이 일어나는 경우

(보기)

백마[뱅마] Baengma	신문로[신문노] Sinmunno
종로[종노] Jongno	왕십리[왕심니] Wangsimni
별내[별래] Byeollae	신라[실라] Silla

2. ‘ㄴ, ㄹ’이 덧나는 경우

(보기)

학여울[항녀울] Hangnyeoul   알약[알략] allyak

3. 구개음화가 되는 경우

(보기)

해돋이[해도지] haedoji   같이[가치] gachi

맞히다[마치다] machida

4. ‘ㄱ, ㄷ, ㅂ, ㅈ’이 ‘ㅎ’과 합하여 거센소리로 소리 나는 경우

(보기)

좋고[조코] joko   놓다[노타] nota

잡혀[자펴] japyeo   낳지[나치] nachi

다만, 체언에서 ‘ㄱ, ㄷ, ㅂ’ 뒤에 ‘ㅎ’이 따를 때에는 ‘ㅎ’을 밝혀 적는다.

(보기)

묵호 Mukho   집현전 Jiphyeonjeon

[붙임] 된소리되기는 표기에 반영하지 않는다.

(보기)

압구정 Apgujeong   낙동강 Nakdonggang

죽변 Jukbyeon   낙성대 Nakseongdae

합정 Hapjeong   팔당 Paldang

샛별 saetbyeol   울산 Ulsan

제2항   발음상 혼동의 우려가 있을 때에는 음절 사이에 붙임표(-)를 쓸 수 있다.

(보기)

중앙 Jung-ang   반구대 Ban-gudae

세운 Se-un   해운대 Hae-undae

제3항   고유 명사는 첫 글자를 대문자로 적는다.

(보기)

부산 Busan   세종 Sejong

제4항   인명은 성과 이름의 순서로 띄어 쓴다. 이름은 붙여 쓰는 것을 원칙으로 하
되 음절 사이에 붙임표(-)를 쓰는 것을 허용한다.(( )안의 표기를 허용함.)

(보기)

민용하 Min Yongha (Min Yong-ha)

송나리 Song Nari (Song Na-ri)

(1) 이름에서 일어나는 음운 변화는 표기에 반영하지 않는다.

(보기)

한복남 Han Boknam (Han Bok-nam)

홍빛나 Hong Bitna (Hong Bit-na)

(2) 성의 표기는 따로 정한다.

제5항   '도, 시, 군, 구, 읍, 면, 리, 동'의 행정 구역 단위와 '가'는 각각 'do, si, gun,
gu, eup, myeon, ri, dong, ga'로 적고, 그 앞에는 붙임표(-)를 넣는다. 붙임표(-) 앞
뒤에서 일어나는 음운 변화는 표기에 반영하지 않는다.

(보기)

충청북도 Chungcheongbuk-do   제주도 Jeju-do

의정부시 Uijeongbu-si   양주군 Yangju-gun

도봉구 Dobong-gu   신창읍 Sinchang-eup

삼죽면 Samjuk-myeon   인왕리 Inwang-ri

당산동 Dangsan-dong   봉천1동 Bongcheon 1(il)-dong

종로 2가 Jongno 2(i)-ga   퇴계로 3가 Toegyero 3(sam)-ga

[붙임] '시, 군, 읍'의 행정 구역 단위는 생략할 수 있다.

(보기)

청주시 Cheongju   함평군 Hampyeong

순창읍 Sunchang

제6항   자연 지물명, 문화재명, 인공 축조물명은 붙임표(-) 없이 붙여 쓴다.

(보기)

남산 Namsan   속리산 Songnisan

금강 Geumgang   독도 Dokdo

경복궁 Gyeongbokgung   무량수전 Muryangsujeon

연화교 Yeonhwagyo   극락전 Geungnakjeon

안압지 Anapji   남한산성 Namhansanseong

화랑대 Hwarangdae   불국사 Bulguksa

현충사 Hyeonchungsa   독립문 Dongnimmun

오죽헌 Ojukheon   촉석루 Chokseongnu

종묘 Jongmyo   다보탑 Dabotap

제7항 인명, 회사명, 단체명 등은 그동안 써 온 표기를 쓸 수 있다.

제8항 학술 연구 논문 등 특수 분야에서 한글 복원을 전제로 표기할 경우에는 한글 표기를 대상으로 적는다. 이때 글자 대응은 제2장을 따르되 'ㄱ, ㄷ, ㅂ, ㄹ'은 'g, d, b, l'로만 적는다. 음가 없는 'ㅇ'은 붙임표(-)로 표기하되 어두에서는 생략하는 것을 원칙으로 한다. 기타 분절의 필요가 있을 때에도 붙임표(-)를 쓴다.

(보기)

집 jib	짚 jip
밖 bakk	값 gabs
붓꽃 buskkoch	먹는 meogneun
독립 doglib	문리 munli
물엿 mul-yeos	굳이 gud-i
좋다 johda	가곡 gagog
조랑말 jolangmal	없었습니다 eobs-eoss-seubnida

부 칙

① (시행일) 이 규정은 고시한 날부터 시행한다.

② (표지판 등에 대한 경과 조치) 이 표기법 시행 당시 종전의 표기법에 의하여 설치된 표지판(도로, 광고물, 문화재 등의 안내판)은 2005. 12. 31.까지 이 표기법을 따라야 한다.

③ (출판물 등에 대한 경과 조치) 이 표기법 시행 당시 종전의 표기법에 의하여 발간된 교과서 등 출판물은 2002. 2. 28.까지 이 표기법을 따라야 한다.